主 编 罗尧成
副主编 任 娟

融媒体视域下
上海文化品牌
建设与传播

RONGMEITI SHIYU XIA
SHANGHAI WENHUA PINPAI
JIANSHE YU CHUANBO

上海大学出版社

图书在版编目(CIP)数据

融媒体视域下上海文化品牌建设与传播／罗尧成主编;任娟副主编. —上海:上海大学出版社,2022.9
ISBN 978-7-5671-4505-4

Ⅰ.①融… Ⅱ.①罗…②任… Ⅲ.①文化产品-品牌战略-研究-上海 Ⅳ.①G127.51

中国版本图书馆 CIP 数据核字(2022)第 136658 号

责任编辑　黄晓彦　司淑娴
封面设计　缪炎栩
技术编辑　金　鑫　钱宇坤

融媒体视域下上海文化品牌建设与传播

主　编　罗尧成
副主编　任　娟
上海大学出版社出版发行
(上海市上大路99号　邮政编码200444)
(http://www.shupress.cn　发行热线021-66135112)
出版人:戴骏豪

*

江苏句容排印厂印刷　各地新华书店经销
开本 890×1240 1/32　印张 10.75　字数 301 000
2022年9月第1版　2022年9月第1次印刷
ISBN 978-7-5671-4505-4/K·3457　定价:49.00元

版权所有　侵权必究
如发现本书有印装质量问题请与印刷厂质量科联系
联系电话:0511-87871135

前　　言

《中共上海市委关于厚植城市精神彰显城市品格全面提升上海城市软实力的意见》指出，要进一步激发新时代上海发展的不竭动力和澎湃活力，进一步增强城市核心竞争力和世界影响力，更好向世界展示中国理念、中国精神、中国道路。全力打响"上海文化"品牌，对于厚植城市精神、彰显城市品格，全面提升上海城市软实力具有重要意义。

"上海文化"品牌的建设与传播，要重在展现标识度，充分用好红色文化、海派文化、江南文化资源，激发上海文化的创新创造活力，让内容生产精品迭出、文化活动精彩纷呈、文艺名家群星璀璨、文化地标绽放魅力。"十四五"期间，上海继续以全力打响"上海文化"品牌为抓手，以推动高质量文化发展、引领高品质文化生活、优化高水平文化供给、实现高效能文化治理为导向，以用好用活红色文化、海派文化、江南文化资源为主线，深化建设更加开放包容、更富创新活力、更显人文关怀、更具时代魅力、更有世界影响力的社会主义国际文化大都市。上海文化具有的多元性、开放性、包容性、现代性、创新性特征，使其具有强大的生命力，成为上海城市发展的重要文化资源和文化力量。

近年来，上海出版传媒研究院围绕上海文化专题，通过举办学术论坛、课题研究、建言咨政等方式开展理论探索和实践研究，先后承接了国家新闻出版署重点项目、教育部人文社科项目、上海市文教结合项目、上海高校智库内涵建设计划项目等一系列课题，对上海文化展开了多维度研究。本书分为"理论探索""品牌建设""实践应用"三个板块，汇集了上海出版传媒研究院专兼职研究人员在上海文化品牌建设、上海文化与文学艺术传播、上海文化与传统工艺传承、上海文化与当代教育创新等重大主题的探索，以及对上海文化具象化的经典案例分析和调查研究，以期为"十四五"期间上海文化品牌建设与传播提供有益的借鉴与启示。

目 录

理论探索篇

符号传播学视域下的上海社区公共艺术研究 …………… 来 洁 3
融媒体视域下"海派漫画"的品牌重塑 …………………… 李 薇 22
海派文化与中国电影女性表演文化的互动 ……………… 衣凤翔 46
铺设无障碍文化传播盲道 提升上海文化的辐射效应 … 李 灿 67

品牌建设篇

本土新媒体动画影像中的海派文化源流 ………………… 潘 琳 91
构建校本特色大思政资源库 促进上海红色文化品牌内涵式
　　建设 …………………………………………………… 陈志英 131
推动5G时代上海"建筑可阅读"的国际传播 …………… 刘 军 166
上海老字号食品包装的文化叙事研究 …………………… 秦晓楠 193

实践应用篇

"网络直播"视域下海派文化传播策略研究 ……………… 石 莹 221
上海石库门声生态文化传播研究 ………………………… 胡悦琳 252
疫情时期上海形象构建与城市传播
　　——以第23届上海国际电影节为例 ………………… 姜 波 282
上海书展网络传播力研究 ………………………………… 任 娟 305

理论探索篇

符号传播学视域下的上海社区公共艺术研究

摘要:本文选取上海居住社区中的公共艺术景观,以"墙饰"和"廊庭"为例,结合现场调研、文献探讨和视觉符号分析方法,探寻设施形式符号背后的多层含义,就此展开适当讨论,探讨社区公共艺术的功能与属性,论证社区公共艺术与环境营造和居民生活品质之间的密切关系。指出城市社区公共艺术是社区群体意识的实物载体,不仅能解决社区居民实际生活所需,更有表达居民审美意愿和形塑社区文化语境的意义。本文借用皮尔斯的"符号三元论"来分析公共艺术物质构件,研究内容包括"符号形式""符号基本含义"与"社区语境含义"三部分。

社区公共艺术是从艺术与居民互动角度来审视社区环境的形式、内涵和关系,与建筑、美术、音乐一样是科技和艺术的综合体,对城市环境起到衬托和装饰美化作用,因此公共艺术的存在和介入与当代城市景观的建构有着密不可分的关系。城市公共艺术不同于一般的城市景观,它更强调以文化价值观为出发点的环境营造。公共艺术作为城市文化的载体,可从国家城市设计的角度进行城市形象的整体营造;可结合城市景观和人居环境借助扩大的艺术手段介入公共空间,在传承社区历史和文化的过程中,永远与其保持一种开放的对话状态;还包括打造富有个性的城市功能设施[①]。

一、课题概述与研究方法

本文以"上海城市社区公共艺术"为主要研究对象,这是因为,社区公共艺术是构成社区环境不可缺少的实体元素,包含了在公共空间中,为环境提供便利于人的活动、休息、娱乐及交流的公共小品及产品

---

① 王中.公共艺术概论[M].北京:北京大学出版社,2007:27.

设计。居住社区里的公共艺术既有能够为居民提供居住与休闲的便利设施,也是社区生活中量最大、与人互动最为频繁的环境实体产品。上海社区公共艺术中的生活服务类景观设施,包含健身器材、铺地墙饰、游乐设施、座椅、垃圾箱、路灯、邮筒、各类信息牌等,是社区中最能发掘设计细节的一类公共艺术设计作品①。这些设计既给居民生活提供了各种服务,同时也成为具有装饰性的家具小品。社区公共艺术景观的空间属性、美感形式及含义,以及与人群互动的社会功能,是其成为公共环境构成元素,且符合公共环境景观属性的必要条件。

  社区公共艺术视觉形式的审美塑造,是通过作品语言的特殊性或个性来表现的。以物理形态的点线面空间造型、材料的永久性和质地感、由此产生的体面组合结构的体量关系、方圆关系、虚实关系、刚柔关系等为特征的。作品的形式借助可触可摸的材质呈现于世,不同材料有不同的美感特性。质地细腻的大理石高雅庄重,粗糙厚实的石块朴实自然,金属材质带给人都市现代感,轻质光滑的木竹材质让人放松,还有黏土的柔性和温暖、陶土的粗犷大气、细瓷的典雅高贵、玉石的温润亲和……正如帕翠西亚·菲利普斯(Patricia C. Philips)所说,一些公共艺术的弊病是太空泛,缺乏具体性。公共艺术呈现在公众面前之后,最终也将成为他们的私人经验。当视觉的感知结束后,心灵的感受也会更持久地存在②。

  鉴于对公共艺术实体构件的研究复杂多变,本文在西方非语言符号学理论即皮尔斯符号三元论基础上,通过对符号形体(Representamen)、对象(Object)和解释项(Interpretant)概念的创造性使用,提取出"符号形式""符号基本含义"与"社区语境含义"三个视觉图像分析要点,用以处理分析大量的案例图像,获得了比使用其他方法更为明确的研究结果。下面以图表方式说明这种研究模式的步骤(表1):

---

① 根据笔者调查上海社区景观设施和公共艺术的分类统计数据,可知生活服务类设施是社区景观和公共艺术研究关注的主要类别。
② Patricia C. Philips, Temporality and Public, in Harriet F. Senie & Sally Webster (eds.), Critical Issues in Public Art: Content, Context, and Controversy, New York: Harper Collins, 1992:296.

表1 本文所使用的视觉符号分析方法

步骤	研究对象	研究方法
一	描述文本形式（Representamen）	设定线条、形体、色彩等形式分析要点，以文字语言逐条描述图像文本的视觉特征
二	界定符号含义（Object）	对样本中所涉及的视觉符号形式（如线条、形体、色彩等）的本义和延伸意义进行明确界说
三	阐释语境符号（Interpretant）	将样本与其所在的具体社区环境联系起来，深入分析具体作品在特定语境中的独特属性与意义
四	符号的延伸含义	结合其他研究者的意见扩大议题范围，探索相关符号的延伸意义

资料来源：作者绘制

二、景观设施的审美形态

以社区中的墙饰来做说明，墙饰即墙面装饰，主要目的是美化墙面环境，是用各种材料，创作成带有图形、肌理、色彩等造型效果的墙壁装饰物。社区公共墙饰主要有浮雕、壁画、招贴、门窗立面等形式，作用是使墙面看起来整齐而又不单调，既简洁又能传达现代设计观念，既美化环境又能赋予其文化意义，所以墙饰对于形式、材料和观念有要求。

墙饰作为一种景观装饰本身讲究一种"秩序感"，它表现在所有的设计风格中，贡布里希说，这种秩序感的根本在于人类的"生物遗传"中[1]。协调或秩序胜于混乱，是建筑学和城市设计获得美学成功的条件[2]。社区墙饰与建筑、公共空间、居民生活融为一体，它既要有丰富美化作用，同时还要赋予空间环境和谐统一的秩序感。从下面的一组社区墙饰景观中，我们可以看到色彩、材料、造型等因素如何实现装饰效果的协调与统一。

---

[1] （英）贡布里希.秩序感[M].杨思梁，徐一维，译.杭州：浙江摄影出版社，1987：13.
[2] （英）克利夫·芒福汀，等.美化与装饰[M].韩冬青，等译.北京：中国建筑工业出版社，2004：18.

图 1　泰晤士小镇社区一家钢琴商店的外窗装饰

图 2　大华一村住宅楼后围墙的马赛克装饰

图 3　新福康里楼体架空层空间里的壁画

图4 泰晤士小镇里英伦风格建筑的外墙立面

1. 居住社区公共艺术（墙饰）形式元素分析

表2 社区墙饰样本形式元素分析

形式元素	图1	图2	图3	图4
色彩	白+红灰	红灰+白	多色相	黑+白
线条	直线	曲线	直线	直线
形状	矩形	圆形	矩形	矩形
材质	木制	陶板	涂料	水泥
视感①	规则	简约	活泼	华丽

资料来源：笔者绘制

色彩：本案色彩涵盖三种类型，一种是简单色彩并置，如图1的白色+红灰色；一种是复杂色彩并置，如图3中多色块拼贴形式；还有一种是单色图案，如图4中的建筑黑白纹饰。

线条：本案中只有直线和曲线两种形式，均有统一整齐的视觉感受和易于加工的工艺特点。直线是人工产品中最基本、运用最为普遍的一种线。其中的水平线类似支撑的平面，所以有安详宁静的美感。垂直线因为有克服重力局限向上生长的姿态，所以通常用于象征崇高。

---

① 视感（Look），指整体看上去的视觉印象。

几何曲线也同样具有简单明了的视觉特征,但能表达柔软有韵律的事物,因此比直线更有情感表现力。

形状：本案中只有矩形和圆形两种形式,这两种形式都是规则几何形,矩形是平直方正的特点,表达人工建造的规则和整齐,圆形是自然界原有形态,具有比方形更复杂的表现力。

材质：本案中出现的材质较为多样,共计有四种,是木制、陶板、涂料和水泥。其中涂料即为油漆,是一种能牢固覆盖在物体表面,起保护、装饰、标志和其他特殊用途的化学混合物。使用涂料可以获得丰富的颜色,但因为涂料是一种有很强覆盖力的固态薄膜,所以使用涂料常常因为其固态性质而在被覆盖物表面形成漆膜或涂层,导致被覆盖物的自身肌理难以呈现。

视感：视感是指观察视觉对象时不经分析,瞬间产生的整体观感,类似视知觉意义上的格式塔效应[①]。本案中四个设施作品从整体观感上看,图1中以弧线形白色背景墙最为醒目,其内部涵盖乐器弧形线条的木质框装饰画,能给人高雅简洁的视觉印象。图2中灰白色背景墙上的线条和形体,以红色圆形陶板壁画最为刺激,能产生简约整齐和跳动醒目的视觉效果。图3中红黄蓝绿的饱和色彩与阿拉伯数字的排列组合,给人以充满童趣的明丽视觉印象。图4中以黑白两色对比并置的墙面空间分割手法,使建筑层次感更加丰富,墙面上单色构成的规则图案,能让人产生既沉稳庄重又华丽典雅的视觉观感。

2. 居住社区公共艺术(墙饰)社区语境含义分析

图1是泰晤士小镇社区里一家钢琴商店的外窗装饰。泰晤士小镇

---

① 格式塔是心理学流派之一,又称为完形心理学,是20世纪初德国心理学家在研究似动现象的基础上创立的。格式塔是德文 Gestalt 的译音,有"模式、形状、形式"等含义,其核心意思是指"动态的整体"(dynamic wholes)。格式塔学派认为人脑有从整体上处理视觉对象的特性,其主要理论观点是"整体大于部分之和"。如人对一朵花的感知,并非纯粹从对花的形状、颜色、大小等知觉反应而来,也包括过去赏花的经验和印象。综合而成才是对一朵花的感知。该学派对中国视觉艺术研究有较大影响,本文这里只是借用此理论,在一个局部应用于对整体视觉观感的分析。后面多次出现"视感"与此同义。

是位于上海市松江区的一处英式住宅小区，完全引进英国泰晤士河边小镇的住宅特征。此处墙面上三扇并排窗户上贴着三幅西洋乐器局部题材的广告招贴，乐器的弧线造型非常有装饰效果，木质的窗框刚好成为了招贴的画框，整体造型成为三幅整齐排列的画作。三扇窗又在一个白色弧线窗形背景色的统一下，成为一个统一的窗户造型，又似有节奏的黑白琴键。墙面装饰的对比应用包括白色和红色墙面、深色木框的色彩对比，弧线乐器造型与矩形木质画框、弧线形白色背景墙的形态对比，砖墙、木框和招贴画的材质对比，而这些丰富的造型元素又在窗户的整齐排列、白色背景墙的整体造型中得到了融合统一。图中使用木质窗框装配色彩鲜艳的装饰画，是一种传统架上绘画的常用装框手法，也因此产生了公共空间中的传统绘画展示的形式效果。陶板所用材料为陶瓷，其硬度较高，防水且耐高温耐腐蚀，常用于建筑装饰和公共艺术作品，小片状马赛克陶瓷片更适合拼装各类装饰图案，能获得丰富的肌理效果。但本案中的陶板作品使用了很简约的几何形式，有一定的墙面装饰意味，但其造型和面积比例都过于单调，因此趣味性不强。壁画框中的灰红色与墙面色彩类似，因此白色成为这个环境中最耀眼的色彩，有弯曲形状的白色在灰红色背景衬托下显得明亮活跃。这种红白配置的色彩效果，使红色比原来明度更高，而白色明度却因此降低，由此可以协调大面积白色背景框的炫目感。

图2是大华一村住宅楼后围墙的马赛克装饰。小区位于宝山区沪太路1500弄，地处中环以内，经过十多年的配套建设现在已经相当成熟，属于舒适度较高的生活社区。此处墙面以白灰色为基本色，配以红色马赛克装饰，整体色彩对比强烈而又古朴，充满了生机和动感。贴面材料的选择上，陶瓷马赛克拼贴成小格状质感的图案，与主体墙面的肌理产生对比，粗细结合。圆形马赛克图案与白色水泥墙的结合，由于两者之间的白色马赛克拼贴方块而得到了缓和。一方面使红色与白色、马赛克与水泥、圆形和方形的强烈对比得到了削弱，从而使墙体平面效果更有层次感，红色圆形的体量感也被白色矩形切分，墙体变得丰富、轻盈有活力。阿恩海姆（Arnheim, R）在视觉心理学的研究指出，我们一旦将一个组合的空间从中央分开，其结构就改变了，这时它就包括了

两个相同的部分,每一部分围绕中心点进行组织,该式样表现了相互对话的两个对称的部分,彼此沿着其分界线求得和谐①。而这些造型元素又在图形的规律排列以及外观弧线的包围下显得整体协调而统一。

  图3是新福康里楼体架空层空间里的壁画。新福康里位于上海市的中心城区静安区,南临新闸路,北至武定路,西起泰兴路,东靠振安广场。小区为新式里弄住宅,曾荣获全国新世纪人居经典住宅小区方案竞赛建筑形态金奖。新福康里小区里的架空层被很有创意地设计成几个文化空间。其中"童趣迷宫坊"的主题风格是很多童趣元素的集合设计。这是墙面上一幅壁画,使用多种彩色涂料制作的装饰性墙面,其墙面的材质感已经转化为涂料本身的表面涂层效果。多色相色块的网格式拼贴,包括了红黄蓝绿几种彩度较高的颜色,呈现出饱满、丰富、跳跃的整体视觉效果。童趣的主题十分鲜明,画面呈格状布局,除了跳跃的趣味数字,分布其间的灰调子手绘风格图案,中和了强烈的色彩对比和风格转变,一方面使趣味数字的组合更灵活,色彩分布疏密变幻,不至于大面积对比色产生过分强烈的视觉效应,而且使得童趣的风格与外部的墙体有了缓冲地带,更易和谐一致。

  图4是泰晤士小镇里英伦风格建筑的外墙立面。小区概况前文中有介绍,墙体以明快的黑白色彩对比作为主要风格,在大面积的白色背景上,以较少面积的黑色装饰与之形成色彩对比,整个画面给人明快、高雅的感觉。而这种黑白的强烈对比又在规则对称有序的装饰图案中和谐共处,使人感到融合协调。泰晤士小镇的这种黑白建筑,来源于英国维多利亚建筑风格,现大量保存于英国切斯特古城。风格特征是颜色应用大胆,黑、白、灰等中性色与褐色和金色形成强烈对比,白色为底黑色为图,在大面积白色背景衬托下,黑色有向前凸起的视觉效果,使得平板的墙面显得玲珑有致。在造型上层次丰富、装饰细腻,细部装饰小巧精致,整体清雅大气。建筑装饰图案由水泥塑造而成,水泥是最常用的建筑材料,表面肌理效果甚为粗糙,色彩也暗淡无光,因此称城市为"水泥森林"是对城市环境的贬义表达。图中使用黑白两色涂在水

---

① Arnheim, R. The Power of the Center[M]. Berkeley: University of California Press, 1982: 87.

泥表面,并以格状图案分割平面空间,有力地改变了水泥材质本身的暗淡视觉效果,为建筑墙面增加了活跃的气息。

从对墙饰的形式读解中可知,社区的美化装饰是经过了理性与感性处理的形式设计,它的美感体现于外在的线条、色彩、形状、肌理等形式元素中。上海社区景观设施公共艺术的装饰性主要表现有两个特征:

一是多强调几何形式的美感:有表现建筑挺拔坚定的竖向线条,有突出墙壁主立面的横向线条,有平整有序的网格状图案,有饱满光滑的圆形图案,有充满生长活力的自由曲线。不同形态的美化装饰作用和效果不同,能够体现不同的个人情感、文化特征和审美意象,并且在创作形式上追求自然生动、新颖趣味的视觉性。

二是对于整齐统一或对称平衡等"秩序性"应用。对比与调和是常见的对比装饰手法,其中有色彩对比、形态对比、材质对比、结构对比等;常见的调和的方式有分散与统一的结合运用,增设过渡带以缓和强烈对比,图案的规律性组合等。有对比有调和,才能使形式画面丰富而紧凑,变化而统一。

不足体现在社区公共艺术的审美形态缺少整体规划,小景观之间缺乏联系;装饰设计与周围环境不协调。而社区中的景观装饰除了能美化丰富环境,能够提升社区环境的物质、社会和精神品质,强化场所特征,还需要增强社区的标识性,满足了以上这些环境的规制,它的美感才算真正发挥出来。

三、实体构建的文化属性

社区中具有实体雕塑感和建筑可塑性的一类公共艺术,可以理解为实体构建型景观装饰。比如具有建筑形态的亭台、廊柱、屋宇、栏杆结构,造型和实体感强烈的雕塑等。"实体构建"这一类公共艺术景观指的是装饰作为实体物件的一部分,融合于整体结构之中。从而诉诸视觉的空间形象,反映一定的艺术风格和文化属性。

中国美学从对象与人的关系上将审美对象的风格分为"自然"和

"雕饰"。自然风格指对象以其独立的形式让鉴赏者领悟到其浑然天成的风采。雕饰风格指对象在原质的基础上经过了人为的精心构思与修饰[1],给人以美的印象。这两种风格在社区造园设计中都有体现:在中式庭园的设计中,各种形状的门洞是常用的空间分隔元素,有椭圆形、圆形、扇形、六角形等多种形状。装饰性丰富的隔扇也在园林中被广泛使用,还有道路和小径旁的木栏杆等,这些富于变化的人造工艺在装饰建筑的同时,还增添了居住环境的趣味。中国古典园林的美不是一座孤立的建筑物的美,而是艺术意境的美。所有的建筑都要服从创造艺术意境的要求[2]。中国古典园林的人工创造的伟大之处还体现在通过塑造一些具体而微的景物,而在宇宙模式中表现出无限广大的空间这一根本目的。如以一石代一山,盆池代江湖,展现"天人之际"的宇宙观[3]。

　　社区里的现代凉亭在造型风格上,不但继承了古代的优良传统,主要体现在材质上大量选用木质结构,木头的温润触感与人亲近,坚固耐久,更显古朴遒劲;而且亭子造型致力于新的设计创造,融入了欧式等其他风格元素,再根据所处的不同地形环境,结合植栽、山石、水景,做到灵活多样、丰富多彩、天然野趣。

　　西方的廊主要是作为建筑的附属物而存在,只有在围合公共广场和其他少数情况下会有独立廊的形式出现,而少数作为造景要素的独立廊多是整齐、规律的几何形式,表现出壮美的美感,特点是"雄伟、壮丽、威武、坚强"[4],让人心生崇敬之情。图5绿洲康城亲水湾(东区)位于浦东新区康桥路,其景观设计旨在阐述"运动、人文、艺术和绿色环保"。绿洲康城亲水湾小区入口的传统柱廊,撑起拜占庭风格的圆形穹顶,形成完美平衡的力学美感;图6瀚林府邸位于静安区武定路1128弄,小区内自然绿化条件较好,人工设施不算很多。小区里的正

---

① 朱志荣.中国审美理论[M].北京:北京大学出版社,2005:189—200.
② 叶朗.现代美学体系[M].北京:北京大学出版社,2002:133.
③ 王毅.园林与中国文化[M].上海:上海人民出版社,1991:275—276.
④ 陆一帆.美学讲义选载(8):第三章壮美与秀美[J].山西师院学报(社会科学版),1983(3):38—44.

方形西式园廊,折回中呈现出变化、紧张的运动美感;图7四方新城位于历史风貌街巨鹿路陕西南路上,是上海第一批外销房,配套设施很完善,可谓是闹中取静不可多得的地段。四方新城的微缩穹形罗马柱阵列上方有紫色花藤和绿荫,背靠西方风格的城堡,显得神秘、高雅;图8瑞仕花园地处古北新区,古朴庄重的建筑立面、色彩,使老古北的欧洲建筑风格得以延续,与新古北的新古典欧洲建筑风格延续的规划定位相吻合。小区里的巴洛克风格装饰,展现欧洲古老的贵族摩登文化。据调查,目前新开发的住宅小区以中西各类艺术风格来定位社区文化主题俨然成为一种时尚潮流。

图5　绿洲康城亲水湾(东区)的中心廊亭

图6　瀚林府邸社区的回字形廊亭

图 7 四方新城的花园廊亭

图 8 古北瑞仕花园社区的花园廊亭

西式风格社区大量出现在中国已成为一道世界罕见的奇特风景,很重要的一个原因归结于西方文化对中国大众的诱惑力,使得很多人尤其是年轻一代着迷,甚至于对自己的文化缺失了认同感。笔者针对上海社区的风格形式的考察情况,归纳得出影响中国的西方文化的几个主要元素:

崇高——精神至上:欧洲文化的精神性来源于基督教,这是中西差异最根本的原因。西方存在一种强烈的对上帝的信仰。上帝创造主宰人类;人类因上帝而存在。这种崇高的精神性使其与其他文化有很大不同。中国社区设计者常用坚固的石头、严密的几何形、巨大的体量、外张的穹顶、高耸的尖塔等设计来强调这种神性和崇高感。

奢华——浪漫主义：巴洛克是代表欧洲文化的一种典型的艺术风格。它以浪漫主义的精神作为形式设计的出发点，反古典主义的严肃、拘谨、理性的形式，有其独特的风格特点：宏伟、生动、热情、奔放，多表现奢华和夸张的贵族艺术。巴洛克的豪华、享乐、繁复装饰更成为中国中产阶级效仿奢华的模本，备受地产商和设计者推崇。

古典——文艺复兴：文艺复兴的核心价值观是人文主义，主要精神是突出人的地位，主张自由、平等、博爱，提倡个性解放，崇尚个人的价值观。简洁和谐的文艺复兴风格当时压倒繁琐的哥特式风格，提倡一种更适合人们居住、体现为人服务的建筑。对现在社区的意义则是召唤现代社会的人们，返回古典的境界，重温其深厚的精神内涵和精湛的艺术技巧。

功能——理性科学：理性与科学在强调逻辑、推理、归纳、分析的欧洲有着悠久的历史和坚实的基础。理性主义是从建筑本身的功能出发，展现严谨的几何逻辑，表现结构、构造和空间的清晰，是完整的现代主义风格建筑；相对于古典风格强调和谐与纪念性，理性主义更强调建筑的内在理性、时效性与功能性。

中西文化的多样化存在正是上海海派文化的特殊性。而且越是地价昂贵的小区，这种风格越鲜明。阿诺德·豪赛尔(Arnold Hauser)认为，风格的产生是历史传统、习俗、技术、流行艺术、时代趣味等确立一种客观、理性、群体性的标准，它一定能够引起某个社会阶层的兴趣，占据了重要的历史位置①。可见，西方文化对于上海社区文化建设的影响力，不只是出自商业目的的推崇，还可显示出当今拥有了较多财富的社会阶层对于西方文化的多样化认知，以及一些景观设计者擅长使用一些文化风格的符号元素去表达某种文化内涵。这种制造文化的方式被一些学者认为可以作为一些提示性文化符号，但不足以成为模式被抄袭和滥用，不仅容易造成风格的雷同，而且成为缺乏内在精神含义的伪文化②。这也正反映了当下文化价值观对于传统文化价值的近乎无

---

① (美)阿诺德·豪赛尔.艺术史的哲学[M].北京:中国社会科学出版社,1992:204—205.
② 刘滨谊,母晓颖.城市文化与城市景观吸引力构建[J].规划师,2004(2):5—7.

知以及对西方文化的盲目崇拜,为了商业目的简单甚至拙劣地抄袭、移植某个国家某个历史时期的形式特征,或者某个艺术大师的风格等,而忽略了当地居民的接受标准。

四、社区调查与居民互动

上海社区公共艺术建设和规划方面存在的主要问题有:黄浦、原卢湾等老城区旧式里弄社区有楼宇老化、设备陈旧、配套设施不完善、道路多等问题;上海各社区之间差异度小,社区识别性不强,造成一个小区域内社区景观差别不显著,对于培育居民对所在小区的归属感、自豪感十分不利;普陀、杨浦、原闸北等上海市老工业区存在居住区与工业区混杂的状况,旧工厂带来的噪声、烟尘、废气、废水等污染影响附近居民健康等①。笔者在调查上海的一些社区之后,发现小区环境的审美风格从古罗马、中国宫廷风到现代简约功能主义,现代上海社区的环境艺术融会了中外古今的文化演变过程。除了呈现不同的艺术形态风格,社区对于历史文化的纪念和尊重也有很多体现,如有的社区在整体风格上保存区域历史文化,留存了石库门和里弄街坊的记忆;一些社区建设了纪念性的地标装饰,上面有城市历史演变的印记,表明社区对时代的一种纪念和传承。

很多社区里造景文化的意味明显,尤其是在环境较好的商品房社区。静安中凯城市之光社区的园景以水为主题,打造丽水成天的现代中式景观园林;松江泰晤士小镇社区完全呈现出英国泰晤士河边小镇的英伦文化风情;静安新福康里社区展现了留存着老上海里弄记忆的新海派文化。在这些社区不同的文化演绎中,一定程度上可以反映上海城市居民的价值观念及文化品位需求。

泰晤士小镇社区受访者甲说:

"英式独栋建筑、英式广场、英式小镇完全是舶来品嘛,石库门建

---

① 张玉枝.面向问题,发展规划——上海城市社区建设中存在的若干问题及其对策思考[J].上海城市规划,2001(1):23—26.

筑才是我们上海的独特的城市文化呀,英伦的建筑文化复制到上海本身没有太大的意义啦,不过放在上海周边的话,它可以作为一个文化艺术区,增强旅游文化气息,我认为这种形式完全没有推广的必要。"

由此可见居民对于自己长期熟悉的地域有一种天然认同,另一方面说明上海文化的全球化特征,既然石库门已经成为一个世界认同的文化符号,那么建设者为什么不多发扬我们的独特文化,而去费劲引入别的文化呢?这名受访者主要持这种态度。实际上,大量表面化的"城市形象"的华丽塑造与视觉美化现象的泛化,以及概念化、形式化且艺术品质欠佳的城市雕塑和环艺小品,并不能够成为表现真正城市文化的符号及其社会文化的含义,也无法成为公众所需要的公共空间元素或公共设施的组成部分。

泰晤士小镇社区受访者乙说:

"我觉得老外都不一定喜欢住在泰晤士小镇,他们并不稀罕欧式房子,他们一定更喜欢住上海的老洋房或里弄房子,所以上海老城厢才是老外爱待的地方。而这个泰晤士小镇空有样子,但是无力植入英伦文化,全是我们中国人在这里拼命地保持英伦风貌,搞摄影基地,发展创意文化,实际上有文化吗?"

这只是一位游客的观点,却反映出上海居民对于西式风格社区并不完全肯定和认同。而泰晤士小镇只是移植了建筑上的英伦风貌,实际上并没成为一种居住模本,正如受访者乙所说,这样的文化舶来品只能空有其形,而无其神。目前的泰晤士小镇只是作为一些人规避闹市的度假区,或者直接成为一个婚纱摄影的背景地。如果说要真正给泰晤士小镇注入社区文化精神内核的话,更重要的是形成居民社区认同。首先是充分开放利用小镇里现有的公共设施,开放小区中心教堂,召唤进来那些崇尚欧式生活的人。还有将外国文化真正移植进来,建成一个"洋人城",引来老外入住,并把外籍教育、西方艺术、异域商业和旅游都搞起来,以洋特色吸引更多的居民进来,小镇气氛自然就活了。

中远两湾城社区受访者丙说:

"苏州河是上海重要的河道,这就代表本土文化。小区的生态景观还好,但是文化资源不是很多,小区人口这么集中,密度也大,如果能增加些什么小型文化活动中心、或者便民的可以进行棋牌娱乐的设施,也能丰富下各种年龄层次居民的文化生活啊。我开个饮食店,也在墙面装饰上宣传上海文化,每天来来回回迎送不少顾客。"

该受访者在小区底楼经营着一家社区饮食店,进门的墙壁上拼贴有许多旧上海、旧小区的历史照片,呈现出上海居民对于城市和时代的记忆和情愫。表现了居民对于本土文化与历史的好感和亲近。

万邦都市花园社区受访者丁说:

"现在的雕塑就是'高大上'的东西,立在那里占那么大空间,强迫你一定要欣赏,又不知道欣赏什么。希望作品能和我们有更多互动,让我能懂它或者愿意接受它。"

采访地点在住宅楼前绿荫掩映的小花园里,近处有两件大件雕塑。两件作品造型风格一致,为抽象变形的人和飞鸟形象。造型不优美,寓意不明显,制作也比较劣质,难怪被隐藏在绿林中,不只是居民长期与它们相处不乐意,作为游客,我和它们第一次相见也无好感。社区建设者们是不是应该多采集居民的意见,让"高大上"的作品多接地气。在20世纪末至21世纪初的实践过程中,我们看到中国的大量城市景观和公共艺术工程的特性之一,是注重视觉的观赏及空间形式的装饰效果,很多都是"形象工程"或"政绩工程",并往往蕴含了某些资本与权力合作的现象及需求,而与普通市民公众的日常生活需求及公共空间的营造相去甚远。虽然很多城市建设了许多地方历史和民俗题材的雕塑和视觉符号,但这并不意味着市民文化已真正成为当代景观文化的主要内涵和公共艺术表现的主要方向,也不意味着景观艺术与公共享用的文化品质及公共设施的功能特性之间已经具有普遍的、实质的关联。

在地居民们所关心的问题涵盖了以下几方面:

① 社区公共艺术不只为了视觉审美,同时还得为社区居民日常生活和人际交往活动解决一些实际之需。但是现实情况是社区很多景观设施缺乏应有功能与美学品格的设计。

② 社区美化太多人工雕琢的抽象化、规则化、几何化的装饰设计,单调的形式使人感到厌烦和沉闷,可以考虑多引入一些趣味生动的元

素进来。

③ 社区文化风格和主义完全取决于房产开发和主导者的决策,已然和当地居民的意愿毫无干系。真正要为居民办事,不如少谈点主义,多了解一些居民的背景、文化、兴趣和需求,真正能够反映居民诉求和意愿。

④ 社区公共艺术的建设要从社区的实际需求出发,不要追求面子工程,打着保护生态的幌子,实质却是浪费资源。在自然景观和人工景观结合比例的问题上,尽可能多地维护当地生态资源。

⑤ 社区活动设施的设计能够考虑其多样性、趣味性、小尺度、舒适度、便利性等,真正使社区活动设施有效使用起来。

结　语

从人类居住演变过程来讲,居住区作为家庭生活的容器,它的生活功能①是最根本的。笔者在实地调查中也发现,生活服务功能是社区公共艺术最注重细节设计的体现。从上述解读社区公共艺术视觉符号的结果发现,我们对于上海社区公共艺术的建设实践可得几点启发:

一是社区建设介入居民社区生活的迫切需求。笔者调研发现上海居住社区内的各类公共艺术景观设施,不论其设置动机是政策宣讲、企业产品或艺术创作,也不论其形式是墙面装饰还是公共座椅,其中最重要的是政府指导的社区建设目标,地产商为商业利润而推行的景观营造策略,以及设计师所代表的美学倾向和设计水平。现有条件下社区居民的权力缺位是很多社区内公用设施还不能在较高程度上取得居民认同的重要原因,风格杂乱、审美趣味拙劣、维护保养欠缺等②也是居住社区中公用设施的常见弊端。

---

① （日）本书编委会.图解住居学[M].北京:中国建筑工业出版社,2013:16—17.
② 本研究在调查阶段即发现,导致社区居民对社区公共艺术不很满意的最大问题还不是设计不合理或形态不好看,而是管理维护不利(污浊和破损)。但考虑到社区管理问题已经超出了本文研究范围,因此在分析和讨论中没有更多涉及这部分内容。

二是提升居住社区公共艺术的功能设计和工程质量。从景观意义来考察，社区公共艺术重要的似乎不是其主题性或形象本身的美学问题，而是它们以如此的形体符号和视觉意象对后现代语境下普通人生活中的价值迷茫与情感失落的表述和补偿。本研究通过设施形式考察和居民调研，发现平时看上去似乎微不足道的公用设施有多种功用，是表达社区精神和居民审美理想的良好载体，基于对居住社区公共艺术功用和意义的理解，本研究认为就社区公共艺术的建设而言，实际功用、身体接触的安全性和舒适度以及视觉美感，是最重要的三个建设指标，因为只要能圆满实现这些指标，社区居民必然获得审美愉悦感，此时功能意义上的使用便利就会自然转化为美学意义上的艺术体验。

三是人与社区公共艺术的互动反应是判断社区公共艺术价值和意义的核心标准。本研究坚持认为，只有能够切实改善并提升社区居民生存质量的景观环境，只有被社区居民喜爱并能长久使用的景观设施，才具有当代景观美学的属性和价值。理想的城市社区不应该是缺乏活力、毫无生机的机械式物质生活场所，而应该是物我合一、生机盎然、自然和谐的社会。但是当急剧膨胀的商业与工业力量以技术手段对社区环境强行介入时，上海很多居住社区的自然生态已经被符号化和标本化，其本原的自然诗意已面目全非[①]。就此而言，人类与环境之间不仅存在着一种生态伦理关系，而且存在着一种自我拯救的历史责任感。

从微观角度洞察商业和技术与自然的不和谐关系，可以由小及大，见微知著，通过反思如何在城市社区建设中，抑制现代技术的破坏性可能并拓展其拯救的可能性，这是当代社区环境建设和公共艺术发展应该慎重思考的问题，也是本文在此结尾处需要提请社会各界尤其是社区规划设计师和社区环境管理者需要多多关注的，在建设上海居住社区公共艺术和发展社区文化过程中倡导人与技术、与居所、与自然界、

---

① 这里说的"符号化"和"标本化"，是指很多居住社区存在着过分设计的倾向，其中将自然绿地、树丛、草坪等修剪成各种几何形式，虽然能够形成秩序化、条理化的意向，却与自然生长的本原样态相距过远。

与土地重新建立唇齿相依的紧密联系。社区不是只有水泥房子的暂住地,而是容纳我们的依恋情感和精神游戏的栖居之所。

(上海出版印刷高等专科学校文化管理系　来洁)

参考文献

[1] 李维立.身边的艺术——英国公共设施的形与色[M].天津:百花文艺出版社,2008.

[2] 王昀,王菁菁.城市环境设施设计[M].上海:上海人民美术出版社,2006.

[3] (意)克罗齐.美学原理[M].上海:上海世纪出版集团,2007.

[4] (英)贡布里希.秩序感[M].杨思梁,徐一维,译.杭州:浙江摄影出版社,1987.

[5] (英)克利夫·芒福汀,等.美化与装饰[M].韩冬青,等译.北京:中国建筑工业出版社,2004.

[6] 朱志荣.中国审美理论[M].北京:北京大学出版社,2005.

[7] 叶朗.现代美学体系[M].北京:北京大学出版社,2002.

[8] 王毅.园林与中国文化[M].上海:上海人民出版社,1991.

[9] (美)阿诺德·豪赛尔.艺术史的哲学[M].北京:中国社会科学出版社,1992.

[10] (日)本书编委会.图解住居学[M].北京:中国建筑工业出版社,2013.

[11] Patricia C. Philips. Critical Issues in Public Art: Content, Context, and Controversy[M]. New York: Harper Collins, 1992.

[12] Arnheim, R. The Power of the Center[M]. Berkeley: University of California Press, 1982.

融媒体视域下"海派漫画"的品牌重塑

摘要：近年来中国漫画产业迅速发展,国产漫画在受到国内大众好评的同时,也不断走出国门让世界领略到中国漫画的魅力。实际上早在20世纪二三十年代,上海就是中国漫画出版的中心,"海派漫画"成为中国现代漫画史中风格鲜明、独具特色的文化符号。当时的漫画在推动社会发展、人民觉醒等方面做出了巨大贡献。同样的,当代漫画在城市文化品牌的构筑中也发挥着重要的作用。随着时代变迁,漫画出版的媒介发生了本质的变化。特别是融媒体的兴起给漫画出版业带来了巨大影响。随着媒介底层逻辑的范式变迁,漫画的内容生产与运营方式也面临诸多挑战。本文就是在此背景下探讨如何借鉴历史经验与国际惯例来推动上海本土漫画产业的发展,重塑海派漫画的品牌形象。

一、漫画的认知内核与叙事方式

1. 漫画的认知内核

"漫画"这个词,最早源于中国①。1918年,漫画先驱沈伯尘②就在上海创办了中国最早的漫画刊物《上海泼克》,但是直到1925年,由郑振铎③主编的《文学周刊》杂志连载了丰子恺的幽默画,这种绘画形式

---

① 漫画这个词最早是北宋学者画家晁以道因为看一种水鸟捕鱼的动作非常潇洒自如,像是在水面上画画,将其称为"漫画",后来清代画家金农将自己有感而发的漫笔称为"漫画"。
② 沈伯尘,原名沉学明,中国早期漫画家。1918年沈伯尘在上海创办《上海泼克》。因为该杂志的主要画稿就来自于主编沈伯尘,因此《上海泼克》也被称为《伯尘滑稽画报》。沈伯尘的很多作品以写实的形象、鲜明的对比来揭露中外反动派的丑恶凶残和中国人民的深重灾难。至沈伯尘32岁去世时,《上海泼克》总共只出版了5期。
③ 郑振铎(1898—1958),字西谛,笔名有郭源新、落雪、西谛等,出生于浙江温州,是中国现代爱国主义者和社会活动家、作家、诗人、学者、文学评论家、文学史家、翻译家、艺术史家。1949年任全国文联福利部部长,全国文协研究部部长,人民政协文教组长,中央文化部文物局长,民间文学研究室副主任,中国科学院考古研究所所长,文化部副部长。全国政协委员,全国文联全委、主席团委员,全国文协常委,中国作家协会理事。

才以相对固定的范式出现。随后,1926年,在郑振铎的帮助下,开明出版社将《子恺漫画》出版,由此"漫画"一词才开始被大众熟知。

漫画运用夸张的手法,对时事、对社会生活中一切不合理的现象,进行辛辣、尖锐的讽刺,引导社会舆论(彭涛,1988)。基于此,其最被熟知的题材就是反映新闻时事的讽刺漫画、拥有教育意义的儿童漫画、传播信息的科普漫画,除此之外还有独具风格的日本"二次元"漫画(日本现代漫画的鼻祖是浮世绘大师葛饰北斋[1],其1814年出版的作品《北斋漫画》被奉为现代漫画的开山之作。进入20世纪中期,日本漫画家手冢治虫[2]开创了叙事画性质的"新漫画"模式)。因此,当下我们理解的漫画概念,其内涵的边延被不断拓展,既包括"老漫画"(以滑稽性为主,以单纯的线条和颜色描绘的含有社会讽刺意义的漫画)也包括"新漫画"(用影视语言加以组织的连贯性绘画故事作品)。

2. 漫画的核心叙事方式

漫画大师和漫画理论家斯科特·麦克劳德[3](Scott McCloud)在《理解漫画》中强调了漫画在绘画之外传递信息与表达故事的概念。它是连续的艺术,注重于讲故事。因此我们可以将漫画理解为一种用图像进行叙事的文化形态,叙事是目标,绘画只是表达语言。日本漫画

---

[1] 葛饰北斋(1760—1849),日本江户时代的浮世绘画家,他的绘画风格对后来的欧洲画坛影响很大。其中《北斋漫画》是一本指导绘画的范本书,在其中北斋示范了描绘各种形体时使用的不同方法和科学的认识,特别是对人物各种姿势表情进行了深入的研究,在描绘的内容上既有人们的喜怒哀乐,也有鸟兽虫鱼、山川草木,甚至是日常生活中的一般器物,是一部绘画版的百科全书。

[2] 手冢治虫(1928—1989),日本漫画家、动画制作人、医学博士。1949年手冢治虫以漫画《新宝岛》奠定了日本漫画的叙述方式,创立了日本漫画意识形态,极大地扩张了新漫画的表现力。被中国大众熟悉的《铁臂阿童木》就是手冢治虫的代表作之一。他是日本第一位导入助手制度与企业化经营的漫画家。日本第一部多集TV动画《铁臂阿童木》、第一部彩色多集TV动画《森林大帝》均由他的"虫制作株式会社"打造。

[3] 斯科特·麦克劳德曾12次获得美国漫画两大奖项——艾斯纳奖和哈维奖的提名,被誉为漫画界的亚里士多德,是著名的漫画理论家。他的系列作品《理解漫画》《制造漫画》《重构漫画》通过形象生动的漫画表达,将漫画的内涵与外延进行拆解。该系列书籍成为漫画创作的经典教材,也荣获了漫画界的"奥斯卡"——艾斯纳奖和哈维奖。

家手冢治虫更是将电影拍摄技巧与镜头语言巧妙运用在漫画中,通过电影叙事方式将漫画变成了长篇故事的表达载体(其创作的《铁臂阿童木》就是国内观众熟知的漫画形象)。但漫画不同于其他形式的故事表达的核心要素在于其通常会将极致真实的内容采用极致夸张的方式呈现,通过吸引注意、启发思考来形成共鸣。这一漫画与生俱来的叙事特点决定了它对儿童、青少年以及成年人即全年龄段人群都会产生巨大的吸引力。从这个角度出发,美国动漫教父威尔·艾斯纳①(Will Eisner)将漫画定义为图像小说,虽然这一理解在业界还没有获得统一认同,但是较为统一的认识是认定漫画是通过图像、视觉解构、时间、空间等各要素来建立一种完整的叙事法则。只有充分理解了漫画的内涵,才有助于打破由于概念狭窄带来的文化壁垒,从源头上扩大漫画市场的容量。

此外,随着技术载体和人们审美范式的型塑,数字漫画(Digital Comic)和动态漫画(Motion Comic)迅速成长起来。数字漫画是一种不以纸质形式出现,而用计算机加工、设计制作的,最终发布到数字网络平台供读者多媒体终端阅读或观看的数字图像。动态漫画是一种结合传统漫画和动画元素的数字漫画,也可以看作是数字漫画的分支,属于数字漫画的范畴。不同的媒介表达为漫画的概念扩展提供了物理条件,也反向激发对漫画认知的版本迭代。现代意义上漫画的形式包括单幅漫画、四格漫画、多格漫画、连环漫画,甚至插画、绘本和卡通形式的造型绘画;漫画的内容包含新闻漫画、社会漫画、私人漫画、独立漫画等丰富多彩的领域和分支。这些基础呈现方式的变革意味着漫画出版媒介的变化。漫画出版媒介的变化会引发整个漫画生态的重构,包括漫画生产创作的变革、媒介体制的变革、漫画产业链变革等多个方面。

基于新技术的不断呈现,特别是5G技术以及智能手机、便携平板电脑等多元媒介形式的普及,过去标准化的漫画发展模式已经不适应

---

① 威尔·艾斯纳(1917—2005),是美国著名的漫画家、编剧、企业家。他是图像小说的创始人。美国最具影响力的动漫界奖项——艾斯纳奖就是以他的名字命名。

当代漫画的发展,需要从社会发展、思想认知、媒介机制等多维因素来定义和重构漫画生态。基于此,从产业运营的角度来理解漫画,其生产的内容是文化创意产业的基础和源头。漫画可以通过版权作为纽带向相关产业延伸,对动画产业、游戏产业、符号形象产业以及版权相关产业有很强的牵引作用,从而形成巨大的产业集群。媒介化的漫画出版模式在很大程度上拓宽甚至重构了漫画的商品属性和产业链条。社会文化变迁是挡不住的历史前进车轮,多样的媒介机制也为漫画出版带来了不一样的生机与挑战。

二、融媒体视阈下的漫画述评

1. 融媒体时代的漫画发展现状

随着科学技术的发展,媒体的逻辑发生了重大变化,融媒体就是整合各渠道资源,构建以内容生产为基础、以用户关系为核心、以用户需求为指向的"内容 +"的运营模式,实现"PC 站 + 手机站 + 微网站 + 小程序 + APP"等全媒体、多平台、个性化的信息发布,传播效率发生了质的飞跃(张正午、林丽,2019)。融媒体意味着各种媒介形式的全渠道,意味着可以整合每个媒介形式的优势,但是也需要承认由于媒介性质不同,给内容载体本身带来的本质性要求可能会具有矛盾性和干扰性,融媒体在提供了前所未有的市场与机会的同时,也增加了整体漫画生态中从业者的困难与障碍。例如漫画常常运用夸张变形手法来突出描画目标对象的特点,除了要抓住本质特点以外,还要分析不同媒介形式下能够有效表达与呈现人物及事物的"夸张"与"变形"的特征手法,继而根据不同特点来针对性地打造夸张与变形点。

融媒体这种独特的传播体系已经在持续地塑造和影响社会结构、人们认知等经济生活的方方面面(杨振英、刘石检,2013)。在这种新的认识框架和价值安排下,话语表达、社会性格和文化形态都在不自觉地被更新、被建构。由于融媒体的传播体系更加开放与多元、充满个性、强调交互、共享与即时。所以站在融媒体视阈下来看漫画产业发展与漫画品牌构建时需要考虑不同社会结构、不同认知范式等方面的变量因素。例如,由于受到电子书、网络阅读的冲击,加之书号压缩等出版政策的影响,纸质媒介的漫画出版门槛被不断提高,传统漫画销量持续下降,网络漫画平台已经成为漫画行业内容创作、聚合分发、整合营销、流量变现、商业拓展的主力军①。目前中国的漫画用户规模达到了3.9亿人,而且以"95后"为首的年轻群体已经成为漫画及周边产品的消费主力。

漫画的出版已经加速从纸媒向网络迁移,但这并不是将同样的漫画作品在不同平台进行展示。因为如果只是简单地将纸质版内容换个平台展示,就会缺乏形式与交互上的创新,远不及各种新媒介平台新颖的漫画具有吸引力。因此,理解融媒体下的漫画出版,不能仅仅意识到出版渠道与形式的丰富,更需要意识到这对于漫画出版的源头——漫画创作本身带来的巨大挑战和诸多问题。

2. 市场格局变化下的发展趋势

目前我国的网络漫画发展已经逐渐走上了市场化、规模化的道路。从主要漫画平台来看,网络漫画 APP 呈现出"一大、二中、多小"的市场格局(赵祖念,2017)。其中,快看漫画② 2019 年月活跃用户规模最大,月均达 3504.57 万人,以 25.9% 的行业独占率位居第一;哔哩哔哩③和

---

① 根据易观千帆数据显示,网络漫画月活跃用户规模从 2019 年 1 月的 7339.48 万人增长至 2020 年 1 月的 9602.38 万人,增长率达到 30.83%。根据艾瑞网民行为监测数据库显示,从 2017 年 11 月至 2018 年 10 月,移动端平均单设备月均有效使用次数为 33 次,到 2018 年 11 月至 2019 年 10 月期间则上涨为 46 次,用户平均单日使用约 1.5 次,增长 39.4%。随着移动端观看次数的增长和用户群体扩展到闲暇时间更短更碎片化的上班族,更适配手机屏幕尺寸、短小精悍的"条漫"有效地提升了用户的阅读体验。由快看漫画在国内首创的"条漫"形式,逐渐成为移动端主要的漫画形式。
② 快看漫画是快看世界(北京)科技有限公司旗下的新生代漫画阅读平台和兴趣社区,为用户提供优质原创漫画内容,营造良好的二次元社区氛围,成为年轻一代的潮流文化阵地。
③ 哔哩哔哩(简称 B 站),是中国当前最活跃的二次元社区之一。在用户流量层面,通过引入各类泛娱乐版块,扩大用户的覆盖量;通过提高会员门槛和规范平台纪律,建立和谐的社区氛围,进而提升用户的互动交流意愿;通过举办线下活动,增加用户触点,将二次元文化代入三次元世界。

腾讯动漫①凭借巨头优势成为行业第二梯队;其他漫画 APP 均为第三阵营。在这样的市场结构下,动漫传媒公司、工作室逐渐取代了小作坊式的创作机构,分工日趋细化,产业流程日趋规范。

同时,网络时代漫画的绘制方式与表现内容也产生了新变化,基于屏幕媒介的支撑,彩色的"条漫""长篇连载"以及"单元剧"漫画成为主流形式。载体变化不光带来了漫画出版的核心形式的变化,还影响着以漫画为原点的组合形式的裂变。很多网络平台都在尝试"漫画+短视频"的"漫动画"形式,对漫画素材进行短视频化加工,降低制作成本,缩短制作周期,在提高产能的同时借助轻量短视频提升漫画在大众群体中的传播与认知效率。总之,融媒体时代的漫画品牌塑造与漫画产业发展需要更多的创新要素组合,包括创作方式、传播方式、营销方式等。

虽然融媒体为漫画产业发展带来了机遇,但是网络出版平台的局限,例如低俗、盗版、抄袭等问题也随之而来。特别是随着市场需求的增加与创作环境的变化,在漫画创作中出现了更多的技术选择可能性,这又引发了新的技术依赖问题,导致融媒体时代漫画产业的发展道路上"艺术"与"技术"的判断与取舍成为考虑的焦点。

三、海派漫画品牌的生成路径

回顾中国漫画史,它始于清末,盛于民国。20 世纪 30 年代,先后有 30 余份漫画杂志在上海创刊,与之相应,上海也诞生了许多思想先进的漫画家,以及颇具影响力的漫画经典作品。基于漫画范式被广泛认同的角度,学术界通常认为丰子恺是中国现代漫画的创始人。与此同时,叶浅予、张乐平等人也是当时非常著名的漫画家。在这种背景下,"海派漫画"成为当时在中国颇具影响的艺术品牌。

---

① 腾讯动漫是腾讯旗下的原创正版网络动漫平台,成立于 2012 年,签约作者数超 900 人,签约漫画作品近 1400 部。

1. 海派漫画的历史图谱

(1) 海派漫画的萌芽状态

漫画的诞生与资产阶级民主革命运动、人民大众的反帝斗争有着十分密切的关系。明末清初,"漫画"这个词被普遍运用之前,类似作品通常被冠以"讽刺画""滑稽画""谐画""笑画""寓意画"之类名称(蔡东照,1984)。彼时的漫画主要是围绕市井故事、外国趣闻、时事讽刺等展开,旨在揭露帝国主义侵略阴谋、讽刺官场腐败政治、抨击民间市侩积弊等。彼时,刊登漫画较多的上海刊物有《俄事警闻》《神州日报》《民国日报》《民权画报》《民生画报》等。在上海活跃的漫画作者有张聿光①、钱病鹤②、马星驰③、沈泊尘、但杜宇④、丁悚⑤等。

(2) 海派漫画的快速发展

虽然我国报刊"漫画"一词的首次使用并非始于丰子恺,但是因为在《子恺漫画》出版获得巨大反响后,"漫画"这一概念才被普遍确认,因此学术界通常会认为"漫画"至《子恺漫画》才形成了较为统一的名称(丰子恺先生自己认为陈师曾的小幅简笔画《落日放船好》《独树老人家》等,寥寥数笔,余趣无穷,是中国漫画的始源)。《子恺漫画》是郑振铎、叶圣陶⑥、茅盾⑦等将丰子恺70余幅作品编选形成的。新中国成

---

① 张聿光(1885—1968),浙江绍兴人,画家、艺术教育家。1914年被聘为上海图画美术院(上海美术专科学校前身)第二任校长。1928年任上海新华艺术专科学校副校长。新中国成立后,被聘为上海中国画院画师。
② 钱病鹤(1879—1944),1931年移居上海,后加入中国同盟会,先后在上海《民权画报》《申报》上发表漫画作品。
③ 马星驰(1873—1934),近代漫画家。1910年任上海《神州画报》主编,致力于漫画创作。1918年任上海《新闻报》插画室主任。
④ 但杜宇(1897—1972),中国导演、编剧、摄影师、漫画家。
⑤ 丁悚(1891—1969),任教于上海美术学校,后受聘于上海英美烟草公司广告部,从事香烟招贴画的绘制。是20世纪二三十年代上海的著名画家,上海漫画界和月份牌画界的中心人物和组织者。
⑥ 叶圣陶(1894—1988),江苏苏州人,现代作家、教育家、文学出版家和社会活动家。1916年我国第一个童话故事《稻草人》正是他的作品。
⑦ 茅盾(1896—1981),原名沈德鸿,字雁冰。中国现代作家、文学评论家、文化活动家以及社会活动家。

立后,回到上海的漫画家们成立了"上海漫画工作者联谊会"。漫画作品主要是以革命为主题,也有部分少儿娱乐作品。当时中国唯一的一本漫画杂志《漫画》在上海创刊。那一时期的漫画对新时期的社会教育与民智启发发挥了重要作用。

(3) 海派漫画的蜿蜒前行

1955年,《漫画》编辑部迁往北京从事出版发行工作,在上海的编创人员全部移居北京。随后在北京举办了新中国成立后的第一届全国漫画展览。鉴于政治经济、社会人文等环境的变化,此后,中国漫画的中心也从上海转移至北京。目前中国新闻漫画研究会、中国动画协会(中国美协下属机构)等国家级行业协会均设立在北京。目前上海专门从事漫画生产的组织有150余家,相关动漫公司有7.05万家,可以看出上海目前具有良好的产业发展基础与链条,有一定的内容生产能力,从产业布局也可以看出目前上海漫画已经从传统的纸质阅读转向了融媒体下的网络阅读①。

2. 海派漫画发展中的代表人物

(1) 中国现代漫画之父丰子恺

丰子恺(1898—1975),1898年生于浙江崇德,原名丰润,号子觊,后改为子恺。丰子恺先生师从李叔同先生(弘一法师)②,1917年与同学组织桐荫画会,并加入研究金石篆刻的东石社。丰子恺曾就职于上海艺术专科师范学校,并于1922年开始进行漫画创作,其漫画造型简约、画风朴实、饶富童趣。自1925年开始,郑振铎主编的《文学周报》开始连载丰子恺的画作,1926年,郑振铎等人出版了《子恺漫画》(郑振铎、夏丏尊③作

---

① 根据在上海世博展览馆举行的第17届中国国际动漫游戏博览会上发布的数据显示,2020年上海在线漫画市场规模达26.8亿元。
② 李叔同是我国新文化运动的早期活动家,传入西洋音乐与绘画,丰子恺对音乐、绘画、文学、书法的趣味以及他的品格、风采均受李叔同先生的影响。
③ 夏丏尊(1886—1946),浙江绍兴人。我国著名的出版家、教育家、文学家。

序,俞平伯①作跋),影响甚大,丰子恺被誉为"中国现代漫画之父"。先生创作的漫画主要包括四大类题材:一是描写故事;二是描写儿童;三是描写社会;四是描写自然。新中国成立后,丰子恺主要从事翻译文学作品的工作,历任上海市人民代表与政协委员、全国政协委员、中国美术家协会常务理事、上海市美术家协会主席、上海市作家协会副主席、上海市文学艺术家联合会副主席,1960年任上海市中国画院首任院长。

(2) 中国连环漫画鼻祖叶浅予

叶浅予(1907—1995),1907年出生于浙江桐庐,原名叶纶绮,被誉为"中国连环漫画第一人"。1926年,叶浅予先生离家至上海从事舞台美术、时装设计等工作,同年开始创作漫画。他的第一幅漫画《两毛钱饱眼福》发表于《三晶画报》。1927年,他参与上海漫画家丁悚、张光宇②、王敦庆③等组织的"漫画会",创办刊物《上海漫画》。1928年,叶浅予先生的代表作《王先生》长篇漫画开始陆续在《上海漫画》《上海画报》《时代漫画》上连载。1954年,叶浅予任中央美术学院中国画系主任、教授。1981年,任中国画研究院副院长、中国文联委员、全国政协委员。20世纪二三十年代叶浅予先生的长篇连环漫画《王先生》《王先生别传》《小陈留京记》《小陈留京外史》等作品真实反映了上海滩小市民的心态与生活,充分体现了当时上海市民与社会的关系与行为表达背后的逻辑缘由。除此之外,叶浅予先生曾经先后为阿Q造像,绘制了12幅《阿Q正传画册》。漫画之外,叶浅予先生在广告画、舞台布景、书籍插图、国画人物等方面均颇有造诣,是一位富有多方面艺术才能的艺术家。

(3) 世界经典作品大师张乐平

张乐平(1910—1992),1910年出生于浙江海盐。1925年,小学毕

---

① 俞平伯(1900—1990),浙江湖州人。我国著名的散文家、红学家,新文学运动初期的诗人,中国白话诗创作的先驱者之一。
② 张光宇(1900—1965),江苏无锡人,中央工艺美术学院教授、现代中国装饰艺术的奠基者之一。张光宇曾与他人创办东方美术印刷公司、时代图书公司,并编辑出版了《上海漫画》《时代漫画》等杂志。他的代表作有《西游漫记》《神笔马良》以及《大闹天宫》等。
③ 王敦庆(1899—1990),嘉兴人,上海美术协会会员,上海漫画家协会名誉会员。1927年与友人创办中国最早的漫画团体——漫画会。

业的张乐平离家来到上海做学徒。1929年开始,张乐平先生向上海各报纸投稿。30年代初期,他经常在《时代漫画》等刊物上发表漫画作品。在张乐平先生60余个春秋的绘画生涯中,他描绘了其笔下人物"三毛"在不同时代背景下的生活轨迹,被誉为"三毛之父"。他的三毛系列作品(包括《三毛流浪记》《三毛从军记》《三毛迎解放》《三毛学雷锋》《三毛爱科学》)具有鲜明的时代特征,通过人物命运清晰地反映了社会的变迁。1950年,张乐平先生担任上海美术工作者协会副主席、中国美术家协会上海分会副主席。三毛系列组画不仅在中国享有盛誉,更已走出国门成为世界漫画的经典之作。这部经典作品既以漫画的艺术形式展现了中国"三毛们"的苦难史与走进新时代的成长史,又以饱满生动的独特形象,为漫画创造了中国特色的叙事方式。

3. 海派漫画发展中的代表媒介

20世纪二三十年代中有30余份漫画杂志在上海创刊,这为中国现代漫画的创作与传播提供了媒介保障。这一时期的漫画杂志通常都是以漫画为主导,集合摄影作品和杂文时论等。

(1) 刊行时间最长的民国漫画杂志《时代漫画》

《时代漫画》由上海时代图书公司出版与发行,1934年1月至1937年6月间共出39期,是当时发行量最大、刊行时间最长的漫画杂志。编创《时代漫画》杂志的核心人员正是当时"漫画会"的成员,包括张光宇、叶浅予、鲁少飞[①]等。由于鲁少飞注重漫画人才的培养,不断提携后辈(包括华君武[②]、黄苗子[③]等新人漫画家),以《时代漫画》为平台,三年间组织形成了百余人的漫画创作团队。《时代漫画》之所以能够成为民国刊行时间最长的漫画杂志,与其创作群体的组成有直接关系。

[①] 鲁少飞(1903—1995),上海人,擅长漫画与杂志编辑。1934年担任《时代漫画》的主编。1993年被授予"中国漫画金猴奖"。

[②] 华君武(1915—2010),江苏无锡人,中国著名漫画家,1949年任《人民日报》美术组组长、《人民文学》美术顾问;1979年当选中国美协副主席,曾任全国人大代表、政协委员。

[③] 黄苗子(1913—2012),广东中山人,知名漫画家、美术史家、美术评论家、书法家、作家。先后任《新民报》副总经理、贸促会展览部副主任、人民美术出版社编辑等。

民国期间的多份漫画杂志实际上均由《时代漫画》的主创群体创办,例如《漫画界》就是《时代漫画》停刊期间的代刊,《上海漫画》月刊也是《时代漫画》被禁不久后的续刊。因此,《时代漫画》不仅是当时最优秀的漫画作品发表平台,更是当时上海多家漫画杂志的纽带。

(2) 探索多种艺术形式结合的杂志《漫画生活》

除了《时代漫画》杂志的主创群体外,活跃在20世纪30年代上海漫坛的还有一群典型的左翼文人漫画家。《漫画生活》杂志正是由这一群体创办的,代表人物有黄士英、黄鼎、吴郎西等。这一漫画杂志主张将漫画与文学、木刻等艺术门类进行结合,坚持树立严肃的文艺综合刊物风格,同时期这一主创群体还主办了《漫画和生活》《生活漫画》《漫画漫话》《漫画世界》等漫画杂志,这些都是《漫画生活》杂志的系列刊物。《漫画生活》杂志的生存状态实际上反映了当时上海漫画杂志发挥参与时事评议、构建公共舆论功能的普遍状态。

四、海派漫画品牌生成的历史经验

民国时期上海之所以能够出版如此丰富高质的漫画杂志,并且汇聚众多的漫画艺术家,并不是特殊历史时期自发野蛮生长的偶然呈现,而是在"文化""人才""市场""出版"等因素合力作用下的必然结果。因此,要理清重塑海派漫画品牌的思路,就离不开对当时品牌形成因素的经验分析。

1. 海派漫画品牌构建中的文化因素

(1) 独具魅力的文化特色奠定海派漫画的发展基础

在20世纪上半叶,上海有着丰富复杂的社会生态,聚集了各种身份、各种文化、各种背景的投机者、实业家、文化人以及众多的底层人民,当时上海的国际性已经凸显。此外,上海的租界促成了上海"华洋杂居""治外法权"的特殊社会形态,使得上海成为中国的"化外之地"。所以海派文化在当时非常开放、多元。特别是租界为上海文化的自由发展提供了相对适合的生存环境,从而使得上海成为近代中国的文化中心。

(2) 丰富自由的艺术氛围加成海派漫画的发展品质

上海在当时充斥着各流派的艺术,海外很多刊物通过多种途径渗入进来。当时外国刊物、外国画报铺天盖地,所以漫画创作者的画作既受到当时欧洲"立体派"和"表现派"的影响,又能够融合中国民间艺术的元素。此外,当时在西方世界方兴未艾的现代主义艺术被整合进流行文化,与电影、时尚等文化元素一起风靡上海,使得漫画创作者天然对西方艺术与文化具有探究的兴趣。虽然漫画杂志编创群体中相当一部分人没有留学经验,但上海繁荣的大都会文化商业为其提供了与世界同步的艺文资讯。

2. 海派漫画品牌构建中的人才因素

(1) 民国时期上海"漫画会"的人才效应

1927年,张光宇、黄文农①、叶浅予等十几人组成了中国第一个民间漫画组织"漫画会"。漫画会的创办,为一群爱国美术青年提供了漫画交流的平台,他们相互展示自己的漫画作品、讨论漫画的功能、组织观摩学习国外漫画作品。由于创办漫画会的核心人员都非常热心提携晚辈,因此漫画会在人数最多时拥有100余位优秀的漫画作者。在漫画会的共同努力下,创办了20世纪上半叶众多的重要漫画杂志,如《时代漫画》《上海漫画》周刊等。正是因为漫画会的存在,才得以让众多漫画杂志在艰难环境中出现与传播,也才真正使得漫画这一艺术门类与概念深入到大众中去。

(2) 新中国时期"上海漫画工作者联谊会"的人才效应

新中国成立前后,回到上海的漫画家们于1949年7月20日成立了"上海漫画工作者联谊会",简称"漫联"。当时漫联由中国人民解放军上海市接管委员会文艺处领导,上海地区漫画作者自愿加入。人数最多时,会员发展到100余人。1950年6月1日,当时中国唯一的一本

---

① 黄文农(1903—1934),上海松江人,16岁时进入上海中华书局,当石印描样学徒。他参与创组了我国最早的漫画团体——漫画会,并为漫画会制作会徽。

漫画杂志《漫画》①在上海创刊,其绘制了大量的漫画宣传画(包括《美帝侵华史》《新婚姻法》等专题漫画宣传画),并出版单行本。这一时期的漫画主要是歌颂"一五"时期取得的伟大进步,赞扬新中国的新气象,同时也运用政治讽刺漫画抨击美帝,用幽默的手法指出社会中存在的不良行为等。

3. 海派漫画品牌构建中的市场因素

(1) 阅读漫画阶层的快速形成

民国时期,随着大众对外界事物的好奇加深,人们的阅读渴求也变得越来越强烈,新的公众阅读群逐渐形成,比如受教育的女性、新兴识字阶层等,漫画这种图像与文字的结合的方式为他们提供了更简单的了解外界的渠道。所以那个时期上海漫画的内容极其丰富:有的主要表现上海生活的丰富,刊登了很多社会风俗漫画(例如《上海漫画》);有的以政治讽刺漫画为主(例如《上海泼克》);有的以严肃文艺综合刊物为定位(例如《万象》);有的以评议社会底层生活为主(例如《现象漫画》);有的专门为儿童打造有教育意义的漫画(例如《牛头漫画》辟有"儿童漫画赠版");有的则是以摩登世相、社会动态、人生小讽刺等为主题的长篇漫画与小说(例如《时代漫画》)。

(2) 阅读漫画需求的普遍上升

20世纪50年代的中国刚刚经历"一五",人民的温饱问题在一定程度上得到改善。政府开始大力宣传知识的重要性,大范围学习文化知识"扫盲"。因此,了解国家大事成为群众生活的一种时尚,全国上下形成了一股巨大的文化需求。因为文字量比较多的文学作品难以被受教育程度不高的大众迅速接纳与理解,因此漫画夸张的叙事风格、简要的主题呈现在当时的人文环境下易于快速吸引大众关注,取得讽刺和歌颂的效果,有利于宣传新知、统一思想,符合当时社会迅速变迁的文化需求,体现了漫画在思想引导方面的积极作用。

---

① 《漫画》月刊,米谷任主编,沈同衡、张乐平、张文元任编委。

4. 海派漫画品牌构建中的出版因素

（1）媒介发展助力海派漫画的迅速传播

民国时期，漫画通常借助报业作为载体出现在大众面前，上海发达的报业系统为漫画的发展提供了良好的平台支撑。报业在北京的起步比上海几乎晚了半个世纪，所以上海漫画基于报刊的发展具有一定的"先锋性"。此外，上海的画报一开始是以外国人投资、中国人制作、官方不参与的形式出现，这样的办刊方式使得在上海的画报虽然与北京、广东等地的画报一样喜爱刊登反帝反封建的漫画作品，但因为是"洋人"背景的刊物，或者因为是在租界内创办的刊物，在一定程度上受到租界的保护，从而可以顺利地出版刊登。另一方面，漫画杂志创作团体也会根据时局特点，不断变化杂志名称，孵化系列杂志，在夹缝中求生存，努力促使很多刊物在办办停停中启发民智、宣传思想、抨击黑暗。

（2）先进技术保障海派漫画的品质传播

漫画传播与印刷技术的更迭有着密切关系。在经历了手工木版印刷技术之后，当时上海拥有最先进的石印技术，所以上海出现的画报无论是在种类、数量还是在出版周期、出版年数上都处于领先的地位。同时期中国其他地区的报纸上的图画主要采用铜版镂雕，内容基本上都是历象、生物、汽机、风景一类，生产成本很高。到了五四运动时期，现代的铜版和锌版印刷技术在上海得到进一步发展，该技术比石版印刷又有了长足的进步，为漫画的大规模传播提供了基础保障。由此可见，技术更迭为丰富的媒介形式提供了有力支撑和保障，能够极大地促进漫画杂志的出现与传播。

五、主流漫画品牌构建的国际经验

目前我国主流的漫画理念、漫画风格、漫画作品等主要来自于日本和美国。虽然法国、韩国的漫画在国际市场也具有一定的影响力，但是从产业化发展路径来看，美国与日本的漫画发展思路与经验比较适合我国的实际情况，有一定参考价值。美国和日本的漫画产业发展较为成熟、品牌知誉度高,能够向海外持续输出。这两个国家的漫画产业之所以能够取得今天这样的成就,是因为他们从政策到组织、从运营到媒介都进行了诸多尝试,有成果亦有失败。在重新构建海派漫画品牌的过程中,有必要借鉴这些国家的先进做法,结合本国本区域实际,从而在发展的过程中少走弯路、提高效率。

1. 美国在政策与产业方面的经验

美国漫画之所以能够蓬勃发展离不开美国漫画行业自律制度的形成。美国拥有众多的出版行业协会,既有全国性的美国出版商协会、美国书商协会,也有地方性的和专业性的行业协会。这些协会在探索出版物新主题、激发市场活力、规范创作内容、获取大众心理等方面发挥了重要作用。特别是1954年美国漫画行业成立的美国漫画杂志协会(CCMA)的下属机构——漫画准则管理办公室(CCA)会依据漫画行业自律准则对漫画的内容进行严格审查,净化美国漫画市场。

当代的美国漫画产业主要采用与电影等多媒介载体联动发展的动态漫画模式。例如漫威系列,这系列连环漫画就是借助电影产业走向世界,然后反哺漫画市场,催生更多的人参与漫画的创作与运营。此外美国借助其高、精、尖科学技术,支持漫画产业走向智能化跨界发展道路。各种移动终端的媒介载体、人机/人人的交互形式为动态漫画模式的多样化发展提供了广阔的发展空间和全新的商业思路。

2. 日本在制度与运营方面的经验

日本作为漫画大国,其纸质漫画在经历了繁荣发展之后也走向了衰落。其中最重要的内因正是日本的图书再贩制度。日本出版行业采取出版社、批发公司、书店三位一体的捆绑商业模式,三方必须遵守再贩制度(即书籍的定价销售制度)和委托贩卖制度(即书籍退货制度)。这种制度影响下的商业模式存在着资源、金钱、物流等各方面的浪费,因此制度的出台需要对市场发展的趋势有足够的预见性,能够根据社会结构与市场格局变迁进行修补与完善。

日本漫画在20世纪90年代初便走上了以集英社、小学馆、讲谈社三大期刊社为主的产业化道路。目前日本漫画的产业化发展已经进入细分市场的竞争阶段,很多产品都具有非常明晰的受众人群,例如,少年漫画期刊领域的品牌标志就是《周刊少年Jump》,青年漫画期刊的品牌标志就是《周刊少年Magazine》,少女漫画期刊的品牌标志就是白泉社的《LaLa》。每个期刊风格迥异,辨识度很高。日本漫画期刊通常都会通过打造长篇名作、开发游戏和周边以及进行同人志创作扩大创作队伍等方式建立期刊经营的规模效应。此外,日本电子漫画的参与者较纸质漫画更为多元化、广泛化(包括传统出版社、社交媒体平台、通信业务运营商以及个人漫画家等),能充分吸收各种资源的优点,打破了纸质漫画的单一发展模式。相应地,电子漫画的赢利模式也非常多元。由此可以看出,塑造漫画品牌需要有清晰的定位,更需要借助适当的平台与渠道将丰富的内容输送给消费者。

六、海派漫画品牌的重塑路径

"漫画界的亚里士多德"斯科特·麦克劳德认为漫画给物质世界重新赋予了概念化的外貌,因此大众与漫画是通过"观念化"在感知层面进行链接的。这个链接的过程充满了符号的象征性。而品牌的概念中,很重要的一个元素就是其表象特征,特别是象征化的符号标识(大卫·奥格威[①],1971)。因此,漫画品牌的形成离不开一系列的具有艺术格调的符号的反复建构。漫画本身的符号感有利于自身作为品牌在消费者(阅读者)中产生观念性的连接,从而以品牌资产的积累形式被存储和记忆。

然而融媒体时代,信息渠道极其丰富,在信息爆炸的时代如何快速准确地获取受众的关注与阅读、建立用户黏性成为构建品牌的重点研究课题。因此,海派漫画的品牌重塑离不开媒介的加持与保障,特别是在融媒体全面发展的环境下,构建品牌就需要从媒介性质与功能作为

---

① 大卫·奥格威,现代广告"教皇",其创办的奥美广告公司至今仍是世界上最大的广告公司之一。他的品牌运营理念曾帮助劳斯莱斯、壳牌石油等大公司再造辉煌。

思考的逻辑原点,基于媒介对创作方式、观看方式、观看体验等方面对漫画在内容题材选择、价值观念传达等方面的影响,结合人群定位、运营策略、技术选择、文化挖掘等因素来分析重塑品牌的路径。

1. 融媒体背景下的漫画人群定位

(1) 根据漫画内核因素与媒介性质锚定阅读人群

海派漫画品牌的确立离不开受众的接受。那么如何定义受众成为非常关键的源头问题。目前国内漫画头部品牌"快看漫画"的用户数量已超过两亿,在国内漫画市场的占有率超过一半,被 QuestMobile 等第三方机构评为"00 后移动网民最爱 APP"。而且快看漫画无论是传播模式还是营销模式都在漫画行业中处于标杆地位。而从它的人群数据来看,其主要目标客群还是儿童和年轻人,并没有破圈。实际上这是对漫画的定义过于狭窄导致的。在民国时期,漫画的受众群体绝大多数是成人,而且由于漫画的品类杂而全,所以各种受教育程度,有各种文娱需求的大众都可以在漫画中找到品味相投的作品。但是目前的漫画市场中,面对成人,特别是有一定生活阅历和一定年龄层次的大众来说,可阅读的漫画主要集中在科普知识漫画和新闻漫画,艺术性漫画、思想性漫画较少。因此需要拓展漫画的定义,才能打破漫画的圈层障碍。漫画产业若要发展,就不能仅仅局限于儿童、青少年的娱乐,更要有成年人能乐于其中。中国台湾漫画家朱德庸[①]创作的一系列面向中青年读者群的漫画,当时在市场上获得了极大成功。朱德庸的《双响炮》可谓是现代婚姻中男人与女人战争的漫画版,其嬉笑怒骂、诙谐幽默,形成从中国到北美、东南亚的巨大读者群。类似作品都说明漫画的成人受众不应当被忽视,成人漫画同样拥有广阔的市场发展空间,漫画期刊在成人市场是大有可为的。以"80 后"为例,虽然"80 后"目前已过而立之年趋于不惑之年,但在其成长历程中漫画曾发挥着极其重要的作用,他们对漫画的概念非常熟悉,接受度良好。而且这一人群目前

---

① 朱德庸,中国台湾著名漫画家,其代表作有《双响炮》《涩女郎》《醋溜族》等。其漫画创下了台湾漫画连载时间之最。

也是我国主力消费群体之一。

（2）根据漫画延伸边界与行为惯习拓展阅读人群

不同年龄阶段人群的阅读习惯、阅读方式不同,例如,如果以少儿为主要人群,那么在融媒体中重点需要考量的媒介主要是纸质期刊和图书;而专业漫画网络平台和专业漫画 APP 则主要面向青少年、年轻人等群体。那么成人群体的碎片化阅读更主要依赖微信、微博、头条新闻、抖音、快手等网络平台。不同媒介所需的创作方式、题材也大相径庭。虽然 2014 年后,我国漫画内容逐渐从单一的儿童向扩展为全年龄段的内容,一些展露现实生活或成人思想的漫画走入了大众视野,但是尚未形成品牌效应。因此,目前我国成人漫画市场还尚存蓝海,可以作为海派漫画重创品牌的突破窗口。海派漫画需要打破对漫画阅读人群定义的限制,丰富全年龄段全品类的漫画作品,让大众看到漫画所展现出的独特魅力,以丰富市场供给。

2. 融媒体背景下的漫画运营策略

（1）构建产业链运营思路

美国漫威漫画公司涉及传统漫画、动态漫画、动画片、真人电影、电视剧的制作与运营。并且其在母公司迪斯尼的管理下,不同的子公司可以跨界开发,资源整合,可以形成网络漫画/网络小说—网络动画—游戏/电视剧/网络剧/电影的 IP 开发和全产业链经营模式。但是,我国类似的漫画公司不够丰富,漫画形式的多元化难以高质量地呈现在受众面前。因此,海派漫画品牌的重塑需要以 IP 构建为核心,依托具有开放、创新生态的产业组织或机构,打造上海漫画企业的集团化、规模化,才有利于通过市场机制提高产业资源的集中,从而提升自身的竞争力,有助于实现专业化、规模化、集约化、协调化发展。

（2）打造差异化运营模式

专注于漫画市场中某一个领域的深耕细作,打造差异化经营,是树立品牌的关键。第一,我国漫画产业一直以来普遍以儿童和青少年为目标读者,因此作品之间并未有明显的风格及叙事区分,导致各个品牌辨识度不高、用户的品牌黏性不高。所以海派漫画可以首先从人群定义上走差异化路线。第二,漫画企业不应局限于国内市场,上海的漫画企业可以借助上海的资源优势,尝试定位海外市场,向海外输出具有中国特色又具有全球视野的高品质漫画作品。第三,伴随微信、微博、抖音、快手等社交媒体影响力的快速增长,越来越多的漫画作者从幕后走到台前,跟读者有直接的互动,既消除距离感,也增加了及时的反馈,对作者的漫画创作有较大的激励作用,也会促进作者知名度的提升。同时互联网时代让每一位网民都有可能成为互联网内容的生产者和供应者,体验式互联网服务可以使用户通过多媒体手段进行内容的再加工,使作品的呈现形式更为多样,且由此产生了新的盈利模式。因此可以通过打造特色的自媒体写手、UP 主、网络主播等,衍生出许多基于原作设定背景下的内容产品,丰富推广内容,使用户能够自觉地参与到漫画的创作与评论中来,增强品牌知名度、提升漫画作品的推广效率和质量。

(3) 建立专业化运营平台

融媒体时代是一个媒介网络化结构的时代。在这个时代下发布和运营产品需要专业的团队和个人来对接漫画相关平台。因此,漫画经纪人制度和漫画拍卖两种新模式可以帮助海派漫画品牌的构建。其中漫画经纪人制度可以为漫画家提供从创作到各平台出版运营的一系列流程的专业服务,同时可以帮助漫画家处理衍生品授权及影视改编授权等工作。经纪人凭借敏锐的市场洞察力和专业的商务谈判力有助于漫画家创作及作品与市场的对接。同时,漫画拍卖可以助力品牌形象的打造和大师精品的诞生,也能够体现品牌的艺术价值和历史价值,而且有可能让品牌成为一代人的集体回忆。

3. 融媒体背景下的漫画技术选择

(1) 传统与数字的交互发展

从传统纸媒漫画到数字漫画,以及进一步的融媒体语境下漫画艺术的新发展,各种漫画形式都是在一次次的技术迭代下形成的。漫画的网络化不仅是将传统漫画搬到互联网和数字阅读终端上,而且是要针对网络媒体和数字阅读终端的独特性进行设计。移动终端所具有的短小、快速的传播特性,加之屏幕较小、内存小等属性,使得网络漫画在产品设计方面必须有其自身的特点,使用户在"碎片时间"里阅读,还需要在技术上和格式上作出区别和调整。

网络漫画在表现形式上不是运用传统漫画的纸笔,而是运用以数字技术、网络技术和移动通信技术为基础的网络媒体进行创作,并通过互联网发布和传播,其中包括新媒体漫画、手机漫画、微漫画等。其内核是"互联网+漫画"。网络漫画的创作基本依赖于电子软件,各种计算机软件更新换代非常快速,作者可以用软件完成任何风格的作品,软件的发展也给漫画创作带来了多种可能,而且交互式的数字技术使得静态漫画可以结合声音或动态,从而使得画面更生动。目前,"条漫"符合读者对移动端屏幕的浏览习惯及碎片化的阅读习惯,但面临着快餐式的创作问题,题材和分镜同质化严重。新媒体的碎片化传播决定了数字漫画的跳跃式叙事方式以及蒙太奇似的绘画风格。数字漫画的互动阅读模式不仅可以提高读者的参与度,还能给作者带来启迪,随时优化漫画内容。

（2） 大数据时代的个性适配

漫画发展已经进入以手机、平板电脑、PC、智能电视、报纸、期刊、杂志等多元化的全媒体平台为载体的新形态跨界融合发展时期。5G等新技术带动互联网应用边界不断扩张,全媒体传播体系建设会随着移动互联网的深入普及而不断推进。这必将彻底改变大众的生活习惯与审美情趣。移动阅读①已经成为大众最常见的阅读方式,在这种阅读习惯下,数字漫画成为漫画发展的必然趋势。

移动阅读时代,可以依靠大数据分析用户阅读习惯和阅读需求,个性化推送,精准创作。在目前信息爆炸的时代,精准地了解和分析用户的使用数据,推送符合其阅读偏好的内容就是制胜关键。海派漫画可以借助大数据来梳理不同人群的关注热点、阅读偏好,引导创作者的创作方向形成精准制作模式。此外,随着AI（人工智能）技术的不断发展,未来人工智能绘画也势必会应用于各个领域。2018 年 10 月 25

---

① 移动阅读指的是读者使用手机、平板电脑、电子书阅读器等移动终端进行的阅读行为。

日,佳士得拍卖行在纽约以43.25万美元的天价拍卖了一幅由AI程序绘制的肖像画《埃德蒙·贝拉米肖像》(Portrait of Edmond Belamy)。由此可以设想在5G融媒体时代,人工智能的漫画生产方式也会随之出现。所以应该借力科研机构助推这一技术的研发与应用,抢占全新模式的制胜高地,奠定品牌的科技属性,逐步优化产品的阅读体验。

4. 融媒体背景下的漫画文化挖掘

融媒体形态下的漫画在内容和风格上的多元化发展,既是基于应用技术的拓展,也源于社会生活的发展对内容生产的多元需求。相应地,阅读漫画时,可以通过声音、动图、"弹幕"功能等来看到变化和拥有互动,调动所有感官,增强沉浸度,使其成为一个拥有多元内核的文化符号。

(1)"上海风情"文化特色的传承——以"小林漫画"为例

目前市场上的多数漫画除了对日式风格的模仿痕迹,依旧会利用夸张手法对人物五官与肢体进行绘制。这样使得绘制手法单一、画风区分不明显。海派漫画应该深入挖掘上海画派的绘画特色,结合国际各种艺术语言的风格,研究出既具有国际视野又具有中国特色的上海漫画画风,增强品牌特色与识别度。例如,在2020年9月日本京都国际动漫节上一个以"好好生活,慢慢相遇——SHANGHAI LET'S MEET"为主题的林帝浣的漫画作品展获得了众多好评。这些展出作品也是颇具知名度的"小林漫画"的部分作品。林帝浣是拥有大量粉丝的中国知名漫画家,在上海创办了"等一朵花开"工作室。他的作品通常是以单幅图片配富有人生哲理的文字来表达生活琐碎点滴,充满人文气息,业界盛赞"小林漫画"风格神似《子恺漫画》。这次在京都展出的"小林漫画"正是用毛笔书画,勾勒人与城市、人与人之间的日常百态和生活点滴,极具中国风,特别是其画面上的中文书法极大地加强了画作的中国特色文化符号。这一特色在当时也为海外观众带来了更丰富的体验,激发了海外观众对中国文化的兴趣。

(2)"上海风情"文化符号的输出——以里昂漫展为例

漫画的文化符号功能自诞生之初就被无限放大,作为对社会发展与生活现实的艺术表达,漫画需要成为时代的写照,满足人们对于精神生活的内在需求。上海近代的漫画作品中,丰子恺、张光宇、贺友直①、丁聪②等艺术家的作品既表现了社会生活的情致,又诉说了构建那个时代的复杂因素。因此,漫画在传递审美感受的同时更体现了承载的人文关怀和审美情操。海派漫画应该勇于承担社会宣传的作用,将漫画形式融入上海地方特色文化的宣传当中,融入到对自然生态、对都市生活的追问与反思中,创作以上海各方面因素为主题的漫画作品。这样做既能够弘扬上海文化精神,又能起到使海派漫画形象深入人心的作用,为品牌发展奠定文化合法化基础。例如,2017年6月9日,由上海市人民政府新闻办公室、上海市对外文化交流协会、上海市动漫行业协会、里昂国际漫画节组委会主办,上海城市动漫出版传媒有限公司、上海海派连环画中心承办的第12届法国里昂国际漫画节中国馆的展览中,展出了以贺友直、赵宏本、陈光镒等知名画家以1920—1930年的老上海风情为主题的连环漫画,和当代连环漫画新人慕容引刀③等在内的十余位上海当代漫画家以上海新面貌、新故事为主题的漫画作品,向海外观众传达了中华优秀传统文化和艺术的魅力,以及当下上海的生活场景与人文特色。这些作品将中国经典的艺术带到法国,展现了上海漫画艺术的独特创意,让更多的人了解中国文化、感知上海魅力、体会上海城市文化。此外,融媒体时代所构建的艺术语境与技术语境持续博弈,不断考验漫画艺术的审美形态和价值观念。每个时代的文艺作品都是在传承中发展,传达着属于各自时代的价值观念与人文精神。所以,当下海派漫画作品所传达的观念内涵既需要包括对于传统

---

① 贺友直(1922—2016),出生于上海,我国著名的连环画家、线描大师。曾任中央美术学院教授、上海人民美术出版社编审、中国美术家协会第四届常务理事、连环画艺术委员会主任、上海市美术家协会第四届副主席、中国连环画研究会第二届副会长等职。其代表作《山乡巨变》是一部具有里程碑意义的大作。
② 丁聪(1916—2009),上海人,我国著名的漫画家、舞台美术家,曾任《人民画报》副总编辑。代表作有《鲁迅小说插图》《丁聪插图》《四世同堂》与《骆驼祥子》插图等。
③ 慕容引刀,原名甘峰,生于20世纪70年代,2002年创作了"刀刀狗"漫画形象,成为了中国治愈系漫画的先行者。代表作有《朋友刀刀》《找呀找呀找工作》《爱你不是两三天》等。

文化精神的继承,也要对当下社会价值观念进行表达和提升,传达积极的价值观念;不应仅停留在"生活"和"时事"层面,也不应局限于"小众文化"和"亚文化",更应思考所要引领的价值取向和生命态度等。这样可以有效地提升品牌立意,构建海派漫画中独有的艺术视角。

结　　语

　　至今纸媒漫画仍然以单幅漫画、系列多幅漫画、四格漫画、连环漫画、漫画绘本、多格分镜漫画为主要形式。在数字化、多元化的融媒体时代,多格分镜漫画、GIF 动态漫画、HTML5 新媒体漫画、游戏漫画、VR 漫画等新形态的漫画才更能适应时代发展,确保漫画的文化符号属性被受众接受与认可。在这种背景下,为了保证不同媒介的漫画产品品质,漫画的画面风格、语言风格、形式风格在一定程度上也会存在一定的相互影响。海派漫画需要深挖这些元素之间的制约关系,打破相对固定的风格体式,为品牌的重塑赢取空间。

　　融媒体环境为漫画产业带来了巨大的发展空间,一定程度上实现了线上资源与线下资源的联动互补,改变了漫画产业的出版格局,使其拥有更强的时效性、体验感和价值力。从"创作—发表—传播—阅读"的网络化全平台生产链中,实现了从作者到读者的无缝对接。互联网和数字化营造了一个开放性的漫画环境,这从源头上改变了漫画创作与运营的技术要素和文化要素。面对新媒体环境下的信息轰炸、时间碎片化的状况,浅阅读为漫画发展提供了契机。读者希望在轻松的氛围中接受信息,而漫画的特征正好符合新时代阅读与观看的需求。在内容为王的背景下,海派漫画想要在众多趋同的品牌中脱颖而出,得到受众的认可,就要探究海派文化的内核,凭借技术创新和专业运营,把握融媒体时代媒介与体验的核心要素,更新观念,抓住市场机遇,承载丰富的人文关怀,传递独有的价值观念,重塑海派漫画的品牌。

(上海出版印刷高等专科学校出版与传播系　李薇)

参考文献

[1] 丁小涵.风格还是样式——中国网络商业漫画创作问题思考[J].艺术品鉴,2020(15).
[2] 尹娜.日本漫画出版模式的演变[J].出版发行研究,2020(6).
[3] 陈维超.情感消费视阈下网络文学IP热现象研究[J].中国编辑,2019(1).
[4] 田芳.新时期我国动漫出版转型研究[J].出版广角,2019(24).
[5] 时晨.人工智能驱动下的日本出版业创新实践[J].编辑之友,2019(10).
[6] 张正午,林丽.我国漫画出版的媒介化转向:演变与挑战[J].江西师范大学学报(哲学社会科学版),2019(6).
[7] 方亭.动漫出版产业IP化运营路径与趋向[J].中国出版,2018(13).
[8] 任安.从动漫的同人创作看粉丝文化[J].大众文艺,2017(1).
[9] 王志.媒体融合背景下IP运营与影视产业发展[J].科技与出版,2017(3).
[10] 赵祖念.漫画出版:我国漫画APP的分析与启示[J].传播与版权,2017(11).
[11] 陈守湖.IP出版的考察——流行文化、粉丝经济与媒介融合[J].出版发行研究,2016(4).
[12] 胡正强.论中国近现代漫画中的媒介批评及其表达[J].中国出版,2016(6).
[13] 尹鸿.IP转换兴起的原因、现状及未来发展趋势[J].当代电影,2015(9).
[14] 杨振英.新媒体时代的语境解读[J].今传媒,2013(5).
[15] 王艳.论中国漫画产业化发展新动向[J].浙江传媒学院学报,2013(6).

海派文化与中国电影女性表演文化的互动

摘要:吴越文化与由租界完整东移的西方文化"互渗—统一"而形成的海派文化与中国电影的历史"耦合",形成了由沪片、沪地、沪人、沪事以及沪风等文化元素和成分构成的上海影像。其美学内涵缘于上海电影与海派文化之间审美关系的历史"耦合"。而上海影像中的都市形象、女性形象、政治影像、类型化影像、明星影像等实现了上海影像美学内涵的视听化。海派文化随社会历史的嬗变决定着中国电影女性表演文化的变化发展,这正是中国电影中女性表演文化的特殊呈现合乎历史和逻辑美学的缘由。其间,中国电影中的上海影像更与女性表演相依随。对女性表演文化的视听化运作成为海派文化在中国电影中的重要表现。女性表演文化是中国电影文化的重要组成,它不仅是一个时代性别意识的艺术彰显,更是中国现代化进程的艺术表达。

一、20 世纪 20 年代海派文化与中国电影女性表演文化的互动

女性展现着上海的城市性格,并凸显着上海摩登的都市形象,她们是"沪地"最为重要的"沪人"。这一时期中国电影中上海影像的女性表演文化构成与海派文化的开放性、商业性及个性化密不可分。受海派文化开放性影响,电影中陆续出现极具个性化的女性形象;20 世纪 20 年代中国电影中女性表演文化的出现根本上与中国电影开始商业化运作密不可分;女性形象的不断丰富、前进与上海这座国际都市的思想进步、文化包容息息相关。这一切都得益于海派文化的不断丰富和发展。

1. 海派文化的商业性特征:20 世纪 20 年代中国电影女性表演文化核心意涵的缘起

进入 20 世纪 20 年代,中国电影银幕上出现了女性题材的影片,具体说来,这种题材的出现是在 1920 年之后的两三年内。随着女性人物

构成而逐渐形成的女性表演文化是上海影像的标志性符号。因为，"上海之成为上海，是基于两种人身上：一种，是摩登的女子；一种，是多财的商人"①，可见，女性已成为最能代表"沪地"的"沪人"。而上海银幕上女性表演文化的确立是由海派文化的开放性视域所塑造的母亲、妻子、女儿的形象完成的。20世纪20年代中国电影中女性表演文化的出现与海派文化的商业性及该时期中国电影创作的类型化观念密不可分。在这期间无论是在社会片、伦理片、爱情片还是在历史片、古装片、武侠片、神怪片中出现了大量的女性形象，如《孤儿救祖记》中的儿媳尉如、《玉梨魂》中的寡妇梨娘、《弃妇》中的富家媳妇芷芳，乃至《火烧红莲寺》之《黑衣女侠》《侠女救夫人》等影片中的女主人公。纵观20世纪20年代中国电影中的女性形象，多以传统型女性为主，分析原因，一方面是女性题材处于初生期，另一方面也是为迎合男权思维较深的中国观众的需求。但无论是何种原因，都是电影制片公司出于对电影商业性的考量，是海派文化商业性的具体体现。正是在海派文化商业性、开放性及个性化特征的氛围下，20世纪20年代中国电影深受好莱坞电影的影响，其中的女性形象成为"看"的承担者。在现代都市文化中，视觉官能获得了特别重要的位置。"近代中国女性意识，从萌生到推广普及，上海是最重要最活跃的社会空间。由于近代以来上海一直是中国城市化程度最高的地区，商业化需要造就去血缘化和去性别化的社会认同"②，因此，对女性形象的运作成为海派文化在中国电影中的重要表现。20世纪20年代上海影像中的女性形象是被看的对象，她们是"都市漫游者"的"捕获物"。

2. 从传统到现代：女性表演文化的人物构成

追溯中国电影真正意义上的女性题材电影，不得不提到1922年由明星影片公司出品、郑正秋编剧的《孤儿救祖记》，该片中王汉伦扮演

---

① 徐大风.上海的透视[M]//吴健熙,田一平.上海生活:1937—1941.上海:上海社会科学院出版社,2006:3.
② 杨扬,陈树萍,王鹏飞.海派文学[M].上海:文汇出版社,2008:60.

的儿媳尉如可称为中国电影女性表演文化发展史上第一位贤妻良母的形象。该片中的女主人公尉如的性格塑造较为单一,她自始至终没有情感矛盾和心理挣扎,"尉如是影片中最为感人的人物,她美貌善良、温柔贤惠、忍辱负重、含辛茹苦,是典型的贤妻良母,在她身上集中体现了中国妇女的传统美德"①。尉如的形象被塑造成几近完美的程度,影片不仅仅是对尉如这一个体的歌颂也是对中国千千万万富于传统美德的女性的歌颂,为广大观众所接受,并为后来历代导演所传承,成为中国电影作品(尤其是男性导演作品)中理想化女性的原型。可见,尉如只是男权话语下被想象出的传统女性形象,而非上海影像中大量出现的"摩登女性"和"新女性"形象,以尉如为代表的上海电影女性形象暗合了男性对女性的理想化追求。

上海银幕上的女性形象继《孤儿救祖记》中的尉如之后有了进一步的发展,出现了心理更加真实、情感更加丰富的女性形象——《玉梨魂》中的梨娘。该片同样是由郑正秋编剧、王汉伦主演,1924年由明星影片公司出品。该片与《孤儿救祖记》中的女性形象不同,该片中出现了梨娘、筱倩两位女性形象。这两位女性形象具有不同的身份、年龄、性格、命运,他们相互补充,进而在中国电影银幕上塑造了更加丰满、更加立体的女性形象。其中的梨娘已经不再是一位单纯的中国传统女性形象,她向着自由恋爱迈出了一步,明确地察觉到了自己的感情归宿,但在她所生活的环境下,在理性与感性的抉择中,她选择了理性。但即使在她用外在行动放弃了爱情的前提下,她的心里也没有放弃,她仍然对所爱的人忠贞不渝,直至放弃了生命和作为一位母亲的身份,郁郁而死。因此,梨娘已经不再是与《孤儿救祖记》中的尉如一样具有较为单一性格的人物,影片中的梨娘已经具有了心理上的矛盾和情感上的挣扎,她为了爱情甘愿放弃了儿子和生命的行动已经将她对爱情的向往推向了顶峰。《玉梨魂》通过对梨娘的情感压抑的描写,暗含了对封建礼教的控诉,而该片所塑造的梨娘的女性形象是"合于新伦理,合于新

---

① 郦苏元,胡菊彬. 中国无声电影史[M]. 北京:中国电影出版社,1996:124.

潮流,合于人道的"①。

海派文化的开放性特征势必会推动20世纪20年代中国电影中的女性形象向着更具现代性的方向发展。如《弃妇》中的芷芳,《弃妇》是善于摄制问题剧的长城画片公司于1924年出品的,该片由侯曜根据他的同名舞台剧改编,女主角芷芳同样由王汉伦饰演。以芷芳为代表的20世纪20年代中国电影中的女性形象比尉如及梨娘都有了很大的进步,这种进步一方面体现在她对女性身份自立上的践行,另一方面体现在她对其他女性的扶助。影片中芷芳在自力谋生的过程中遇到了种种艰辛,但她是中国电影银幕上走出夫权的阴影开始尝试自立的女性形象。在该片中,即使芷芳沦落到了社会的最底层,她也始终坚持,即使在最困难的时期,她仍然拒绝了丈夫的和好企图,以独立的女性形象出现在观众面前。片中芷芳清醒地认识到女性在社会中处于弱势的原因,并参加了女权运动,带领其他女性争取自身的权利。芷芳向观众展现了一位与以往中国电影中迥然不同的女性形象,她的产生与海派文化的开放性密不可分。

与此同时,引人注目的是20世纪20年代的中国电影中除了社会片、伦理片、爱情片,一些历史片、古装片、武侠片、神怪片中也出现了大量以女性形象为主的影片。在武侠片、神怪片中"受了当时国民革命中高涨的妇女运动的影响,这些影片的制作者天真地希望女英雄们能以她们手中的刀剑打开一条妇女解放的出路"②,因而出现了大量的"女侠"形象。女侠形象的出现使20世纪20年代上海影像中的女性表演文化向着"摩登"迈出了一大步,其挑战着男性对电影中女性通过"动感凝视"所获取的认知经验。当代中国电影中的女性表演文化的不断拓展是海派文化的开放性使然,更是男性对女性的"消费"需求使然,因此与海派文化的商业性紧密相关。

---

① 冰心.《玉梨魂》之评论观[M]//戴小兰.中国无声电影.北京:中国电影出版社,1996:1100.
② 郦苏元,胡菊彬.中国无声电影史[M].北京:中国电影出版社,1996:236.

二、20 世纪 30 年代海派文化与中国电影女性表演文化的互动

在 20 世纪 30 年代的中国电影中,出现了以丽莲为代表的传统型女性形象、以陈若英和虞玉为代表的幻想型女性形象、以韦明为代表的事业型女性形象,以及以周淑贞和李阿英为代表的进步型女性形象。这四种女性表演文化的形象构成是随着"沪地"女性解放运动的发展这一"沪事"而出现的,并且与女性解放运动各阶段的主要思潮相暗合,依次出现在海派文化的载体——上海这座都市的影像中,由此可见,上海影像也渐渐披上了一件性别化的外衣。

1. 在电影的革命与商业之间:女性表演文化提升深化核心意涵的历史契机

在 20 世纪 30 年代"左翼"电影运动的影响下,上海影像的女性表演文化获得了提升和深化自身海派文化内涵的历史契机,不仅包含当时中国电影产业的发展等客观因素,而且包含当时社会环境下观众与创作者的心理情感和思想精神的互动等内在因素。当然,当时上海影像的女性表演文化提升和深化自身海派文化内涵的根本动因,归根到底是由当时中国电影产业规模化进程的要求所决定的。其中,联华影业公司"制、发、放一体化"的企业战略,使其在中国电影业后来居上。正是中国电影出于对产业规模化发展的渴求,使各大电影制片公司开始考虑与"左翼"电影艺术工作者合作,它客观上为当时上海影像的女性表演文化提升和深化自身海派文化内涵提供了历史契机。发生在上海的"一·二八事变","除了带给中国电影工业巨大的经济损失以外,对中国制片业的制片方针有巨大影响,几乎所有的电影创作者基本放弃从历史、神怪、武侠方面取材制作娱乐片的方向,转而开始生产面向现实,反映危机日深的民族矛盾和国内的种种社会矛盾,开创中国电影业新现实主义的艺术创作高峰"[①]。这自然为上海影像的女性表演文

---

① 于丽.中国电影专业史研究·电影制片、发行、放映卷[M].北京:中国电影出版社,2006:49.

化提升和深化自身海派文化内涵提供了历史契机。

"左翼"电影的杰出代表夏衍的剧本是20世纪30年代中国进步电影中将"左翼"话语在商业化的包装下成功实现其商业化的代表。其电影剧本主要通过情节的安排、细节的处理和人物关系的设置上寻找、设置并强化影片的商业卖点,使影片娱乐性突出。在明星影片公司摄制的第一部"左翼"电影《狂流》(1933)中,夏衍以"九一八事变"后长江流域发生的空前大水灾为背景,表达有关阶级压迫和阶级斗争的"左翼"话语,以激起观众对阶级问题的认识,但这种"左翼"意识形态在电影中出现极易引起观众的反感和检察机关的注意。为了加强该片的商业性和娱乐性,夏衍通过一条爱情线贯穿全片。爱情的双方出身于不同的阶级,这种安排不仅是在中国传统的爱情故事叙事框架之内,符合中国观众的审美心理,极具大众性,而且其中又暗含了阶级矛盾不可调和的社会内涵。该片不仅在故事线索上做足娱乐化、商业化的文章,而且,在人物关系设置及细节的展现上也极具娱乐性。如片中刘铁生、秀娟、李和卿三人之间的三角关系及定亲宴会上极富喜剧色彩的细节安排等。此外,夏衍通过爱情及两性关系将"左翼"话语包装在商业下的影片还有《时代的儿女》(1933)、《前程》(1933)、《女儿经》(1934)、《同仇》(1934)、《风云儿女》(1935)等。而在《上海二十四小时》(1933)中,其"左翼"话语掩盖在对买办及其太太生活的揭露上。在《压岁钱》(1936)中,夏衍不仅沿用了他在"左翼"电影中一贯的商业化策略,而且开始公开地模仿好莱坞类型电影的创作方法。可见,在海派文化的背景下,"左翼"电影工作者与电影制片公司为了各自的利益开始合作。在合作中,"左翼"电影工作者为了传播其"左翼"意识形态,对电影中的"左翼"话语进行了商业化、娱乐化的包装。这种创作方法,不仅适应了当时特定的社会环境和文化环境,满足了资本家的需求,更为重要的是它将强烈的阶级意识、鲜明的政治倾向和坚定的革命性通过电影这一大众化的艺术形式传播开来,造成了一定的社会影响,并造就了中国电影艺术发展史上的"左翼"电影热潮。

2. 现代女性："左翼"表演文化女性表达的即时存在性状

(1)《野草闲花》："左翼"表演文化女性表达的隐含彰显

《野草闲花》作为一部爱情片,爱的话语在其中起到了重要的作用,而这种爱的话语也只有置于海派文化的背景下才能得以解读。在《野草闲花》中,丽莲的女性形象塑造被置于遍布歌厅舞榭、摩登时尚的近代上海十里洋场语境之下,并通过一种中性的、民主的叙述方式加以展现,即在影片中丽莲一方面通过艺术将自己从原本在家庭中的边缘位置解放出来,暂时获得了事业上的成绩,并最终得到了一桩体面的婚事;但另一方面,她最终还是失去了自身独立的事业。在该片中,丽莲作为一位女性获得了短暂的与父权周旋的前提,但此后,这一前提很快就被剥夺。以丽莲为代表的女性与父权周旋的场景在电影中出现了两次:一次是舞会的场景。在那里舞客们狂热地与崛起的新星致意,事业上的成功使丽莲取得了与父权沟通的机会;一次是黄云的父亲拿着金钱做筹码迫使丽莲解除与黄云的婚约时,她刚开始带着鄙夷的口吻一口回绝了。影片通过浪漫化的诗意话语赋予爱能够战胜一切的力量,并通过将以丽莲为代表的女性形象和以黄云的父亲为代表的父权的对峙以及将爱情与金钱对置,在喧嚣、嘈杂的都市背景中加以凸显,将对自由、平等、美好的理想化追求赋予女性形象之上。但该片在赋予女性形象与父权沟通的话语权的同时,还暗含着一种颠覆新女性形象的因素。这种因素表现在影片对丽莲独立事业的剥夺和其中某些传统女性描写手段的运用。影片通过暂时赋予丽莲以独立的事业,使其获得与父权下男性的平等交流权,但马上将这种权利加以剥夺,反映了男权社会下,男性对新女性获得生活独立的一种"恐惧感"。同时,影片对某些传统女性的描写被运用在影片开始丽莲在厨房中的形象展示(暗含了她作为一位贤妻良母的潜力),以及影片中丽莲为完成与黄云分手的"计划"在舞厅中诱惑舞客的献媚。

可见,《野草闲花》中以丽莲为代表的新女性形象只是20世纪20年代中期大量出现的女性表演文化构成的一种延续,在男性电影语境下她们仅仅被作为一种为颂扬其对旧礼教、旧风俗反抗精神的叙事策略,而非依照自己意愿行动的新主体。但不可否认,"这部影片受《茶花女》和美国影片《七重天》的影响,表露了对封建等级观念的抗议和对下层社会的同情"①,这是上海影像的女性表演文化中现代女性形象"左翼"倾向的隐显。

(2)《三个摩登女性》:"左翼"表演文化女性表达的明确彰显

《三个摩登女性》里三位女性形象中周淑贞最具有进步性,影片中是她提醒张榆在国家与民族的生死存亡之际不要再拍摄麻痹观众的爱情片,促使张榆走向了革命的道路。该片中周淑贞这一女性形象的塑造是按照"左翼"文艺工作者的理想完成的。她在"思想上、革命行动上走在时代前端","具备和争取的真正的'摩登性''现代性'"②。她成为"左翼"思想的代言人,从该片的几处可以典型地看出这一点:首先,周淑贞完成了一次在当时的社会生活中女性几乎无法完成的身份转换,即由一个小资产阶级转向一位领导工人罢工的组织者;其次,以周淑贞为代表的女性完成了比以张榆为代表的男性更具民族胸怀的行动,即片中张榆带周淑贞去戏院、赛狗场、赌场、夜总会和舞厅等代表资产阶级生活的场景,而周淑贞带张榆去了与此形成对照的场景——港口、工厂、工地、贫民窟和夜校;并且在影片中,周淑贞使张榆转向革命不是通过女性特有的情感,而是通过对国家、民族的责任和阶级意识的豪言壮语实现的。这一切都表明,以周淑贞为代表的20世纪30年代中国电影中的新女性形象已经不是现实生活中真真切切的女人,而是"左翼"思想影响下,"左翼"文艺工作者进行思想宣传的传声筒,是"左翼"文艺工作者创作出来的理想女性。

《三个摩登女性》中周淑贞这一新女性形象已经完成了对以往中国电影中女性形象的颠覆,在这部"左翼"电影中,女性话语权几乎与男性话语权是一致的。在该片中,新女性形象已经不再是男性的玩物或性对象,而成为了具有独立思想和自主行为的伴侣。这一点不仅能从周淑贞这一形象中极端地体现出来,就是从陈若英和虞玉身上也能

---

① 时影.民国电影[M].北京:团结出版社,2005:184.
② 田汉.影事追怀录[M].北京:中国电影出版社,1981:15.

体现出来。陈若英为了追求自己的真爱,孤身一人来到上海,强烈的爱使她献出了自己的生命,这种为爱而做出的极端行为完全是她的独立行为。虞玉作为一个追求物质享乐的"摩登女性",她时髦艳丽、拥有代表身份地位的汽车和洋房、崇尚金钱、出入歌厅舞榭、热衷享乐,最能体现她的独立话语权的是,她不拘泥于中国传统女性的行为规范,毫不掩饰自己对物质享乐"无法满足"的欲望。

(3)《新女性》:"左翼"表演文化女性表达的生活彰显

20世纪30年代中国女性争取恋爱自由、婚姻自由的解放运动初级阶段已经过去,此时,被推到女性解放运动前沿的是就业平等以及经济独立,这从根本上决定着女性的人格独立和个性解放。影片《新女性》中韦明的经历与当时历史环境下女性解放运动的发展阶段相暗合。她在追求自由婚姻的前提下与男友私奔,这是她对恋爱自由和婚姻独立的追求。作为20世纪初期女性解放运动初级阶段的主题电影,该片并未停留在这一阶段,而是与20世纪30年代女性解放运动要求就业平等和经济独立的主题相一致,将故事的叙述重点放在了"娜拉出走以后"。

当韦明的男友抛弃了她,她将女儿托付给姊妹,只身一人来到上海,她做过女子学校的教师、写过小说,迫于生活她甚至出卖过肉体,现实生活中一次次的残酷遭遇将她推向了绝境,并最终失去了生命。影片中出现了一个极具象征意味的玩具——不倒翁,韦明称之为"不倒的女性"。不倒翁作为一个玩物被赋予了以李阿英为代表的知识女性高大身影的隐喻性含义,同时韦明将它视为通向"女性人生哲学"的一条线索。但从韦明追求独立的职业生涯的角度来说,这一含义的赋予极具反讽意味,作为玩物的不倒翁的摇摆不定的形象已经暗含了20世纪30年代新女性本身无法摆脱的自我陶醉的弱点。她既不像张秀贞那样甘愿做男性的玩物,也不像李阿英那样与艰苦的环境搏击,她介于两者之间,始终不能摆脱自我主义,表现出彷徨和哀愁。结合片中对韦明生活影响较大的两个男性形象,观众不难看出,虽然她力拒王博士金钱和地位的诱惑,坚定地暗恋着余海涛,并接近奋斗向上的李阿英,使自己成为一位光明的追求者,但她的命运始终被这两个男性所操控着。

该片中,男性对女性的帮助是有企图、有目的的,他们都是在将女性作为一种性玩物的前提下进行的。因此,《新女性》中韦明的命运自然而然地使观众将不倒翁与可用金钱来交换的玩物联系起来。影片中,虽然韦明极力追求个性解放和人格独立,但以她为代表的新女性,只不过是那个时代下被父权社会下男性随意操控的"玩物"而已。

影片中,对新女性的展现没有就此而止。片中的李阿英充当了"左翼"意识形态的"喉舌",表达了"左翼"文艺工作者对新女性的定义。李阿英除了在工厂里做工以外,她还自己写歌词,教给工厂女工。李阿英在她的《新女性》这首歌中写到:"不做恋爱梦,我们要自重!不做寄生虫,我们要劳动!……不做奴隶,天下为公!无分男女,世界大同!新的女性,勇敢向前冲!"她对新女性的认识与《三个摩登女性》中张榆对新女性的认识"只有真能自食其力、最理智、最勇敢、最关心大众利益的,才是当代最摩登的女性"可谓异曲同工,即都是无性化的形象。在"左翼"文艺工作者对新女性的定义中,已经看不出男性和女性之间的区别,取而代之的是两者之间的普遍化和大同化。在《新女性》中,李阿英作为"左翼"文艺工作者的代言人指出了韦明苦闷、失意的复杂情感,及其本身所具有的小资产阶级信仰这些根本性弱点,也正是她的这些弱点成为她悲惨命运的定数。该片作为一部极具"左翼"意识形态的电影,在影片的结尾出现了对新女性形象的重申,在一连串工厂汽笛声中,工人们拦住了刚从舞厅出来的王博士的汽车,一张印有女人照片的报纸被一群女工踩踏而过,她们唱着《新女性》前进,俨然已经成为了一股对抗父权社会下邪恶男性的新生力量和一群变革社会的新主体。

三、"孤岛"时期海派文化与中国电影女性表演文化的互动

"孤岛"指的是 1937 年 11 月至 1941 年 12 月太平洋战争爆发期间,上海的苏州河以南的公共租界和法租界没有被日本人占领,能继续拍片的区域。

"孤岛"电影古装历史片中的巾帼英雄,是当时历史语境中集中体

现上海影像现实内涵的新女性。"孤岛"电影中着古装的"新女性"是这一时期上海市民心灵的救赎者,同时,也折射着"孤岛"时期上海人们心理的危机感。"孤岛"电影古装历史片中的巾帼英雄形象,与该时期的男性英雄形象一起构筑了"孤岛"电影的群英像,成为了广大观众精神寄托的对象,抒发着民众的家仇国耻,振奋着中华民族的抗战精神。

1. 女性表演文化:"孤岛"电影的生存策略

"孤岛"电影继续秉承着上海自从摄制电影以来,深受海派文化商业性深刻影响所形成的商业化色彩。与此同时,"孤岛"电影也彰显着上海作为中国进步思想策源地和先进文化中心的影像。极具海派文化特性的"孤岛"电影是其面对复杂环境下的一种商业化的生存策略。

"孤岛"电影虽不乏唯利是图、粗制滥造的现象,但从总体来看,它仍是一种在国家、民族生死存亡的关键期,饱含着对国家和民族命运的忧心的一种商业电影。与此时中国其他电影相比,"孤岛"电影是一种更加商业化、开放化和个性化的电影,它更加体现了海派文化的特征。这种表现更突出地体现在"孤岛"电影面对复杂环境下的一种商业化的生存策略,这种生存策略是海派文化下衍生的一种经营智慧。"孤岛"时期,正是新华、艺华、国华和金星等影业公司的经营智慧,使中国电影的商业脉络得以维系和传承。这个时期,他们的生存策略主要表现在三方面:武侠神怪片生存策略,古装片生存策略,时装片生存策略。

"孤岛"电影中的巾帼英雄为这一时期的"沪人"带来了安全感,同时反映出了当时上海人的生存状态及心理状态。"孤岛"电影中的女性形象不仅有武侠神怪片中的女侠、女神,时装片中的有血有肉、有灵有欲的生活女性,更为打动观众的是古装历史片中的巾帼英雄,她们是着古装的"新女性"。

2. 着古装的"新女性":"孤岛"电影女性表演文化形象呈现

影片《木兰从军》由欧阳予倩编剧、卜万苍导演、陈云裳主演,1939年由华成影片公司出品。影片将抗日救亡的思想赋予了花木兰这一女性形象身上,将"木兰从军"这一中国传统题材赋予新颖的时代内涵和文化意蕴。影片中编导者寄寓了花木兰抗击日本侵略者的意图,她在边关危机时刻挺身而出,在疆场上驰骋纵横,一位深明大义、慷慨激昂的女性形象鲜明生动地呈现在观众面前。花木兰在生活中调皮、孝顺,在疆场上勇敢凶猛,是中国早期电影中不可多得的女性形象。

以《花木兰》为代表的古装历史片中的女性形象,不同于以往中国电影中忧郁孱弱的女性形象,她们被塑造成英姿飒爽、性格活泼、巾帼不让须眉的形象。"孤岛"电影古装历史片中的女性形象在面临家仇国恨之时,能挺身而出,她们或女扮男装,驰骋疆场;或抛弃儿女私情,为国献身;或用自己的青春乃至生命来成就一番事业。"孤岛"电影古装历史片中这一女性形象的展现,传达出了一种特定的文化概念,女性的活动空间由传统的闺房拓展到了千里疆场,其服饰妆容由奢靡浮华的红装变为英姿焕发的戎装,她们从事的活动从女红针线变为保家卫国。这种新女性形象的定位,打破了中国传统文化中女性形象的软弱定位,她们在国家、民族危难之际,心系国家,奋勇杀敌,彰显英雄气概。这种对女性形象的重新定位,体现出一种崭新的文化意义。

"孤岛"电影古装历史片中对女性形象的塑造,融入借古喻今的叙事策略之中,成为编导者心目中理想化女性形象的银幕实现,电影中的女性形象甚至成为编导者自身话语的发出者。在电影《花木兰》中,当木兰女扮男装奔赴疆场抗战杀敌时,同行的人见其姣美如花,便对其调笑,此时木兰厉色训斥道:"如今边关紧急,大家前去投军,无非是为国效劳,绝没有自己人还欺负自己人的道理!"言语中暗含了对国民党当局的"豆萁相煎"政策的影射。该片中,木兰还是一位冒死谏言的女性,电影中的边军元帅听信内奸谗言,对敌军即将大举进犯的危机事实一无所知,对木兰据实陈述的军情谏言充耳不闻,甚至在木兰与刘元度二人冒死确认军情之后仍不相信,以致奸敌内外勾结,打破城池。片中以此揭露出中国当时统治当局的昏庸无能,不听谏言最终酿成民族灾难的罪行。在《木兰从军》拍摄前期,编剧欧阳予倩与导演卜万苍就商议要将花木兰智勇双全、英勇杀敌、保家卫国的故事,古为今用地来抒发当时全国民众的抗日爱国情绪。"孤岛"时期上海的特殊历史条件,使借古喻今地展现影片进步主题成为最有利的叙事策略。其时,在

"孤岛"电影古装历史片中,还出现了诸如《费贞娥刺虎》(1939)中的费贞娥、《葛嫩娘》(1939)中的葛嫩娘、《西施》(1940)中的西施、《红线盗盒》(1940)中的红线等,都是抗敌御辱、济民水火的巾帼英雄形象。

"孤岛"电影古装历史片中对女性形象的塑造,同时融入了娱乐化的叙事策略,通过富有喜剧性的细节展示,将女性置于影片的中心位置。不仅能实现影片的商业目的,而且能顺利通过苛刻的电影审查。在电影《木兰从军》中,木兰从军之前有一个故事细节,当木兰女扮男装后,父亲认可了她的外在形象,但是对她女性化的嗓音提出了质疑,于是她开始学着粗嗓门说话。这一细节展示了创作者在向观众强调木兰女性身份的同时,巧妙地营造出富于父女情的生活意趣。片中另一处细节,当木兰协同刘元度去刺探敌情时,为了掩人耳目,刘元度建议木兰装扮成番邦少女,这在强调木兰身份的同时,既增加了影片的可信度,又起到了娱乐观众的审美效应。

当时,"孤岛"电影古装历史片,仍然延续着20世纪30年代"左翼"电影话语的性别化和政治化策略,只不过这种策略的运用由于处于"孤岛"这一特殊历史时期,在商业化和娱乐化的外衣掩盖下显得更为隐秘。孤岛电影古装历史片中巾帼英雄女扮男装,自愿舍弃自己的女性性别,保家卫国,这自然而然是她们自身对自身性别的一种否定,由此,她们成为进步电影工作者传达其抗日救国思想的代言人。"孤岛"时期的上海,仍然是一座被男性化了的城市,在《木兰从军》中,木兰的女性外在形象和内在形象全被献身疆场、保家卫国的话语否定了,她与男性为伍,行动思想甚至超越男性,她的形象被男性化了。同时,她对家国天下有自己进步的思想,因此她又被政治化了。在"孤岛"时期特殊的历史背景条件下,我们很好理解"孤岛"电影中进步的古装历史片渐渐偏离了20世纪20年代盛行的爱和美的话语。当然,这并不意味着"孤岛"电影在对女性形象塑造时要全盘抛弃爱和美,而是将其在民族救亡的话语中被重新定位。在"孤岛"电影中进步的古装历史片塑造女性形象时,创作者之所以没有将爱和美作为塑造她们的主要手段,是因为爱和感情等"女性化"权利被界定为使男性革命者丧失意志的迷惑力,因而必须得到遏制。爱和美在"孤岛"电影进步的古装历史片中的贬值,及它们被民族救亡的话语所取代,使这些影片中的女性形象的男性化倾向达到了极致。

四、解放战争时期海派文化与中国电影女性表演文化的互动

1. 女性表演文化:视听化的政治影像

(1) 女性表演文化的政治影像成因

解放战争时期,中国电影中上海影像作为视听化的政治影像是在社会系统因素和观念系统因素的共同作用下形成的。其中的社会系统因素包括经济因素、政治因素等,观念系统因素包括社会文化氛围、主流社会议题等。

社会系统因素是解放战争时期上海影像的女性表演作为视听化政治影像呈现的根本性成因。海派文化作为一种商业性特征十分显著的文化形态,社会经济因素对其发展有重大而深远的影响。与此同时,电影与生俱来的商品性也使其深受当时上海经济环境的影响。这一时期,中国出现了严重的通货膨胀,到1945年,"不包括银行贷款在内的政府收入,只抵得上开支的1/3,财政上的亏空几乎完全依靠印发纸币来弥补。通货膨胀所造成的结果是,平均价格在1937年到1945年8月间上涨了2000倍以上"①。严重的通货膨胀使国民党政府失去了民众的信任,而这种不信任体现在这一时期的电影中呈现出上海影像的政治化。中国电影与政治之间的关系,自20世纪30年代"左翼"电影运动以来始终没有中断过。中国电影对意识形态的关注,直接导致了这一时期上海影像的女性表演成为视听化政治影像。随着战后重建政治共同体的尝试失败,国内解放战争全面爆发,国民党政府颁布"戡乱总动员令",宣布"镇压共产党叛乱",并颁布了《戡乱时期危害国家紧急治罪法》,以戡乱为由,加强了对言论的控制,使得表达对国民党政

---

① (美)费正清,费维恺.剑桥中华民国史:1912—1949(下卷)[M].刘敬坤,叶宗敏,曾景忠,等译.北京:中国社会科学出版社,1994:738.

府批评或反对意见的报刊难以面世,因而,一些进步的民主人士将目光转向了电影,这直接导致了该时期上海影像女性表演的视觉政治化。

观念系统因素是解放战争时期上海影像中女性表演作为视听化的政治影像形成的最直接动因。海派文化的开放性特征使上海成为中国先进思想文化传播的前沿。西方先进思想文化在此登陆,与中国优秀传统思想文化相互碰撞、相互融合,并由此传播开来。20世纪40年代,"中国文化最突出而又最深刻的变迁,是各种思潮顺应价值重建的历史需求而纷呈叠现,在交缠摩荡之中将先期呈现的多种价值元点演化为意态取向与规整程度各异的价值系统,提供了多元选择的可能性空间"①。上海作为中国先进文化思想的策源地,成为这一时期现代新儒家、自由主义、权威主义、新民主主义等各种文化价值论战的阵地。"这不是一场和平的竞技,精神的骚动和观念的争鸣更多地受制于政治乃至军事的角逐"②。正是这种带有火药味的文化价值论战所形成的社会文化氛围,成为解放战争时期上海影像的女性表演作为视听化的政治影像的直接成因之一。抗日战争以后,国民党政府在经济、政治上的无能,使"'腐败无能'这一引人注意的话,常被用来形容从指挥到学校管理等政府在一切领域的表现"③。"如果说贫困是20世纪40年代中国知识分子经济生活的主要事实,那么他们在政治上的当务之急就是反对内战"④。对国民党政府腐败无能的认识及反内战等重要观念成为当时民众的主流社会议题。它也成为当时上海影像的女性表演作为视听化的政治影像的直接成因之一。

上海影像的女性表演作为视听化的政治影像出现,既是中国电影内部发展演变的"发明或发现",也是受苏联电影影响的外部"借取或传播"的结果。自1930年7月,田汉主编的《南国月刊》第2卷第4期

---

① 许纪霖,陈达凯.中国现代化史(第一卷,1800—1949)[M].上海:学林出版社,2006:484.
② 许纪霖,陈达凯.中国现代化史(第一卷,1800—1949)[M].上海:学林出版社,2006:484.
③ (美)费正清,费维恺.剑桥中华民国史:1912—1949(下卷)[M].刘敬坤,叶宗敭,曾景忠,等译.北京:中国社会科学出版社,1994:738.
④ (美)费正清,费维恺.剑桥中华民国史:1912—1949(下卷)[M].刘敬坤,叶宗敭,曾景忠,等译.北京:中国社会科学出版社,1994:742.

刊发"苏联电影专辑",到1931年前后《生路》《金山》《夏伯阳》《母亲》《我们来自喀琅施塔得》等影片陆续被介绍到中国,这期间,苏联电影对上海青年界和知识分子产生了很大的影响。这进一步促使上海影像的女性表演作为视听化的政治影像的呈现,是对30年代"左翼"电影运动的一次继承。可见,对苏联电影的"借取或传播",也是上海影像的女性表演作为视听化的政治影像的重要外部成因。

(2) 女性表演文化的政治影像性状

电影《八千里路云和月》中的上海,是一群抗敌演剧队队员生活的城市,也是江玲玉、高礼彬等爱国知识分子命运展开的地理环境。片中的上海处于国民党的统治之下。该片从一个侧面反映了抗日战争时期及战后国统区的真实生活,深刻揭露了国民党反动派战时消极抗战、战后却"劫收"发财的行径。该片中的上海影像在影片思想性和艺术性的包装下成为一种视听化的政治影像。

电影《一江春水向东流》通过一个家庭的悲欢离合,概括地展现了从"九一八事变"到抗战胜利这一段时期民众的真实生活。该片中的上海影像一如《八千里路云和月》中的上海影像,是一个普通家庭生活悲剧展开的地理环境。在该片中上海还被展现为使青年由进步到堕落的罪恶之地。《一江春水向东流》中的上海同样也极具视听化的政治性。山区所象征的光明面与都市形象所象征的黑暗面形成对比,展现了抗战时期沦陷区与国统区人民的贫困与痛苦,都市中国民党反动派无视国家和民族的危亡、弃人民的痛苦于不顾、大发国难财并在战后"劫收"敛财的无耻罪行,使上海成为展示民众苦难生活、揭露反动当局荒淫无耻生活的视听化的政治影像。

电影《万家灯火》是昆仑影业公司摄制的又一部中国电影佳作。该片展现了抗日战争后上海小资产阶级生活的艰辛,影片通过胡智清一家的生活境遇生动、细腻地将上海市井生活展现在观众的面前,他们面临着失业、物价飞涨、复杂的人际关系、纠结的家庭矛盾等问题。影片渗透着强烈的市民意识,片头以全景的视觉元素呈现出上海作为大都市的繁华景观,为影片中展现的都市平民生活提供了带有对比意味的环境元素。海派文化作为一种大众文化,它融于市民日常生活的各个方面,表现出极强的亲和力和世俗性。该片对都市平民日常生活场景的还原性构建暗合了海派文化的亲和力和世俗性,使该片的旨趣凸显出来。《万家灯火》不仅是一部艺术地再现战后上海城市小资产阶级艰险生活的"新现实主义"作品,而且是一部深掘人类复杂矛盾心理、展现人间伦理的佳作。从该片中观众也可清晰地了解抗战后上海市井社会的伦理关系,如该片中的母子关系、夫妻关系、婆媳关系、兄妹关系、朋友关系、同事关系等。

《乌鸦与麻雀》是昆仑影业公司出品的一部解放战争时期的优秀社会喜剧作品,被公认为"与当时世界上任何一部电影杰作相比,都不愧是一部水准高超的作品"[1]。《乌鸦与麻雀》不仅为中国电影保留下了解放战争期间,在新旧交替的历史时刻,上海小市民的生活状况及其转变轨迹,而且艺术地"记录"了小市民一贯的生活哲学及其世界观。影片展现了国民党统治下的上海市井生活独特图景,通过投机生意、抢购大米、挤兑黄金、学生罢课、教员被捕等社会世态的展现,暴露了国民党反动派的横行霸道、穷途末路而最终惊慌失措、狼狈逃窜的历史命运。

《小城之春》讲述了发生在一个普通家庭的生活故事,通过对男女之间感情纠葛的描述及人物内心的剖析,突出了男女主人公无法摆脱的、令人窒息的苦闷情绪,深刻揭示了人物内心的冲突及情与理的矛盾。影片将一个富于哲理意味的思想用一个普通的三角恋爱喜剧框架来叙述,将三位男女主人公置于情感的交叉点上进行多层次、立体的心理情感剖析。其中对女主人公的内心刻画显得更胜一筹。由此展现了战乱年代,上海周边城镇现代青年人在社会动荡不安的环境下的复杂心理。文华影业公司在解放战争期间创作的以《小城之春》为代表的一系列作品,可视为海派文化个性化特征视听化实现的表征。其出品的影片,不仅彰显着人性的魅力,而且也处处透露着社会责任感,这既与中华民族自古以来的"家国天下"精神密不可分,更与上海作为中国先进文化诞生地所孕育的历史责任感息息相关。文华影业公司的影片

---

[1] 中国电影家协会.中国电影年鉴1981[M].北京:中国电影出版社,1982:426.

体现出一种对中国电影艺术的创新精神,这种创新,不仅仅体现在其简约的电影叙事方式、丰富的题材意蕴内涵及其昂扬的艺术激情上,更体现在其作品对人的精神世界的探索上。这种探索,表现在其出品的以表现家庭伦理,剖析人性为主的《小城之春》《不了情》、对国家民族前途忧虑的《夜店》,以及揭露社会不良风气的讽刺喜剧《假凤虚凰》等影片中。文华影业公司对电影艺术不断探索、创新的精神,在影片中对普遍人性的探寻,对自由、博爱、和平、道德等人文精神的追求,其来源不仅有中华民族传统文化的浸润,而且受到了西方人文主义思想的影响。这是一种艺术理想的追求,更是一种艺术与人生实感的践行,而这些正是海派文化个性化特征的典型体现。

2. 女性表演文化:商业化的生存策略

(1) 女性表演文化回归商业类型影像的成因

解放战争时期中国商业电影活跃的原因,除了电影自身的商业化特征以外,与1945年到1949年间中外电影市场的激烈竞争密不可分。从1946年11月4日"中美友好通商航海条约"签订,好莱坞电影迅速霸占了中国电影放映市场。据统计,"从1945年8月抗战胜利到1949年5月上海解放这4年里,上海进口的美国影片(包括长、短片)共1896部,在上海首轮影院放映的美国长故事片1083部"①。美国电影公司还干涉中国电影的发行,1947年6月,美国的八大电影公司建立了发行联合组织,强制中国影院必须放映美国电影,如要放映中国电影必须得到该公司的允许,否则将不再向其供片,企图以此将中国电影扼杀在摇篮中。此外,好莱坞还以高价收购中国的影院,以此影响中国的放映业。

可见,解放战争时期上海影像的女性表演文化回归到商业类型化形态,具有客观的社会成因,然而,这正暗合了海派文化的商业性特征,相应地,这一时期上海影像的女性表演文化商业化类型形态的回归,也

---

① 于丽.中国电影专业史研究·电影制片、发行、放映卷[M].北京:中国电影出版社,2006:70.

是海派文化对中国电影创作所产生的重大影响的具体表现。与此同时,海派文化的商业性特征必然要求它以大众文化的形态呈现在观众面前。海派文化作为一种典型的大众文化,它是"伴随着工业化和城市化的出现而兴起的文化"①。海派文化作为一种大众文化是一种现代通俗文化,它是随着上海社会的民主化、世俗化、知识普及化的进程而产生的有别于传统文化的文化形态。因此,海派文化从审美取向上的通俗化,要求这一时期上海影像的女性表演文化回归到商业化类型形态上。而海派文化作为一种大众文化是一种消费文化,因为大众文化与现代消费社会密切相关。海派文化孕育、产生、成熟、发展于中国最先进入现代化的都市——上海,其丰富的物质基础和发达的工业技术条件为海派文化消费性特征的呈现奠定了基础。因而,当这一时期观众为在影片中获得生理心理上的快感时,上海影像的类型化呈现显得顺理成章,这成为海派文化消费性的实际社会文化效应。由于电影作为一种与生俱来与商业文化紧密相连的大众文化产品,其生产与消费也完全由市场供求关系来决定。对电影消费的普遍性需求为电影市场的开拓提供了巨大的发展空间,从而刺激了大量的投资者,甚至欧美等国的投资者也不遗余力地加入其中,以博取其渴求的巨大商业利润。同时,也正是受海派文化商业性的影响,解放战争时期中国电影中类型化形态的上海影像,与20世纪20年代类型化形态的上海影像有了很大的区别,这种区别是对时尚性和品味性的追求。

(2) 游走于责任感和娱乐化之间的女性表演文化的商业类型化

解放战争期间,国泰影业公司和大同影业公司所摄制的影片代表了那时中国商业电影水平。虽然这其中有许多作品是对美国好莱坞类型电影的模仿,甚至是直接抄袭,但其间也有将中外电影艺术创作精髓融于创造性之中的作品。国泰影业公司在成立之初出品了《民族的火花》(1946)、《湖上春痕》(1947)两部影片后,由于受到舆论及观众的冷遇,转而增强了拍摄进步电影的欲望。出于民营电影制片公司商业

---

① (英)约翰·斯道雷.文化理论与通俗文化导论[M].杨竹山,郭发勇,周辉,译.南京:南京大学出版社,2001:19.

目的特点,国泰影业公司一方面为吸引观众、保住票房,积极寻求进步电影艺术工作者的支持,摄制进步电影;另一方面,也寻求官方的庇护。为了通过摄制进步电影获得收益,国泰影业公司聘请了应云卫、吴天、周伯勋等参加制片工作,邀请了田汉、于伶、洪深等为特约编剧,拍摄过《无名氏》(1947)、《忆江南》(1947)等影片,获得了好评。

作为一家民营电影制片公司,国泰影业公司摄制《无名氏》《忆江南》这两部进步电影的目的在于赢得商业上的成功,解决其因前两部影片的失败所带来的经济困境。同样是为了生存,即为减缓、消除国民党统治当局在政治与经济上的钳制,确保其长期发展,国泰影业公司走向了与进步电影创作思想完全相反的一面,他们聘请了张道藩、潘公展等官僚资产阶级作公司的董事长,约请徐欣夫、屠光启、方沛霖等参加创作,拍摄了《粉红色的炸弹》《热血》《蝴蝶梦》等与当时"中电"出品的描写特务间谍、侦探凶杀等大致相同的影片。此时的国泰影业公司又走向了国华影业公司时代的粗制滥造趋势。

大同影业公司在此期间拍摄了欧阳予倩编剧,洪深、郑小秋导演的,为妇女独立和解放指明道路的影片《弱者,你的名字是女人》(1948),此后又相继摄制了表现戏曲艺人反帝爱国精神的电影《梨园英烈》(1949)。这些进步影片的拍摄也是大同影业公司作为一家民营电影制片公司出于商业目的的考量进行的。

解放战争时期中国商业类型电影中的上海,重又回到了"都市"想象的中心。这些影片中时尚与歌舞、商海与闹市、女性与警匪、知识分子与小职员又成为主要的上海影像。上海影像的政治性含义在此时的商业类型电影中已被抽空,它成为展现战后社会历史和本土娱乐风情的舞台。解放战争期间的中国商业类型电影其间融入女性表演文化元素,并没有高远的道德理想的摄入,更没有深远的政治抱负的蕴含,在激烈的商业环境下,它无意发掘人性的底蕴,更无意在激烈的喝彩声中开启一个新的时代。商业类型电影只不过是在一种强大而持续的世俗化潮流中,将观众卷入一个由影像营造的认同与震惊的虚幻世界的旋涡而已。

综上所述,中国电影女性表演文化与海派文化相依随。20世纪20

年代中国电影上海影像中的女性形象是被看的对象,她们是"都市漫游者"的"捕获物"。20世纪30年代中国电影中对女性形象的呈现使上海影像带有明显的"左翼"倾向。"孤岛"时期电影中的女性形象不仅有武侠神怪片中的女侠、女神,而且有时装片中的有血有肉、有灵有欲的生活女性,更为打动观众的是古装历史片中的巾帼英雄,她们是着古装的"新女性"。因此,女性表演文化成为海派文化在中国电影中的重要表现。解放战争时期,在中国电影女性表演文化与海派文化的互动关系中,无论是处于其商业类型形态的历史责任感一端,还是游走于其商业类型形态的娱乐化一端,女性表演文化都是由海派文化的属性决定的。

(上海出版印刷高等专科学校文化管理系　衣凤翱)

参考文献

[1] 艾以.上海滩电影大王张善琨[M].上海:上海人民出版社,2007.

[2] 程步高.影坛忆旧[M].北京:中国电影出版社,1983.

[3] 程季华.中国电影发展史:初稿(第一、二卷)[M].北京:中国电影出版社,1963.

[4] 丁亚平.电影的踪迹:中国电影文化史评[M].北京:中央编译出版社,2005.

[5] 方明伦,李伦新,丁锡满.海派文化发展创新的动力和活力:上海大学海派文化研究中心第三届学术研讨会文集[M].上海:上海大学出版社,2004.

[6] 方明伦,李伦新,丁锡满.海派文化之我见:上海大学海派文化研究中心首届学术研讨会文集[M].上海:上海大学出版社,2003.

[7] 方明伦,李伦新,丁锡满.海派文化纵横谈:上海大学海派文化研究中心第二届学术研讨会文集[M].上海:上海大学出版社,2004.

[8] 李道新.中国电影文化史:1905—2004[M].北京:北京大学出版社,2005.

[9] (美)李欧梵.上海摩登:一种新都市文化在中国(1930—1945)[M].毛尖,译.北京:北京大学出版社,2001.

[10] 盘剑.选择、互动与整合:海派文化语境中的电影及其与文学的关系[M].杭州:浙江大学出版社,2006.

[11] 吴迪(啓之).中国电影研究资料:1949—1979[M].北京:文化艺术出版社,2006.

[12] 谢柏梁.海派文化与传播[M].北京:中国戏剧出版社,2005.

铺设无障碍文化传播盲道
提升上海文化的辐射效应

摘要：信息无障碍推动了通信技术的多样态发展，尤其是媒介平台和媒介技术对残障群体越来越重要，大规模、多频次的媒介接触颠覆与重塑了视障群体的身份认同及人际交往，提高了他们的社会参与度，扩大了其社会话语空间，对于促进视障群体融入社会具有重要意义，但鲜有研究探讨媒介使用对视障群体和健全群体的知识获取差异的影响。本调研通过问卷调查发现，视障者的媒介接触已从传统媒体转向以新媒体为主，借助新媒体的路径传播更加有利于无障碍文化内容的叙事建构、障碍群体的社会实践。同时本文也阐述了无障碍技术对口述影像的赋能及口述影像再编辑的版权现状。视障群体的触媒行为是社会制度、立法规约、信息技术及无障碍环境共同作用产生的结果，如上的研究为切实改善障碍群体媒介接触体验提供了参照，也为解决上海地区无障碍文化传播困境提供了路径与策略。

5G 网络快速发展的今天，人和人之间看上去已经产生了千丝万缕的联系，但是当我们蒙住眼睛或者堵住耳朵就会感受到有一些人还处在"失联"状态，其中就包括信息障碍群体。2020 年，工业和信息化部及中国残联共同发布的《关于推进信息无障碍的指导意见》中明确指出信息无障碍是指通过信息化手段弥补身体机能、所处环境等存在的差异，使任何人（无论是健全人还是残疾人，无论是年轻人还是老年人）都能平等、方便、安全地获取、交互、使用信息。"无障碍"一词译自 accessibility，指任何人在任何情况下都能平等、方便、无障碍地获取信息并利用信息。20 世纪 60 年代初，"无障碍"的概念开始形成。它的前身是丹麦卞·麦克逊（N. E. Bank-Mikkelsen）所提出的"正常化原则"，倡导每一个身心障碍者尽可能地与所属文化中的健全人一起生活和接受教育（李东晓，2017）。

国家工业和信息化部多次发文指出要以习近平新时代中国特色社

会主义思想为指导,全面贯彻党的十九大和十九届二中、三中、四中全会精神,坚持以人民为中心的发展思想,聚焦老年人、残疾人、偏远地区居民、文化差异人群等信息无障碍重点受益群体,着重消除信息消费资费、终端设备、服务与应用等三方面障碍,增强产品服务供给,补齐信息普惠短板,使各类社会群体都能平等方便地获取、使用信息,切实增强人民群众的幸福感、获得感和安全感。本文研究界定在视障群体中,通过比对取样,取样了明眼人、残障人群、老年人群的等样本,分析了他们触媒习惯、触媒频率,发现媒介使用习惯的改变提高了视障群体的身份认同、人际交往以及他们的社会参与度,扩大了他们的社会话语空间,对于促进视障群体融入社会具有重要意义。本研究项目进行了长线的跟踪考察,了解和把握了视障群体这一特定用户群体在信息无障碍环境下的使用媒介的复杂性,希望通过研究可以切实为改善视障群体媒介接触体验提供参照。

一、视障人群研究范畴的概念界定

根据《2019年中国人残疾事业统计年鉴》显示,截至2019年年底,中国的视力残疾人群数量已经达到1236万人,其中还不包括接近2亿名不同程度视障的老年人。但是就视力残疾人群而言,仅在上海地区,就有近10万名视障人实现了就业,在16—59岁的年龄段中,他们的平均收入已经达到4000元以上。他们中大多数收入稳定,过着独立的生活,非常渴望通过互联网融入社会,平等享受科技的便利,然而生理功能的限制让他们无法顺利地使用媒介手段享受科技带来的愉悦,与此同时,信息无障碍发展在我国仍处在初级应用阶段,作为有效的解决方案和模式却还没有得到普及。从现阶段情况看,总人口数已经达到3.34亿的残疾人、老年人将是信息无障碍工作的重点服务对象。因此本项研究的对象为视障人群,包括视力不同残疾程度人群以及视力障碍的老年人群体。

视力残疾人群具体分为两类,一是视障人群,二是低视力者。视障人群获取信息一般是通过听觉和触觉,其中触觉是视障人群感知外界事物和对于视觉补偿的主要途径,并且视障人群对于触觉也是长期依赖的。视障人群触觉的敏感程度是远远优于明眼人的,受过盲文训练的视障人群最为明显,他们用于触摸的手指是其他手指无法比拟的。同时,通过在长期的调查研究中可以发现,视障人群是高敏感人群,这是他们主要的心理特征。

二、视障人群的文化传播媒介接触调研

1. 调研数据来源

本研究数据来源于2020年5—12月对"无障碍文化传播"等视障群体相对集中的线上微信群进行抽样调查,最终收回有效样本3350份,其中健全者根据年龄抽样,视障者由盲协、上海电影评论家协会支持建立微信群后线上抽样,其中健全者1180份(35.2%)、视障者2170份(64.8%)。

样本主要描述为:性别(1=女,占51.4%,2=男,占47.2%);年龄(1=14岁或以下,2=15—17岁,3=18—24岁,4=25—44岁,5=45—64岁,6=65岁或以上),(M=3.47,SD=1.05);教育程度(1=从未上过学,2=小学,3=初中,4=高中,5=中专,6=大专,7=大学本科,8=硕士研究生,9=博士研究生),(M=5,SD=1.78);个人收入(1=0元,2=1000元及以下,3=1001—2000元……9=15000元及以上),(M=3.62,SD=2.57)。

2. 调研的数据变量

媒介接触。针对广播、电视、报纸三种传统媒体以及电脑、手机两种新媒体,询问受访者对这些媒介的使用频率,编码为1—5(1=从不,5=总是)。

新媒体互联网使用。本文将互联网使用作为另一核心变量,除了传统的上网时间的测量外,还考察了互联网的使用活动。正式回收完毕后,再次进行因子分析(表1),删去解释力不足的指标,进一步将量

表划分成四个因子,能解释79.02%的变异量,分别命名为资源信息获取、学习需求、文娱需求和商务购买活动。量表的整体信度达.77,其中资源息获取信度为.72,个学习需求信度为.79,文娱需求信度为.70,网上商务活动信度为.92,量表整体及各维度均具有较好的可靠性。

表1 网络使用活动量表的成分矩阵及信度检验

(最近上网进行以下活动的频率)

因子	指标	因子载荷	信度
资源信息获取	搜索生活信息	76	.77
	搜索健康信息	74	
	搜索资讯	76	
学习需求	课程	90	.79
	培训	88	
文娱需求	社交聊天	75	.77
	玩游戏	78	
	听音乐或视频	69	
商务购买	平台订购	90	.92
	在线订购	89	

3. 数据调研结果

视障者与健全者在媒介接触、上网时间和网络使用活动方面的基本情况以及t检验结果整理如下(表2)。其中,视障者在广播、报纸、电脑和手机的接触上与健全者存在显著差异,只有在电视接触方面差异不明显。在传统媒体中,健全者听广播、看报纸的频率都非常低(均值分别为1.80、1.88),相比之下,视障者更加依赖和喜爱作为听觉媒介的广播,而更少有机会阅读报纸之类依靠视觉的印刷媒介,存在差异可以理解。至于电视,已有研究发现视障者虽然看不到电视画面,但喜欢"看"主要依靠声音传递信息的电视节目,电视扮演着伴随媒体的角色,因而接触电视的频率与健全者差异不大。相比传统媒体,视障者对新媒介的接触频率明显更高,使用电脑、手机的均值分别为2.95、

4.31。借助于辅助工具和网站的无障碍建设,视障者使用电脑成为可能,但仍与健全者使用频率差异较大。通过访谈得知,这与辅助工具的购买和更新费用高、国内网站的无障碍建设不完善有关,另一方面视障者对电脑的部分需求正在被智能手机所取代。因而,尽管与健全者存在差异,视障者对手机的依赖程度已非常高。

在网络使用方面,视障者平均每天上网时间在2—4小时,与健全者的差异仍然显著。而在具体使用活动上,视障者与健全者在休闲娱乐、网上购物活动上的差异显著,但在信息获取和个人提升活动方面不存在差异,视障者使用网络进行个人提升活动的频率均值甚至要高于健全者。

表2 视障者与健全者之间媒介接触和网络使用差异的 t 检验

	视障者		健全者		T检验
	均值	标准基	均值	标准基	
媒介接触					
广播	2.42	1.13	1.80	.92	5.82***
电视	2.57	1.04	2.61	1.07	-.33
报纸	1.52	.88	1.88	.92	-3.97***
电脑	2.95	1.12	3.44	1.36	-3.92***
手机	4.31	.84	4.50	.81	-2.34*
上网时间	3.42	1.11	3.79	1.15	-3.16**
网络使用活动					
资源信息	2.78	.79	2.78	.82	-.05
学习需求	2.41	.92	2.28	.95	1.31
文娱需求	2.87	.73	3.25	.85	-4.85***
商务购买	2.71	1.04	2.94	1.05	

注:*p<.05,**p<.01,***p<.001

4. 数据调研结论

(1)视障群体媒介使用程度及频次较高

从定量分析研究来看,通过无障碍信息技术,视障群体出现了大规模多频次地使用媒介平台的现象。通过两个群体媒介使用的比较,可以得出:首先,视障者也在经历从传统媒介到新媒介的"转型",随着读屏软件和智能手机的普及,视障者的媒介接触越来越脱离广播、盲文读物等传统媒体而集中在手机上。其次,视障者在媒介使用上仍与健全者存在显著差异,这从侧面体现了视障群体对新媒介的需求和依赖。一方面,视障者对于使用信息资源获取知识具有迫切需求,另一方面,由于其他可替代性媒介资源的缺乏,他们比健全者更加依赖于互联网的信息获取和个人学习能力提升功能,这都使得电子媒介时代的信息无障碍传播环境建设更加重要和紧迫。

（2）无障碍媒介建设提升视障人群媒介使用体验

构建无障碍媒介环境才是提升视障群体媒介使用体验的首要议题。2019年"两会"期间,全国人大代表贾樟柯导演与32名代表联合署名,向大会呈报提交《关于发展我国无障碍电影事业的议案》,就无障碍电影的立法、版权限定和服务提升等方面提出构想方案,呼吁社会关注视障群体媒介环境的顶层设计。适合视障群体使用的媒介内容生产发行成为信息技术发展之下的另一个重要难题。

虽然不同形态的信息符号能够借助数字技术和新媒体平台自由转换,使得视障群体看似与健全人拥有同等接触信息的机会,但适配内容的短缺并未使得两者真正平等。从统计来看,融媒体环境下无障碍内容的社会供给较传统媒体时代并无显著增长,视障群体的精神文化生活依旧较为单一。因此,无障碍内容建设仍需要多方支持与努力:设立专项工程,整合影视机构、高校、科技公司和社会团体的力量,深层次挖掘数字信息技术,全面满足视障群体精神文化需求的潜力,切实推进无障碍视听内容建设。

（3）媒介使用有助于视障人群的社会文化融入

互联网新媒体平台虚拟、垂直、海量等特性冲击大众的同时,也颠覆与重塑了视障者对"自我"的解读与判断,日益成为视障者完成身份认同的主要参考工具。首先,网络社交隐去了视障群体的缺陷,削弱了"特殊与正常"的对比,使其得以在网络上"另起炉灶",重塑主体资本。其次,碎片化与垂直化的新媒体平台鼓励具有共同特性的人"重新部落化",主张信息的自助获取、自我书写和主动传播。视障者通过群体内部积极的自我书写和主动传播,能够颠覆传统自我认知,客观看待自身生理缺陷。

社会文化融入是处于弱势地位的主体能动地与特定社区中的个体与群体进行反思性、持续性互动的社会行动过程。完成身份认同是参与社会生活的前提。视障者如何在社会生活中进行定位,如何与他人相处,究其根本是对自我身份、自我归属的群体身份的确立,其答案往往是多重因素作用的结果。这些因素既包含视障者个体的社会关系和经济基础,也包含其所处社会的价值观念和包容程度等。身份认同或社会认同的改善与提高加速了社会文化融入,同时也影响了社会关系网络的建构与发展。在社会文化融入的过程中,个体的社会互动与信息接收同等重要。相较于差序格局闭环型的熟人圈,移动互联网打破了血缘和地缘关系的封锁,重塑视障群体的人际关系网络和信息交流方式。借助新型媒介技术,视障群体正在进行一场确认自我、调整自我、实现自我的身份认同变革,逐渐实现从依靠"社会供给"到"自我供给"并推动社会发展的华丽变身,最终融入社会。

最后,本研究的前期调研还存在一定的局限性,需在后续研究予以改进。首先,问卷样本虽为分层抽样,体量仍较少;其次,知识量表仍是一个探索性的量表,议题选择、问题设置等都会影响到知沟测量的结果。此外,对于深入理解新媒介对视障群体的信息获取和社会行为的影响,需要参与更多观察、访谈等质化方法的补充。

三、口述影像助力无障碍文化传播的实践研究

口述影像的主要目的是"描述对故事发展比较重要的画面,使盲人或视障人士能够感知更加完整的画面内容"(Greening, Rolph, 2007:128)。在戏剧表演、电影和电视节目中,口述影像员会"描述角色的动作,肢体语言,面部表情,场景以及服装",并且"口述影像通常插入人物对话间隔中,并不会与重要音效重合"(Benecke, 2004:78)。除了在电影、电视节目中使用,口述影像还可以运用在博物馆、户外活动中。

近年来学者们开始探索口述影像的更多应用,如应用于外语教学(Walczak,2016)、无障碍游戏制作(Mangiron,Zhang,2016)等,口述影像的存在有着极大的社会意义。口述影像服务可以帮助他们克服障碍,获得视觉信息,提升生活质量。值得注意的是,口述影像通过把看到的说出来,将视觉符号化作言语符号。

1. 助力无障碍文化内容的叙事建构

口述影像是一种将文化作品中视障者所无法接收的"视觉符号",透过画面描述加以转述的工作,在视听作品播放的过程中,必须配合剧情发展,在某一特定的时间内(通常是原节目中未出现任何对白的静默时段),以解说词的方式将所对应之视觉画面中呈现的情节、时空、角色陈述出来,而且只能在某一特定的时间中,述说某一特定的内容。口述影像研究看似仅仅涉及一个符号转换的问题,但事实上,如同皮尔斯(Pierce)意义三角形所揭示的,符号的意义之所以成立,其实必须依赖其所指涉的对象以及符号使用者的背景。因此,口述影像研究所要讨论的,不只是在影像播放的过程中,如何让视障者知道画面有什么。事实上,在这个问题的背后,还涉及了视障者和明眼人两者,因为感官差异所造成之认知基础、知识结构、文化内涵上的差异,这些问题也都将在"画面描述"的过程中一一被碰触。因此,口述影像所处理的不只是"说"的问题,也牵涉到视障者与明眼人身处不同感官基础所形塑的不同文化,被放置在同一个时空背景下且必须进行沟通的问题,并且还涉及了为什么要沟通,如何沟通,沟通的基础在哪里等问题。

选述者在口述过程中既承担有口译的职能,也有描述的职能,称其为"译述"显得更为恰当。电影译述,选述者采用恰当的手段和策略,同声传译外文电影中的语言符号,同时描述影片中的视像符号,从而帮助视觉障碍观众理解外文电影,其对译者提出了更高的素质要求。在翻译过程中,选择合适恰当的理论指导也极为关键。在这个过程中,选述者被架立在两个不同的生态圈。口述的过程中,选述者首先对视像符号和语言符号进行解读,将其转化为观众所能理解的符号,通过意义再生将其转化为视觉障碍观众也能"看"懂的交际活动(图1)。因为视听文化作品结构的局限和同声传译的特点,口述者不可能完全诠释影片的细节,需要从中选择相对重要的意象传递给视觉障碍观众。

因此与其称之为口述者或者译员,选述者的称呼显得更为贴切。服务视觉障碍观众的口述电影,其视像符号主要包括角色和环境。角色符号指语言外的电影角色属性,包括人物的衣着打扮、表情、行为等等。关于环境的描绘,有时候导演的镜头切换也是传递意义的一种方式,通过场景明暗的变化,来回的切换等等。这些视觉意向都是观众不能靠自己捕捉的,因此选述者在观影过程中需要特别关注这个方面所蕴含的意义,用语言符号同时进行二次加工和融合。

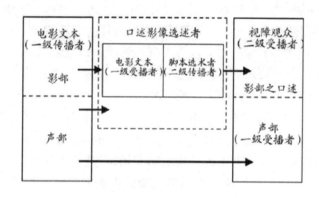

图1 口述影像的再编码过程

2. 助力从文本再现到社会实践

口述影像研究第一个层次在于协助视障者克服影像障碍以成为一位无障碍的文化消费者,紧密地结合知觉经验与意义创造,让视障者进一步地从文化消费者,跻身成为一位文化生产者。口述影像的第二层次的意义便是一种社会实践,从符号解构的研究过程中提取其特有的质感,协助他们从知觉的差异中,透过语言重回实在社会的行动场域。

口述影像的目标,不仅在于让视障者成为一位社会文化活动中不缺席的消费者,其最大的潜力,还在于透过语言相关理论的深耕,从文化艺术的各个面向中,让视障者从语言里找到与社会对话的窗口,发现

75

视障者对文化的切入点，以进一步让他们从无障碍的文化消费者，逐渐提升为文化的生产者，进而成为参与人类文化整体营造的建构者。口述影像常常被应用于无障碍视听作品中，如无障碍电影。无障碍电影的定向服务对象就是相对弱势的障碍群体，因此，无障碍电影本身的公益性定位十分明确。这既是一项造福视碍群体的公益事业，同时对于促进电影产业发展也具有重要意义。

欧美等发达国家的无障碍电影发展起步较早。早在1990年，美国就已经开辟了专门为残障人士提供的口述频道。如今，当地首映的电影中有六成附有口述频道，其中有四成多被制作成有口述频道的DVD。我国的无障碍电影事业起步于21世纪初。2002年，中国台湾"口述影像发展协会"成立。2005年，专为盲人放映电影的"心目影院"建成，每周六上午志愿者都会为盲人讲述一部电影。在这方面，上海已经走在前列，2009年伊始，上海市残联、上海市图书馆、上海电影评论学会筹划成立"无障碍电影工作室"，同年4月，中国第一部无障碍影片《高考1977》首映。2010年5月，IPTV无障碍电影频道开播，残障人士足不出户即可在家享受无障碍电影的免费点播服务。2012年，国泰电影院推出全国首家无障碍电影专场，每月第4周的星期四上午放映一场，开创了在商业影院播放无障碍电影的先河。2018年，中国传媒大学"光明影院"项目启动，一年间制作完成无障碍电影作品104部，赠送给全国盲协、盲校、社区和图书馆，在全国各地多个省市举行了无障碍电影放映活动，受到视障朋友的热烈欢迎。2020年，贾樟柯导演作品《山河故人》无障碍版本也在上海无障碍文娱项目组的大力支持下上线，在新媒体渠道的分发下，获得了近千万人次的曝光，也标志无障碍版本的视听文化作品得到了更多认可。

因此，无障碍文化内容除了反映在身心障碍者适应社会之生活素养的提升外，更在于追求与实践社会公平正义的普世价值，以及尊重多元文化和促进边缘融合的社会意义。

3. 口述影像再编辑的版权研究

当前的无障碍视听作品的创作过程，是通过添加听障者字幕、手语、影像描述,对原有的影视作品进行视听语言的翻译、补充与再编。因此,无障碍文化内容创作首先面临的是产业的版权保护问题。由于口述影像是对既存影像作品的二次加工,要求在现有视听文化作品中加入需要描述的内容,因此该行为参与者不仅包括影像内容生产者如电视台或电影公司,还包括口述影像内容加工者如志愿者组织、公司、高校、政府机构等,其他参与者还包括作品传播者如有线网络、无线信号平台、IPTV等,及标准制定部门如制定口述影像时长、时机要求、语音及语速要求的机构。以上主体均可以满足版权法限制与例外适用中应符合作品取得合法、维持作品完整、受益者特定和非营利性等条件。

早在2009年,巴西、厄瓜多尔和巴拉圭就曾提交国际盲联建议的《世界知识产权组织为便利盲人、视碍者和其他阅读残疾者获得作品的条约》草案,以帮助缓解世界范围内的图书饥荒。在当时,发展中国家可获得的无障碍图书不到1%,最发达的国家也只有7%左右(World Blind Union,2016)。经过4年的努力,2013年6月28日,世界知识产权组织(WIPO)缔结了专门保障视障者阅读权的《马拉喀什条约》。这一国际条约的成功缔结,让视障者获取无障碍格式作品、像健全人一样享有阅读权成为可能。同时,我国《著作权法》第二十二条把"将已经发表的作品改成盲文出版"纳入合理使用情况。《信息网络传播权保护条例》第六条也规定,通过信息网络提供他人作品时,"不以营利为目的,以盲人能够感知的独特方式向盲人提供已经发表的文字作品",可以不经著作权人许可,不向其支付报酬。

尽管上述立法和国家政策有效保障了视障者的阅读权,但无障碍视听作品的改编并未被纳入保护范围之内。其一,当前的法律保障主要局限于盲人的阅读权,针对其他知觉障碍人士的相关保护内容较少;其二,现有对无障碍格式作品的定义仍囿于图书等文字作品,以视听语言为主的影视作品并不在法定无障碍格式作品的认定范围内。这对无障碍电影的创作、发行造成了不小的困扰。最直接的问题就在于版权受限、片源不足,无障碍视听文化创作的可持续性受到影响。我国《著作权法》对电影产品的产权保护期是50年。这意味着版权开放的片源数量有限且年代久远,无法与院线正在上映的电影保持同步,无法满足残障人士与健全人同步欣赏影片、交流电影话题的需要。

近些年我国无障碍电影开始走进大众视野,已有多家电影公司愿意将其控权的电影版权资源捐出,为无障碍电影创作开通绿色通道。2019年,40家电影公司捐赠版权以支持无障碍电影的制作和推广。要想真正消除无障碍文化内容创作的后顾之忧,弥合听障视障者与健全人在获取信息方面的差距,还需要国家立法和相关政策的进一步补充与推动,将无障碍文化内容纳入无障碍格式作品的限定范围,或为公益性质的文化产品创立无障碍版权共享体系,开通版权资源的绿色通道。

4. 无障碍技术对口述影像的赋能

移动新媒体、人工智能、虚拟现实、大数据、云技术等结合起来,面向视障人士构建以智能系统为核心的网络化公共服务平台。将智能语音技术应用于手机应用程序等移动终端甚至无屏智能终端,使盲人不用选取也无需打字,就能搜索并享受到无障碍的视听产品。

目前,除了人工的口述影像的撰稿,还有在大数据背景下的视听软件翻译系统。视听翻译软件采用了云计算中的软件即服务(SaaS)模式,这是一种基于互联网提供软件服务的应用模式,具有成本低廉、资源共享、按需订购、泛在接入等特点。视听软件可以助力口述影像把银幕上的情境用语言描述出来,把视障者无法接收的影像信息转换成言辞符号使其克服视觉障碍听到所述信息。传统的字幕翻译网络信息技术发展为创新视障群体无障碍信息传授方式提供新的思路。"可复制,可传播"的方式为视障群体提供更多优质无障碍的口述影像服务的基础上,更进一步挖掘融合媒体与视障人群媒介使用需求深度结合的潜力。

四、上海地区无障碍文化传播的困境与发展

经过前期的调研,首先,目前上海市在无障碍文化的法规制度中,缺乏对于实施部门的刚性和强制性政策,造成了"障碍群体"的部分文化内容传播盲区。其次,无障碍影视作品版权规制较多,导致传播内容

有效供给不足。对标其他国际发达城市的无障碍影视版权包容性，仍有很多差异及不足。再次，上海现有的视障及老龄化群体对于无障碍文化内容的需求群体已经超过百万，但从内容制作方面，仅有为数不多的非盈利组织进行了无障碍内容转化，面对市场需求，无障碍文化内容传播的资源整合不足，缺乏群体实验而得来的理论成果，也缺乏国家层面主导政策性研究。但学界对障碍人群的信息获取方式和媒介使用习惯早有关注，已有一定成果。如视障者对信息的需求更为迫切，却成为了媒体接触的"边缘人"，大多数视障者通过大众媒介来获取新闻资讯，而电视、广播是他们获取新闻资讯的最主要渠道；后天失明者与先天失明者在媒介使用上存在着一定差异；互联网已成为视障用户学习、社交、娱乐的重要途径，但多数用户对读屏软件所提供的服务并不满意。然而，已有研究大多停留在对障碍者媒介接触行为的描述，尚缺少理论层面的探索。同时有学者尝试运用使用与满足理论、知沟理论来理解残障者的媒介接触和使用情况，但障碍人群与非障碍人群之间是否存在知沟仍缺乏国内数据的有效检验。目前，上海地区无障碍文化内容传播实践时主要存在如下三个方面的不足。

1. 无障碍文化传播的困境

（1）针对视障人群的文化内容 IP 创作不足

与视障者的需求相比，目前无障碍文化视听作品的供应量偏少。由于缺乏市场激励，无障碍文化 IP 还没有形成一个产业链，只有政府或公益组织推动，从资金投入到批量生产都形成不了规模，这导致了视听内容的不足。随着互联网的发展，网上看电影成为一种风潮。在视听障碍人群中也是如此，随着信息无障碍技术的发展，越来越多的人可以上网，喜欢上网。因此，如何让视听障碍人群能够在网上观看无障碍文化内容也是我们需要探索的问题。目前无障碍影视的发展还处在线下阶段，线上服务还处在探索之中，而不少人却有这方面的需求。

（2）制作水准和解说质量不高

一部精良的无障碍影视作品开发，其制作需要相当高的专业水准。特别是为视障人群制作的无障碍文化内容，需要将画面上的视觉符号转化为声觉符号,既要快速、还要准确,更要生动传神,这个过程相当复杂。在台湾学者赵雅丽看来,为盲人口述影像的过程不只是一个翻译和再现的过程,也是一个重新编码和再创造的过程。从影视文本到视障受众需要的口述影像作品,口述影像的撰述者充当了一个传播中介,他需要对电影的影部进行解读和重新编码,以传达画面的含义。

目前国内无障碍影视作品的制作者多为志愿者,少数是专业的影视制作人。这使得无障碍影视的质量无法得到保证。因为所有参与制作无障碍文化内容的人员都是公益的、兼职的、业余的,这自然无法保证影片的质量。笔者看过的很多无障碍文化内容其实还是有障碍的,因为如果我们把眼睛蒙起来"看",很多信息是无法理解的。这说明我们的声音解说还有很大的改进空间。

(3) 口述影像人才培养缺乏

无障碍影视 IP 创意出版发行的专业人才极其缺乏。无障碍文化涉及电影、播音和出版三大门类,虽同属文化范畴,但各有特性。集三大门类特长于一身的艺术人才极其缺乏,尤其是通晓视障人士生活习惯及欣赏特点的人才,这更是无障碍影视建设与传播工作中的一块短板。在国外,为盲人讲电影的口述影像是一个专业,人员需要培训。这种模式的借鉴为政校行企合作提供了契机。

2. 上海地区无障碍文化传播的发展策略研究

(1) 加强职能部门对于无障碍文化传播的政策引导

上海文化的无障碍传播发展应完善政策方面的顶层架构设计,加强政府职能引导的有效性,促进无障碍内容的标准化制作。将"政府购买服务"的模式引入到无障碍的文化内容生产、制作与传播中。搭建市场运作、政府承担、定项委托、合同管理、评估兑现的产业化运作模式。相关职能部门将由自身承担的公共服务事项交给有资质的社会组织来完成,并定期按照市场标准相互建立提供服务产品的合约,由该社会组织提供公共服务产品,政府按照一定的标准进行评估,根据履约情况来支付服务费用。

无障碍文化内容的制作在欧美及中国港台地区,都是一项公益性文化事业,在中国大陆目前也是如此。但由于政治及社会体制的不同,在具体的运作模式上,有着较大的差异。中国大陆模式基本上是"政府包办",政府是这类公益性文化服务项目的主导者。各地的残疾人联合会作为官方组织,承担了无障碍文化内容的制播工作。国家广电总局以及国家新闻出版署也参与了无障碍文化内容的生产与推广工作。而在我国香港和台湾,民间公益组织是实施和推动无障碍文化内容的主体。台湾的口述影像协会是无障碍文化内容重要的推动主体;在香港,"香港盲人辅导会"也是推动口述影像的重要主体。在这些地区,政府拨款并非唯一的主导角色,其制作与生产无障碍文化内容的资金较为多样。在台湾,因为有公共电视,"口述影像协会"也会与它们合作,或接受公共电视委托,制作连续剧、卡通口述影像服务。此外,它们也接受各单位赞助。在香港,政府拨款、企业赞助以及志愿者的义工劳动是支撑无障碍文化内容事业的"三角"。2009年3月,香港盲人辅导会讯息无障碍中心与影音使团合办了全港首支"视障人士电影导赏"义工队。2011年和2012年,香港盲人辅导会相继获得赛马会创意香港基金及香港公益金的赞助,大力推动"香港电影口述影像发展计划"。相较之于港台,上海地区的无障碍文化内容主要依靠政府资金的扶持,而且这些资金相当有限。除了少数国有出版单位,如上海音像电影出版社,很少有社会资本涉足这一领域。因此,探索一种政府、社会和市场有机合作的运行机制十分必要。我国新闻出版"十二五"规划提出的"按照公益性、基本性、均等性、便利性要求,通过增加投入、转换机制、增强活力、改善服务,加快健全以政府为主导、以公共财政为支撑、以公益性单位为骨干、以新闻出版公共服务重大工程项目为载体,社会力量广泛参与的新闻出版公共服务体系"无疑是一个正确的方向,也是无障碍文化内容生产和运行的改革目标。

  首先,要保证政府有投入。无障碍文化内容事业离不开政府的支持。从目前各地区的情况来看,政府投入的力度还是不够的,最主要的原因还是资金不足。上海无障碍文化事业的发展很大程度上得益于国家出版基金的立项资助,但能够获得国家层面基金立项资助的只是个别项目,大多数地方并无专项资金投入。资本不足便无力进行硬件设施建设,也无力购买电影版权,更无法保证无障碍文化内容制作的精良。

其次,要保证政府投入的有效性。所谓有效性,就是投入的钱能够真正产生社会效益。政府主导的公益事业很容易造成资源的浪费或面子工程,这在其他领域已有明证。如何保证无障碍文化事业成为真正的惠民工程而不是面子工程呢?笔者认为需要引入社会机制和市场机制,将"政府购买服务"的模式引入到无障碍文化的运作中来。所谓政府购买公共服务是一种新型政府提供公共服务的方式。其主要方式是"市场运作、政府承担、定项委托、合同管理、评估兑现"。政府将由自身承担的为社会发展和人民日常生活提供的公共服务事项交给有资质的社会组织来完成,并定期按照市场标准相互建立提供服务产品的合约,由该社会组织提供公共服务产品,政府按照一定的标准进行评估,根据履约情况来支付服务费用。作为公益性文化服务项目,无障碍文化内容的制作和生产可以交给社会组织去做,政府按照一定的标准进行采购即可。这可以在各利益主体和参与主体中划分责权,进行有效激励,避免浪费和面子工程。

再次,可以引入一些市场机制,尝试市场化的运作,以抵销制作的成本或弥补投入的不足。中国的聋盲者群体是一个庞大的人群,无障碍文化内容如果发展得好,并非没有市场价值。如专门制作的无障碍版的网络平台或视听作品。既可以卖给有需要的视障受众,也可以出售给一些有特殊需要的人群。目前,上海电影评论家协会等机构拟建无障碍电影的收费网站,依点击下载量收取低廉费用的模式也是一种有价值的探索。此外,老人及有车一族也是无障碍电影的潜在受众,这也是无障碍电影实现市场化的有利因素。在国外,确实有不少专供汽车驾驶者收听的电影。他们可以一边驾车,一边"看"电影。凡是语言对白多、以人物情感刻画见长的电影都能制作成这种带有讲解、旁白的无障碍电影。这种电影的受众更加广泛,因此具有潜在的市场价值。这一切需要尝试,需要创新。一旦无障碍视听文化内容生产的纯公益模式被打破,变成产业化或者半产业化模式,就会有更多的市场主体和社会资本进来,无障碍文化内容供给也将更加优质和多样。

（2）减少无障碍文化作品的版权限制

我国《著作权法》可以厘清版权限制适用对象，扩大合理使用的范围，减少无障碍文化作品的版权限制。《马拉喀什条约》所规定的"其他限制与例外"提供给缔约成员扩大限制与例外的适用对象更多的灵活性。我国可以充分利用该条约来修改著作权法，在立法活动中将限制与例外给予更多视障者，主要途径之一就是扩大对"影视作品"的规定范围，更有保障地制作出"影视读物"提供给视障者。对受益主体来讲，扩大合理使用范围至《马拉喀什条约》所界定的范围，同样达到合理使用的目的。有学者认为可将合理使用制度中的客体"盲文"改为如影视作品等所含更广的"无障碍格式版"。

同时，加入交换与进口口述影像资源的相关条例，明确规定各授权主体可以依据限制与例外以促进口述影像的交换与进口。一方面，各地区的口述影像作品可以"走出去"。具体来讲，《著作权法》允许"被授权主体"可以向其他地区或区域的"被授权主体"或"受益人"提供或传播所制作的口述影像资源。如此规定足以使我国各地区丰富的文化资源同其他区域人民共享，扩展文化影响范围，提高我国的社会公共利益与综合国力。另一方面，域外的卓越作品可以"引进来"。具体来讲，《著作权法》可以提供更多途径给"被授权主体"用来交换、进口域外优秀的口述影像作品。主要原因是境内虽然存在丰富的信息文化资源，但是相比其他一些领域，域外可能会存在更多样性或更加优秀的资源。比如说，在影视领域遥遥领先的欧美诸多影视公司的优秀作品可以代表世界影视作品的最高水准；如果想让国内的更多视力障碍者以较低的价格获得这些卓越的口述影像，就必须通过适当的国内法律规定限制与例外条例，才能更有效地鼓励口述影像作品的交换与进口。

总之，对"文化作品""受益人"及"无障碍版本的格式"范围适当放宽，允许不经作者许可，以无障碍的格式向"障碍群体"提供影音作品，相关行政部门应积极采取措施，从行政管理入手，推动电影、电视及网络视听作品的无障碍化。在操作层面，管理部门可以文件形式要求作品传播发行审查时必须提供无障碍版本，推动版权方通过委托特定主体制作文娱视听内容的无障碍版本，进一步探索以政府购买和市场运作相结合的方式,在现有框架下实现无障碍文化的建设与发展。

(3) 建设无障碍文化传播的新媒体平台,加强上海文化传播辐射效应

以国家提出对音视频互联网平台无障碍化改造为契机,建设上海引领下的无障碍文化新媒体传播平台,利用上海电影集团的影音版权、上海电影译制厂的无障碍配音转化等优质资源,尽快建立起无障碍文娱制作的标准和规模化运营,激活沉睡的优质文娱内容资源,使社会效益和经济效益得到最大提升。

目前无障碍文化内容的发展还处在线下阶段,线上服务还在探索之中,而不少人却有这方面的需求。杭州双目失明的盲人观众2018年8月在杭州图书馆看了无障碍电影《叶问》后说:"今天是我人生中第一次'看'电影,希望以后在网上也能下载无障碍电影。"在他看来,网上下载电影虽然不如影院看的感觉好,但它不受时间和空间的限制,可以随时点击观看。但目前国内还没有一家官方的无障碍电影网站。上海市残联拟开设专门的网站,收取低廉的收听费用,让盲人与健全人一样欣赏电影。随着经济和社会的发展,聋盲者受众对网络的使用和依赖度都会增加。实际上,很多聋人已经在网站上建立了自己的电影院。如"无声影院"(http://site.douban.com/131105/),这是一个来自上海的独立项目,由"随手执梦"创建者之一的苏少波先生(Dylan)创立,旨在通过无声影院让更多人了解到无障碍文化。"无声影院"的公告栏写道:"无声影院关注电影,分享梦想。我们鼓励更多朋友分享世界各地的聋人电影、原创短片、资讯及访谈录。通过不同形式扶持电影原创团队发展计划,在此得到推广展示,让更多人看到。"该团队正在招募志愿者参与编辑发布、放映活动。在点点网(http://deaffilm.diandian.com/),每周都有更新的无障碍电影供大家分享。无声影院还创办了自己的官方微博(http://weibo.com/u/2512717272)及影迷会QQ群。虽然"无声影院"网站并非由官方创办,但我们由此看到了无障碍电影依托互联网确实能够更好地发展,互联网不但能够凝聚共识与智慧,也有利于无障碍电影的推广和分享。在互联网上发展无障碍文化内容无疑是今后需要努力探索的方向。

结　语

　　信息无障碍背景下的文化无障碍传播建设是我国建设信息化和谐社会的必然要求，也是最重要的目标之一。建设无障碍文化传播环境，促进残疾人、老年人、低收入者等特殊人群平等融入社会，体现了我国政府保障人权平等的坚定决心和战略决策。早在2011年，上海的无障碍电影项目就获得了国家出版基金的重点资助，入选国家新闻出版总署（现国家新闻出版署）"十二五"重大音像出版骨干工程项目。这为无障碍电影事业的发展注入了巨大的动能，使其在资金和政策上有了保障。在国家新闻出版署的支持和上海市有关部门的推动下，无障碍电影走出上海，惠及全国。

　　从传统意义的"口述影像"到贾樟柯导演领衔倾心打造的"无障碍电影"，这一迭代不仅代表着电影这一艺术形式在数字时代的不断创新，也展示了文化传媒行业对于帮扶残疾群体、参与社会公益的高度重视。2021年全国两会期间，"智能技术适老化""信息鸿沟""无障碍"成为提案中的热门关键词，显示了社会各界对无障碍传播领域的关注。在"全面建设小康社会，残疾人一个都不能少"的时代背景下，如何从"环境无障碍"走向"视听文化传播无障碍"，最终实现"社会参与无障碍"，应该成为学界研究、业界实践的目标所在。

　　近年来，人工智能、大数据等新一代信息技术快速发展，手机旁白、语音识别、在线预约等新的技术模式竞相涌现，方便了人们的生活。习近平总书记多次强调，要加快传统媒体和新兴媒体融合发展，充分运用新技术新应用创新媒体传播方式，占领信息传播制高点。因此，如何增强无障碍视听传播技术和内容结合所产生的传播推动力，创新无障碍新媒体产品及其推广，应该成为关注要点。

　　上海正在逐步建立无障碍融媒体平台，不断拓宽线上无障碍文化传播范围。随着信息技术的发展，在处理好影视版权的前提下，将无障碍文化内容置入移动空间并非难题，甚至可以尝试以电影为开端，把更多、更好的无障碍媒介产品纳入互联网，让新媒体发挥填平残疾人"知识沟"的重要作用。作为社会生活的重要组成部分,视听文化作品具备休闲娱乐与艺术欣赏的双重价值。在明眼人的世界中,谈及"看电影",便利的网上观影平台、舒适的线下电影院缺一不可。通过艺术与技术的结合,无障碍文化内容不仅能够扫清视障人士接受文化内容的重重障碍,同时拓宽线上无障碍视听传播范围,还能助力视障人士通过口述影像更好地了解文化成果,与社会大众对话。同时上海地区也注重联合线下实体,不断尝试打造线下无障碍文化空间。从上海电影评论学会及公益组织"光影之声"的传播模式来看,如今,不仅实现了送电影到盲人家,也将无障碍电影文娱内容连接到了社区、图书馆专区,积极推动"无障碍文化内容进院线"。努力打造覆盖线上、线下的无障碍文化空间,提升视障受众文化参与的便捷性、社会参与的广泛性,将成为未来的发展趋势。

今天,上海市政府以及公益组织在"口述影像"逐步发展的背景下,以无障碍文娱内容的新媒体分发为媒介,引领视障者共享文化成果、融入社会生活,倡导并积极推动了残障人士的信息平权、文化平权、交往平权、参与平权,也体现了上海作为国际城市的温度与速度。未来,关心关怀障碍群体的文化生活,推动、完善无障碍视听传播发展,仍然需要党和政府、行业组织、高校科研机构等社会各界的共同努力,以无障碍环境建设为起点,搭建文化盲道,将成为上海地区以及全社会的使命与职责。

(上海出版印刷高等专科学校影视艺术系　李灿)

参考文献

[1] 赵雅丽.言语世界的流动光影——口述影像的理论建构[M].台北:五南图书出版公司,2002.

[2] 郭庆光.传播学概论[M].北京:中国人民大学出版社,1999:149.

[3] 罗莉.文艺作品演播教程[M].北京:北京大学出版社,2007.

[4] 张晶.大众传媒在国家美育工程中的社会担当[J].现代传播(中国传媒大学学报),2010(7):10—11.

[5] 潘祥辉,李东晓.绘声绘色:中国无障碍电影的发展现状及展望[J].浙江学刊,2013(4):189.

[6] 赵雅丽. 台湾地区视障者之媒介使用行为与动机调查研究[J]. 新闻学研究,2001,66.

[7] Austin B A. The Deaf Audience for Television [J]. Journal of Communication, 1980,30(2):25–30.

[8] Austin B A, Myers J W. Hearing-lm-paired Viewers of Prime: Time Television [J]. Journal of Communication, 1984,34(4):60–71.

[9] Kyle J. Switched On: Deaf People's Views on Television Subtitling[R]. ITC/BBC/Centre for Deaf Studies, University of Bristol, 1992.

[10] Kyle J, Allsop L. Sign on Europe A Study of Deaf People and Sign Language in the European Union [R]. United Kingdom: Centre for Deaf Studies, 2007.

[11] Qiu J L. Working-class Network Society: Communication Technology and the Information Have-less in Urban China [M]. Cambridge, MA: MIT Press, 2009.

[12] Remael A, Orero P, Carroll M. Audiovisual Translation and Media Accessibility at the Crossroads: Media for all [J]. Amsterdam/ New York: Editions Rodopi B. V. , 2012.

品牌建设篇

本土新媒体动画影像中的海派文化源流

摘要：进入21世纪，文化软实力对区域整体实力的影响越来越强。同时，文化产业与区域文化的双向互动也日益明显。上海作为经济发达、科技领先、文化繁荣的国际化都市，孕育了独特的海派文化。国产动画作为我国视觉文化艺术的重要组成部分，其在发展中也越来越注重传统文化的融入与创新。近年来，海派文化与本土新媒体动画相结合的趋势日益明显，融入海派文化元素的国产动画也越来越受到大众的喜爱，并对全国乃至世界的动画影像发展产生了一定的影响。在这样的时代背景下，本研究在着力于对海派文化影响下的动画视觉艺术进行介绍的同时，也对本土新媒体动画影像中的海派文化进行详细阐释，并对海派文化与动画影像的结合与发展提出建议，进而展望我国海派文化背景下的本土动画发展，以期对我国动画视觉艺术的后续发展起到一定的促进作用。

近年来，研究动画的视觉艺术的论著虽已屡见不鲜，但以视觉文化作为对象，研究动画作品的文献却并不多见，而针对海派文化在本土动画中进行的视觉映像研究甚至无迹可寻。现有动画论著中，为数较多的一是对文本或技术的分析，二是史论类。从美学或文化角度对动画影像的分析历来相对薄弱，较有影响力的主要有 Art in Motion：Animation Aesthetics（第一部动画美学专著，包含对动画研究与媒介研究间关系的概述以及受众的探讨）、A reader in Animation Studies（在动画史、动画制作、动画文化和动画美学等方面都有所涉及）、Pervasive Animation（汇集了经典实验片、独立短片和数字动画等获奖作品，联系历史、美学、当代哲学等理论背景和创作实践，以新的批判视角审视动画的前景，为动画研究提供了新的跨学科研究方向）。除上述动画艺术本体研究的著作外，与本项目相关的有中国传媒大学副教授齐骥所著的《动画文化学》（国内第一部系统研究动画作品文化现象和文化体系的专著，从文化理论和社会学的双重视角探讨了动画影像的文脉，构筑起动画文化生态的理论框架）；还有擅长图像研究的美国教授米歇尔

(W. J. T. Mitchell),她的理论为图像学和近年兴起的视觉研究开辟了新的视野。虽然近几年以国产动画为对象的研究不在少数,研究视角也不一而足,尤其在期刊论文中,将传统文化纳入动画研究范畴的文章有数百篇,但笔者在知网以"海派文化"和"动画"作为关键词进行检索,仅搜索到《上海美影厂创作群创作思想的研究》和《与万籁鸣同时代的海上时尚设计圈》两篇与此选题有一定关联度的博士论文。因此,从视觉映像的角度研究本土动画中蕴含的海派文化,在国内外尚留有较大的研究空间。

本课题的选题意义和价值在于:第一,有助于提升原创能力,打响文化品牌,推动海派文化动漫题材开发。动漫游戏产业是中国目前最具活力的文化产业门类,数据显示,中国动漫产业和游戏产业的产值均已超过1000亿元人民币。仅2017年,上海共出品动漫作品18部,其中多部获得国家级和市级奖项。在动画电影领域,上海出品动画电影上映8部,票房合计4.2546亿元。本土动画艺术质量的显著提升有目共睹。第二,有助于推动上海动漫产业的发展,发挥自身文化优势,围绕加快建成国际文化大都市的目标,瞄准国际先进水平、突出上海特色,全面实施打响"上海文化"动漫品牌建设,把上海固有资源利用好、优良传统发扬好、文化基因传承好,全力打响海派文化品牌。通过动漫作品在全国范围内的传播,使上海城市的文化特质更加凸显、精神品格更加鲜明、人文内涵更加厚实、战略优势更加突出,进一步增强城市软实力和核心竞争力。第三,有助于动画行业繁荣发展,推动动画产业与其他文化领域的融合。自2000年以来,伴随着中国电影进入产业化时期,动画行业开始渐现回暖之势。在2016年的泛娱乐大背景下,国产原创动画通过IP泛娱乐化,逐渐进入大众视野。2017年以后,国产动画的数量和影响力都显著增强,在用户中的渗透率亦有所提高。PC端视频平台的动画类节目已经覆盖近2亿用户,广大群众对国产动画逐步改观;强大的用户基数,为中国动画行业发展和海派文化的传播带来了广阔的市场空间。

一、基于海派文化的早期国产动画影像

1. 海派文化影响下的动画艺术

（1）概述

动画是一门综合性的艺术，它涉及绘画、漫画、电影等众多艺术门类。纵观早期的中国动画，始终致力于创作具有本国特色的艺术作品，坚持民族绘画传统。在改革开放以后，中国动画也始终秉承这一理念。中国动画的画面清新美丽，气氛欢快活泼，不仅仅可以为孩子带去欢乐，还对孩子具有重大的教育意义，让孩子在观看动画、享受快乐的同时，也能学到许多人生的道理。这种寓教于乐的形式，一直延续到当今中国动画电影的创作之中。

（2）特色动画

1957年，上海美术电影厂厂长特伟提出了"探民族风格之路"的口号，从此开始了中国动画的民族风格建设①。20世纪50年代末到60年代中期，中国动画的发展达到高潮，这也代表着中国动画迈入成熟民族风格的阶段。动画片《大闹天宫》上、下集，在造型、设景、用色等方面借鉴了古代绘画、庙堂艺术和民间年画的特色，又将上海戏曲的表演艺术融入其中，塑造了家喻户晓的孙悟空形象，使其跃然银幕，化无形为有形，结合多种艺术表现手法，体现出鲜明的民族风格和精湛的艺术技巧。

在1958年，受海派剪纸艺术影响，中国动画制作人将海派剪纸艺术创新地应用到动画创作中。到20世纪80年代，剪纸动画片的技术日臻成熟，融入水墨风格的剪纸片《鹬蚌相争》，同时荣获了第13届柏林国际短片电影节银熊奖、南斯拉夫第6届萨格勒布国际动画电影节特别奖、加拿大多伦多国际动画电影节特别奖和文化部1984年度优秀美术片奖。

---

① 张玉琴．中国传统视觉元素在动画服饰设计中的应用研究[D]．无锡：江南大学，2013：5．

2. 国产动画中的海派文化映像

随着我国动画影像的发展,国产动画越来越多地体现出海派文化的特色,主要表现在服装与道具、场景音效以及表现方式等方面。

(1) 服饰与道具

海派面塑艺术,俗称捏面人,又叫江米人,从清代晚期民间糕团装饰演变而来。其创始人为赵阔明,人称"面人赵"。其作品具有四大特点:第一,人物表情细腻传神;第二,服饰飘逸、质感丰富;第三,人物众多、场面宏大;第四,形象逼真具有雕塑效果。20世纪50年代末到60年代中期,中国动画的发展达到高潮,这也是民族风格的成熟阶段。从第一部以神话人物为主题的动画长片《铁扇公主》,到巅峰之作《大闹天宫》,再到《宝莲灯》,这些动画作品中的角色造型,多多少少受到海派面塑艺术的影响。尤其是国产经典动画片《大闹天宫》中的孙悟空及各路天神的服饰与兵器,许多素材原型就来源于海派面塑艺术中的行头,并融合了动画的艺术特点,通过中国动画制作人的想象进行艺术加工,利用夸张的表现手法,使得人物形象变得更加惟妙惟肖,更加符合动画情境的需要[1]。

(2) 场景音效

戏曲,作为中国传统艺术的瑰宝,对国产动画的发展亦有着深远影响。沪剧、上海说唱、浦东说书、独脚戏、滑稽戏等,作为上海戏曲的代表,是海派文化的重要组成部分。上海戏曲作为我国戏曲艺术的重要组成部分[2],讲究唱、念、做、打,其中"唱腔"是十分重要的。在动画艺术中,利用上海戏曲的唱腔作为背景音乐极为常见。例如,在20世纪50年代末期,由上海美术电影厂创作的动画片《骄傲的将军》中,多次使用戏曲的锣鼓点[3],在表现将军打仗的具体动作时、在将军赢得胜利凯旋时,以及最后将军失败逃跑时的背景音乐均取自上海戏曲。上海

---

[1] 沃野.中国传统文化元素在动画造型设计中的应用[D].济南:齐鲁工业大学,2014:12.
[2] 王大伟.传统视觉元素在动画角色设计中的应用研究[D].西安:西安理工大学,2008:10.
[3] 卢斌,郑玉明,牛兴侦.中国动漫产业发展报告(2014)[M].北京:社会科学文献出版社,2014:16.

戏曲的唱腔为动画中展现人物形象、烘托气氛以及表达心情起到了很重要的作用。还有《哪吒闹海》中,敖炳挥动大锤,哪吒舞动混天绫,这些动作都以上海戏曲的锣鼓作为背景音乐,将人物的神态、动作以及心情表现得淋漓尽致①。

(3) 表现方式

19世纪,具有上海文化特色的上海剪纸开始出现在民间的门笺、鞋花、绣花样上,用以寄托人们对美好生活的向往、对吉祥幸福的期盼。人们可以根据自己的意愿把纸剪成各式各样的图案。上海剪纸既有北方剪纸的粗犷朴实、简练奔放、厚实饱满的基调,又有象征南方剪纸的细腻秀丽、注重线条精细刻画的特点,当两者结合起来形成独有的海派风格时,上海剪纸就更具质朴又率真至美的艺术魅力了。

海派剪纸艺术应用到国产动画中,创新了国产动画的表现形式。1958年,早期的中国动画人创作了我国第一部剪纸片《猪八戒吃西瓜》,为中国动画增添一个具有全新艺术表现形式的动画影像类型。后来,剪纸片《渔童》(1959)、《济公斗蟋蟀》(1959)、《金色的海螺》(1963)等颇具代表性的动画作品相继问世,均吸收了海派剪纸的艺术特色,将动画形象塑造得生动丰满,也使中国的民间传统艺术得到发扬。在这些动画中,材料和艺术形象的植入,就如水墨动画空灵悠远之艺术效果,剪纸艺术的淳朴稚拙与动画艺术的特质相映成趣,形成了一种崭新的独具审美特质的剪纸动画艺术形式②。

二、新媒体动画影像及海派文化特征

1. 新媒体动画影像

(1) 影像界定

所谓影像,是对物体整体的揭示,以及对物体静态与动态的一种描

---

① 王昊.视觉的灵动——探究"中国动画学派"的美术设计[D].北京:中央美术学院,2005:22.
② 周雯,何威.中国动画产业与消费调查报告(2008—2013)[R].北京:北京师范大学出版社,2014:36.

述,只要是感官得到的关于物体的印象都可以称为影像,它包含图像,但又不止于图像,也可以是想象,也可以是幻想。在新媒体技术的运用下,动画即是"电脑制作出来的运动",它本身不是影像,只是影像的载体,它能够表现连续时空中的动作与状态,将具有审美意象的动画影像作用于观众的心理,传情达意,唤起观众的联想与想象,从而创造一定的人文环境和精神需求。在数码摄影、数字视频、计算机处理技术日新月异的今天,于动画而言,新媒体的出现和运用重构了以往的动画,新媒体动画有别于手绘与定格动画,也就是二维平面动画,它的发展建立在传统的院线和电视动画的基础上,运用电脑技术,扩展到三维立体空间模式,因此,新媒体动画实际上是传统动画与数字技术互相交融的产物。

(2) 动画影像

在动画影像中,所有的形象、角色、场景都是通过夸张、变形等艺术手法塑造的,以美术形态为基础,结合电影的叙述方式、摄影技巧的运用、配乐的插入等综合性的视听艺术,观众通过观看影像,看到"画外之画",然后有自己独特的体会。新媒体动画相比传统动画的优势能够从创作者、观众和传播渠道三个方面体现出来。从创作者的角度而言,新媒体动画的大众性和个性化,包括创作的简单化,让更多的普通个人和小型动画工作室能参与其中表情达意,周期短、成本低,从而实现创作群体更为广泛,形成一股风格多样兼具个性化的动画创作潮流。影像世界中展现的时空是一个最接近现实生活的再造时空,影像虽然采取了空间形式,但又必须在时间中延续和展开,时间具有单向度的属性,而动画影像的"运动镜头"却让我们在某一时间点看到了同一事件在不同空间向度上的不同瞬间,它既强调了时间,也强调了空间。

2. 海派文化

(1) 背景

上海既是国家历史文化名城,又是中国的经济、科技、文化中心。作为改革开放和现代化建设的先行者,上海的发展得到了国人越来越多的关注。作为上海的城市精神,海派文化自出现以来,就以其独特的魅力影响着上海乃至全国的文化发展[①]。在唐代,"海派"一词最早出现于书画理论家张怀瓘的《书断·能品》之中。后来,其在江南传统文化的基础上,经历了"五四"新文学、20世纪30年代海派文学、现代海派文学以及当代海派文学,最终形成了如今人们所说的"海派文化"。"海纳百川,兼容并蓄"的海派文化,体现在上海文化的方方面面,如饮食、建筑、音乐、戏曲等,其既尊重文化的多元化,又注重个性,具有开放性、创造性和扬弃性[②]。

（2）地域特色

现如今学者对海派作家的研究,基本都是依靠著作或文献等作品进行的,"海派"一词在可考究的近代历史资料之中,是19世纪中叶广泛应用的绘画艺术相关词汇,最初指代上海画家中想要事先创新与突破的群体。起初,"海派"是江浙士人对寓居上海依靠卖字画为生艺术人士的贬称,并不是上海画家自称在先。海派文化借鉴海外艺术文化思想,因形成于上海,有自身的开放性、创新性、灵活性,成为当时富有代表性的区域文化形式。这种文化形式的特殊之处能展现上海作为工业大都市在文化风格方面的特点,构建自成一派的文化体系。海派文化属于地域文化,观察地域文化发展情况,在古代燕京、齐鲁、豫南、浙东等地推广文化,并没有像海派文化这般,在嬉笑怒骂与毁誉参半的言论之中,使得艺术与文化发展低微如尘埃。产生于近现代的"海派文化",与一般文化一样有自身的文化源流而不是凭空存在。在漫长的历史发展阶段,海派文化与本土的异域文化一起,获得滋生发展的土壤,其有本土上海风格,有欧美文化的创新特质,同样也具备中华传统文化的特色性,江南文化是海派文化发展之基础,其文化核心亘古不变。

（3）海派动画

在这样的背景下,"海派文化"自然而然产生并在全国范围内推广开来。自20世纪20年代,万氏兄弟出品中国第一部动画片《大闹画

---

① 花建.海派文化:上海的文脉传承与时代创新[J].江南论坛,2007(12):11—14.
② 徐清泉.海派文化发展的主要特征及时代向度[J].上海文化,2017(6):29—38.

室》,揭开了中国动画发展的序幕。新中国成立以后,中国动画也随之谱写出它壮丽的发展篇章。在此后的创作中,随着时代和艺术风格的转变,中国的动画片便开始了民族风格的探寻之路,我国的动画艺术家不断从中国传统文化当中汲取营养,为己所用,并且积极地致力于新的动画艺术手法的探索和动画技艺的提升。自此之后,中国动画片因为它独到的民族特色而屹立于世界动画之林,散发着独有的艺术魅力。近些年,随着海派文化和国产动画的进一步发展,海派文化对国产动画的影响显现出与日俱增的趋势,国产动画融入了越来越多的海派文化元素,使得海派文化背景下的国产动画越来越深入人心,在全国乃至世界发挥着日益重要的作用。

三、影响新媒体动画影像的各类因素以及调研分析

2010年到2019年,这十年间国产动画电影在院线的上映数量和票房总量持续增长,尤其是近两年来,从《西游记之大圣归来》,到《白蛇:缘起》,再到《哪吒之魔童降世》,票房连年上涨,特别是2019年的《哪吒之魔童降世》,票房超40亿元,超越《复仇者联盟4》晋升中国电影年度票房总榜第三名。显然,本土新媒体动画已经迎来新的一波热潮,成为中国电影产业的重要组成部分。因此,笔者设计了调查问卷,对受众、故事题材、硬件设备、未来发展、画面风格、观影方式、品牌效应等方面进行了设计与调查(附录一)。

1. 影响因素与回归分析

(1) 影响因素

本次调研共回收有效问卷276份,主要从"性别比例""年龄分布""学历分布""从事职业"等方便进行人口变量的基本分析(附录二),得出的克隆巴赫值为 Alpha = 0.630(表1),问卷可靠性虽未达到0.7以上,但是仍可进行分析。然后进行组间的相关性分析,发现有明显差异(sig = 0.000),故可以进行回归相关分析(表2)。

表1 克隆巴赫值

可靠性统计	
克隆巴赫 Alpha	项数
0.630	87

表2 组间相关性分析

ANOVA						
		平方和	自由度	均方	F	显著性
人员间		214.058	275	.778		
人员内	项间	12720.151	86	147.909	513.887	.000
	残差	6807.021	23650	.288		
	总计	19527.172	23736	.823		
总计		19741.231	24011	.822		

总平均值 = .69

(2) 回归分析

对总回归方程进行F检验,显著性是sig,结果的统计学意义,是结果真实程度(能够代表总体)的一种估计方法。专业上,p值为结果可信程度的一个递减指标,p值越大,我们越不能认为样本中变量的关联是总体中各变量关联的可靠指标。p值是将观察结果认为有效即具有总体代表性的犯错概率。如 p=0.05 提示样本中变量关联有5%的可能是由于偶然性造成的。即假设总体中任意变量间均无关联,我们重复类似实验,会发现约20个实验中有一个实验,我们所研究的变量关联将等于或强于我们的实验结果(这并不是说如变量间存在关联,我们可得到5%或95%次数的相同结果,当总体中的变量存在关联,重复研究和发现关联的可能性与设计的统计学效力有关)。在许多研究领域,0.05的p值通常被认为是可接受错误的边界水平。

首先将所有的变量两两进行相关性分析,得出:性别和"您认为动画片的情节和人物能否对观众产生影响"具有相关性,"您大概看过多少部动画作品"和"您对动画片感兴趣的程度"具有相关性,"您对动画片感兴趣的程度"和"您认为动画的画面效果重要程度"具有相关性。

女性更容易被动画打动,被动画情节和任务影响,看得越多越对动画片感兴趣,同时看得越多、越感兴趣,越觉得动画的画面效果重要(附录二)。

X 变量:性别(观众定位与细分)、看过的动画作品数量(宣传)、动画画面效果(制作技术);Y 变量:让人们对动画感兴趣。

通过分析,我们发现性别与对动画片感兴趣的显著性不相关(sig =0.666),看过动画片的数量与对动画片感兴趣是显著相关(sig = 0.000),动画画面的效果与对动画片感兴趣程度不相关(sig =0.019)。

综上所述,观众对动画片的感兴趣程度与性别和动画片的画面效果无关,与看过的动画片数量有关。模型进行修正:通过拟合,发现 R 方偏低(R 方越接近于 1 其可信度越高),故删除一个性别变量,再建模。

得出结论:对动画片的感兴趣程度与对画面效果的打分无显著相关性,与看过的动画片数量有相关。

2. 调研分析

(1) 受众分析

根据对 276 份调查问卷的调查显示,被调查者中女性占比 63.4%,高出男性近一半;其中以 18—28 岁的年轻人居多,占比近 70%;在学历方面,大专以上占比将近 85%;职业方面,学生占比近 60%,居第二位的是企业工作者与政府及事业单位人员;将近 65% 的受众表示对动画片感兴趣,超过一半的人看过 10—50 部以内的动画作品;几乎所有人都认为动画影像或多或少会对观众的人生观、世界观产生一定的影响。

(2) 影像分析

调查表显示,受众认为影响一部动画片的关键因素是人物造型、故事题材、剧情情节、画面风格、场景效果;而对动画电影的类型受众喜好不一,有的喜欢热血竞技的,有的喜欢武力搞笑的;对国产动画电影,他们希望可以发掘更多的传统中国元素,多一些儒家、道家、京剧、剪纸、诗歌、针灸、武术等中国元素,在画风设计上,多一些中式建筑、自然风光,在人物穿着上、传统节日和饮食方面的风俗文化,尽量争取题材多元化,内容丰富化,同时在人物造型上,能突破模仿欧美的痕迹,多一些自我创新的风格。

(3) 硬件分析

新媒体时代,移动端设备发展迅速,据调查分析,将近90%的受众通过手机、平板电脑、笔记本观看动画,观影平台包括哔哩哔哩、芒果TV、优酷视频、爱奇艺、腾讯视频、抖音等视频媒体,而传统的通过电视观影的人群比例下降,由于近几年电影院的普及,受众前往电影院的观影比例逐年上升。

(4) 品牌分析

调查显示,观众对宣传到位、院线上映、口碑好的动画电影,观看比例较高,而那些知名度小、只是小范围宣传、口碑一般的动画电影,观看程度较低。同时,对一些有一定影响力的工作室及导演出品的动画电影比较看好,其知名度越高,观看的人数也越多,后续也会继续观看与之相关的作品。比如《白蛇:缘起》,观看占比近50%,《西游记之大圣归来》观看占比66.7%,《哪吒之魔童降世》观看占比有76.1%。

(5) 故事分析

70%以上的受众对中国动画的未来抱有期待,认为讲好中国故事、深入发掘民族文化、完善产业链相对更加重要,大多数人通过微博、贴吧、豆瓣等社交媒体了解动画作品的相关信息,这类人普遍都是年轻群体,他们认为传统历史的、无厘头搞笑的、青春校园的动画题材比较有吸引力。

四、新媒体动画中的海派文化映像

20世纪80年代前,具有海派气质的动画电影人以开放、多元的姿态,用创新思维和活力,以虚实结合的意境和轻灵优雅的画面开创了中国动画的新气象,除了题材、立意、形象、布景等不断创新之外,还运用了剪纸、木偶、水墨画、皮影、折纸等中国传统工艺作为表现形式,创作出如《小蝌蚪找妈妈》《大闹天宫》《哪吒》《九色鹿》《天书奇谈》等符合时代主题的优秀作品。随着新媒体时代的到来,本土动画在不断创新发展的同时,吸收和借鉴外来技术及管理经验,同时继续保持对海派文化的传承。

1. 动画影像中的形式与内涵

(1) 海派文化的传承发展

当下一些有创新意识的动画人受到传统文化思想影响,始终将动画创作深深扎根于中国民间文化,弘扬传统文化的意旨功能,发挥艺术讽喻功能,注重"寓教于乐",走民族化道路,在轻松幽默的气氛中展开故事。如《年兽大作战》讲述了年兽为了"拯救春节",来到人间经历了一段奇妙的冒险故事,动画以中国传统节日春节为背景,宣扬重仁德、讲道义、诚实守信、惩恶扬善的民族传统文化。如《西游记之大圣归来》,以全新的视角对故事人物和故事情节进行了再创造,是对文学经典《西游记》的又一次成功颠覆和解构。如《白蛇:缘起》中的主题曲《何须问》就用了大量的古诗,有改编自唐代贺兰进明的《行路难五首》和南北朝鲍照的《拟行路难十八首》,各种中国传统的元素都通过巧妙的结合服务于主线剧情。

(2) 海派文化风格突出展现

具有"海派文化"意识的动画人挖掘中国传统美术元素等民族民间艺术资源,将中华民族丰富多彩的艺术形式与动画创作完美融合。从故事叙事到整体美术设计再到具体的角色设计、场景设计,无不从深厚的中国传统文化中挖掘、提炼、演绎、升华。观众在欣赏包含民族元素的动画作品时,内心的民族审美认同和情感共鸣被有效唤起,中国文化中的深层审美意识在观看的同时被激活。如《白蛇:缘起》就具有鲜明的东方美学意味,影片开端是二维效果的水墨动画,结尾则是长卷人物画,成功将观众带入电影创造的东方奇幻世界。此外,许多画面充满中国式的意境,比如水路上暮色低垂,小舟驶出了山洞,俯拍镜头展现出开阔江面上的两叶孤舟,大面积的留白与淡雅的配色,寓情于景,让观众感受到了诗意和禅意。

（3）昭示的海派文化精神

具有"海派文化"意识的动画人从一开始就表现出不袭蹈他人的创造性精神。20世纪30年代至40年代,世界各国动画都在模仿迪士尼《白雪公主》动画风格,而中国的万氏兄弟却在民族文化艺术宝库中挖掘素材,从角色造型、场景再到配乐,都具有浓郁的东方美学意蕴。此后,自20世纪50年代起,又在动画材料上不断挖掘创新,使动画类型不断推陈出新。

当下,随着国家政策的支持、经济的发展,部分动画人摒弃模仿日韩欧美的思路,用锐意创新和攻坚克难的精神,从中国传统文化和美术风格中寻找新的创新点,无论是人物造型、还是故事叙述,或是场景设置、影片配乐、动作设计、建筑等大量细节中,都带着不断探索的精神。同时,在民族化的尝试上,动画人不仅仅抓住了传统题材、文化符号等浅层次要素,更尝试着去抓住民族化的内涵,包括中国的社会关系、精神纽带、礼义廉耻、民俗文化等,从而使动画电影贴近当代审美品位。

2. 海派文化与新媒体动画相结合的影像特性

（1）优势互补

分析海派文化的特点,更注重取他人之长,以构建自身的艺术创作系统,弥补在艺术创作方面的不足。海派画家以绘画艺术表现为基础——如黄昌硕擅长写意花卉,入行受到徐渭以及八大山人的审美影响,自身有书法、篆刻的文化基础——将行笔、运刀、章法等与绘画作品结合,表面上看作品有浓郁的中国画特色,但追究细节会发现其富有金石意味的独特画风,以及有着自身的象征性。

新媒体动画影像的主要表现特征为图像性、叙事性、时空性和运动性。动画影像的表现形式为图形或图形式的外轮廓形象,是由形状与图案、旋律、节奏构成的活跃而有机的形式。新媒体动画包容性较强,当下流行的动画大电影、动漫作品、3D影像制作,在人物面孔、服饰、表情等方面都会借鉴国外作品,中西结合,有超出迪士尼动画的属性。就现实而言,大部分新媒体动画影像引用"通俗文学"进行语言对白、人物心理的刻画以及依托新媒体"市场导向"为主体,实现"双重服务"客

（2）博采众长

海派画家或艺术家，本身就擅长相互借鉴、汲取新思想，将各种添加自身理解的优点进行归纳与融合，博采众长从而形成自身的形式特征和优势，最终实现自我成就，为我国的绘画艺术发展奠定良好的基础。诚然，艺术文化的形成离不开生活实践，近年来流行的新媒体动画生活元素，主要表现在流行用语的应用，有关于人物心境的解读、心思的构设都基于现实社会。而艺术创作背景，往往贯穿着传统文化的主线，从某种程度来看，商业化的艺术表现形式，也具备凝集产业优势的特点。动画影像更注重镜头感，海派文化在绘画人物形象构思期间亦是如此。在第一时间感受到不同空间在空间向度方面的不同，强调的点有所不同，此时的角色展现富有张力。

以绘画为例，现代油画名家徐悲鸿以及徐芒耀，以西方超现实主义为主题思想，在人物构思的过程中，用国人面孔去诠释西方的特色艺术，画面定格本质上看就是内部运动和外部场景的配合。徐芒耀在服饰搭配、色彩展现方面，也有超现实主义表现力。有关于特殊意义的心理活动，都能给人带来一种丰富的视觉体验感，这种借鉴方式不乏想象力与创造力。

（3）标新立异

从作家、艺术家、绘画家艺术创作初衷来看，凸显自身特色，展现自我个性。而不是如传统绘画艺术表现那般，强调师承关系，有独创的意识必然能展现自我风格特色。在社会时代影响之下，海派文学作品有关的研究深入推进，从一个个画家作品展现和海外学者实践工作来看，将文化、历史、生活等视角与绘画艺术紧密联系，这本身就是创建独特上海文化的新尝试。国内外学者对海派文化的研究方面，《上海摩登——一种新都市文化在中国1930—1945》被读者称为有关于上海放浪史的著作，笔法体裁采用散文描述形式，但同时也是一本较为严肃的批评专著。李欧梵在书中所提出的概念，值得后人深度研究。有关于上海的建筑物、场景的描述以及那时候就十里洋场、纸醉金迷的大上海，有洋房、雪茄、回力球馆等等，这对于当时内陆地区的国人来讲遥不可及,由这些物质所象征的现代性再引申至现代意识如何存在于上海的微妙过程,将城市能够提供的声、像、商品等结合起来,形成一种艺术。作为现代商业性的文化输出形式,新媒体影像动画也具备这一特质。

从本质上来看,新媒体也是社会时代发展阶段,拥有创新实践机会的特色性艺术手段。与传统动画的定义"利用人物形象塑造、环境空间构建、场景氛围渲染等艺术表现技法,再应用拍摄以及剪辑的形式,将人物动作逐一展现,经过连续反应形成一种活动的影像"有很大不同,拍摄对象不是富有生命特征的角色,由于假定形象会影响画面质感以及流畅性,因此会结合艺术绘画、计算机图片处理的形式,色调、明度、光影都是按时下流行的商业化艺术表现形式进行。传统动画影像与新媒体动画影像相结合,本身也是创新实践的措施。此时的标新立异,是真人无法展现的艺术效果,通过数字技术、数码影像、计算机技术结合的形式造就一种流行趋势。

(4) 以变应变

海派文化具备以变应变的特质,就是要在变化之中追求新的艺术发展趋势,直至最终达成独树一帜以及创新突破的目的。上海作为富有魅力的国际大都会,是真正从沿海小城镇发展起来的,上海一地与水运有着紧密联系。早在唐朝时期,朝廷对上海的管理还处于停滞状态,直到东部大片沿海土地设立,人们对上海的关注度明显提升。后续在捍海塘建设期间,大坝建成并完成土地开垦工作,此地成为发展农业的特色地区。文化形成与历史发展有紧密联系,自宋代起,上海就成为深入内陆的关口,新兴的上海镇在发展海商、实现各国之间的贸易往来等领域逐步开展。历经岁月,上海的特色发展时至今日已颇具国际影响力。

我们常说时势造就人,时势同样能造就具备代表性及影响力的文明。上海的传统文化结合西方新文化,形成一种多元文明。从本文的研究分析来看,新媒体更应把握当代发展机遇,以影像制作的形式,将中国传统文化与西方艺术表现形式相结合,突破行业发展的技能限制,注重多元化思想的融合,利用新媒体动画彰显我国的世界影响力。人们在生活方式、口语表达、气质特点等方面的习俗,相信通过新媒体动画也能用另一种形式传递给世界人民。

五、海派文化在新媒体动画中的发展趋向

1. 融合与创新的途径

（1）文化底蕴与现代审美的挖掘整合

近十年来,本土新媒体动画处于快速上升期。2010 年,国内上映的国产动画电影有 10 部,票房 1.7 亿元;2011 年上映 15 部,累计票房 3.2 亿元;2012 年 4.7 亿元;到 2019 年,国产动画电影上映 31 部,总票房 70.95 亿元,短短十年间,本土新媒体动画电影的票房纪录翻了几十倍,这对本土新媒体动画的发展有积极影响,其中大多动画作品,都传承海派特质。

海派文化是中国传统文化的标新展现,也是中西文化结合的产物,经过中西方文化融合,以市场发展为导向。初期海派文化在美术、音乐、文学创作等方面有着深厚影响。也就是说,早在海派文化形成初期,海派精神与人民现实生活、言谈举止、生活方式等有着紧密联系。海派文化包含了民间社会日常生活的风俗人情、生活习惯,其中蕴含为征服自然、改变命运的自我牺牲、艰苦奋斗的精神。新媒体动画应开拓与时俱进的发展路径,对于民间文化价值的提炼,也应注重结合当下电影受众的审美需求及生活现实,让传统文化在现代动画中得到更新和拓展,使动画影像中焕发着传统文化的崭新魅力,这样传统文化才能被当下的电影观众更为广泛地接受。如《大鱼海棠》这部作品,在美术风格方面,做到了对海派文化的传承,画风极美,场景精致,有客家风情的承启楼,具有浓厚的中国风,但是在整体的故事情节和思想内涵上,意蕴的铺垫却过于单薄,情节过于简单,深入挖掘绚丽的民俗风情,但忽略作品的商业价值与受众需求,导致低龄儿童看了无动于衷,而成人观赏之后仅仅观察到其中想表达的爱情即生命的观点。这是文化输出方面的不足,是场景所替代不了的舍本逐末。要坚持民族特色,此外更需

要适应现代审美,反映当下社会共同面临的问题,这样才能获得观众的感同身受。

(2) 传统元素与表现方式的融合重组

从传统文化中提取符号元素,用来丰富作品的内容,这是中国电影常用的创作手法,而新媒体动画电影想要创新并获得市场认可,则更需依靠这种来源于民间的文化符号元素和表现方式的融合重组。人物形象、服装、故事情节、配乐等文化元素经过重新组合,在动画电影作品中融合为一个全新的文化复合体,这些动画影像重新组合出具有浓郁的中国传统文化色彩的场景,同时借助传统文化中的水墨元素,得到的黑白、虚实、书画等元素间的转换效果,配音环节富有魅力,人物形象瞬间立体。使动画电影在空间、造型、线条、色彩以及氛围等多个方面具有写意特色,打破固有的视觉空间审美习惯,与传统美学完全不同,加入西方绘画艺术展现完成空间造势,活化了静止的山水画元素,从而形成国产动画电影独特的特质,也给观众带来了一种超越写实的写意氛围。《西游记之大圣归来》《哪吒之魔童降世》等国产动画电影作品中,创新运用民间文化资源中的文化元素符号,影像风格是明快、活泼、接地气儿的,形象展现从人物造型、画面色彩、景色表现几方面具备一定的美学意义。比如,在人物造型上,兼具传统的中国风格,同时又用3D的效果创作出具有欧美风的形象,使人物灵动且不呆板,且流行元素的导入方式也使受众更容易接受。

(3) 民族特色与现代技术的有机结合

近十年来,数字技术发展迅猛,加之国内政策的扶持,涌现了大批的3D动画人才,本土动画电影在数字技术上取得了一些进步,如《小门神》《豆福传》《白蛇:缘起》《神笔马良》《阿唐奇遇》《猫与桃花源》等动画作品,均使用了3D技术,3D动画已成为常态。虽然国产动画电影在技术呈现上已经取得了显著的进步,但是在面向全球的动画电影市场中,国产动画电影在技术手段方面要实现突破创新,采用借鉴的方式融合海派文化也极为关键。本土新媒体动画创作以脍炙人口的传统文化故事为基础,反复打磨其中细节,致力于不同的角色形象设定,与虚拟现实、增强现实、混合现实以及人工智能等最新技术相融合,实现人才、设备、资源的合力发展,与传统动画对人物动作过分依赖的特点不同,最终衍生出新的动画艺术呈现形态,也同样成为宣扬传统文化的一类途径。

(4) 创作视野与全年龄段覆盖融合

数据显示,从2010年到2019年7月,国产动画电影票房过亿的作品共22部,其中有14部是面向儿童的亲子动画电影。从起初贺岁档的大电影《喜羊羊和灰太狼之牛气冲天》,到之后的《虎虎生威》《开心闯龙年》《羊年喜羊羊》《秦时明月》《画江湖之不良人》等动画电影纷纷效仿先依靠电视剧集来累积流量,再用大电影来争取票房的套路,受众接受程度不甚理想。直到2015年,一部突破低幼、对传统文化题材精工细作的动画电影《西游记之大圣归来》狂揽10亿元票房,创造了国产动画电影票房新纪录,接着到2019年的一部《哪吒之魔童降世》票房突破50亿元,这也可以视为观众对于"反智收割"的叛逆。从《西游记之大圣归来》到《大鱼海棠》再到《白蛇:缘起》,再到《哪吒之魔童降世》《姜子牙》等一部又一部优秀的作品让人们对国产动画行业重拾信心,一方面是文化自信的影响,但更多的是现代文化价值观念的输出,正能量的题材总是更易打动观众。

从票房和观众调研来看,受到海外作品的冲击、时代背景的因素、动画技术与资金的巨大断层等种种限制,大多数国产动画电影仍停留在面向低幼龄阶段以及仿效日韩欧美的风格,比如《熊出没》系列、《魁拔》系列、《青蛙总动员》《马小乐之玩具也疯狂》《猪猪侠之终极决战》等,国产动画电影的低幼化,已经成为限制行业发展的一个瓶颈。整体动画行业呈现低幼化的原因在于,大多数作品都在影视等方面验证了市场需求,或是积累沉淀了相关受众群,建立新的行业标杆远非一朝一夕之功。《大鱼海棠》《风语咒》等相对成功的动画影片也在全龄化探索的道路上,或多或少存在一定的瑕疵。

国产动画电影的发展应该能够诠释中国本土的文化美学,故事也能传递东方人能接受的社会价值观和人生观,符合观众的心理期待,从而进一步突破"动画电影"即"低幼内容"的固化思维,打破传统的动画题材观念,使创作面向更为广泛的年龄层次的受众,注重其在世界范围内的文化传播,提升中国文化的国际影响力。

(5) 品牌推广与创新宣传相辅相成

优秀的新媒体动画作品,题材、主线、人物、场景等硬核因素要满足要求,后期的宣传与推广更是要结合市场需要进行。当下,中国虽然还是发展中国家,但在许多领域已建立了良好的物质基础,同时具备足够的现代化思想意识,新媒体兴起依托互联网以及各类移动设备,为动画电影的创新型宣传推广模式提供了良好的条件。

我国新媒体动画电影的推广中有部分成功案例,比如《喜羊羊灰太狼》系列电影,考虑到其受众是低龄儿童,它的宣传推广跨过手机和网页,直接将电视屏幕作为宣传阵地,用高密度的出镜率换取高认知度,从而达到电影的宣传效果。同样,《哪吒之魔童降世》在宣传上采用了多元化的营销手段,作为一部新媒体动画电影,最垂直的受众自然是二次元人群,在宣传上利用新媒体的优势,摸清年轻观众的喜好,除了通过微博、同人圈、漫画圈等途径,网易这样的小众渠道也成了宣发的重点之一,同时依托《西游记之大圣归来》的成功,对"哪吒是男是女"的问题进行接梗互动,从而引爆了话题传播。面对着年轻消费者,在宣传中进行价值观营销,试图获得更多共鸣与关注,比如海报上"打破成见,做自己的英雄!"这句普世之言,激起了无数年轻人的热血,可以说,情感共鸣的打造是电影《哪吒之降世魔童》口碑最重要的支撑之一。

2. 海派文化与动画影像相结合的发展预期

虽然在海派文化影响下的中国动画已经取得了一定的成绩,但是,要想将海派文化有效地融入到国产动画中,使国产动画更好地呈现海派元素,还有许多亟待改进的地方,具体包括以下几方面:

(1) 坚持动画电影系列化,持续品牌热度

鉴于美国、日本动画的发展经验,以及近些年我国自身的实践经验,我们可以发现,系列化是保持动画品牌热度的有效方式[1]。例如,

---

[1] (日)中野晴行. 动漫创意产业论[M]. 甄西,译. 北京:国际文化出版公司,2007:86.

国产动画《熊出没》,由深圳华强数字动漫有限公司出品,于2012年1月22日在中央电视台少儿频道首播。该动画片主要讲述了森林保护者熊大、熊二两兄弟与破坏森林的光头强之间进行对决的故事。动画影像以诙谐幽默的方式呈现,既教育孩子们保护森林,不要滥砍滥伐,又能让孩子们在看到森林中小动物们友情的同时学会团结友爱、互帮互助。此后,《熊出没》系列动画片第2部《熊出没之环球大冒险》、第3部《熊出没之丛林总动员》、第4部《熊出没之春日对对碰》等接连出品,《熊出没》贺岁片《熊出没之过年》《熊出没之年货》也于2013年、2014年除夕夜与大家见面。

由此可见,要想将海派文化与动画影像更好地结合,或可借鉴此种方式。首先,当创作第一部动画片时,应该将具有上海传统文化特色的元素,如海派面塑、上海戏曲、海派剪纸、顾绣、金山农民画以及黄草编织等融入到动画之中,让人们在观看动画的同时,也享受到海派文化的熏陶。在推出受大家欢迎与喜爱的第一部动画片之后,可以利用第一部动画片的热度与品牌影响力,相继推出系列动画电影产品,以保持该动画品牌热度。

(2) 提升动画电影质量,坚持"内容为王"

动画是我国文化的重要组成部分,动画产业的发展影响着我国文化的发展方向及前景。发展动画,就是在发展品牌,就是在发展文化[1]。因此,要提升动画质量,坚持"内容为王"。海派文化背景下的动画创作与发展,不应该局限于海派文化元素的应用,更应该注重文化的传承。动画影像,作为一种外化的表现形式,传达的应是文化内涵和价值观念,其内容也具有十分重要的意义。在海派文化与动画影像相结合的过程中,应该反映我国的文化导向与价值理念。

在当今国际化背景下,面对外来文化的冲击和国内巨大的动画市场发掘潜力,我国动画的发展要强调民族文化底蕴。目前,我国动画影像市场被美国和日本动画严重冲击,美国和日本在推出动画电影的同

---

[1] 卢斌,郑玉明,牛兴侦.中国动漫产业发展报告(2013)[M].北京:社会科学文献出版社,2013:52.

时,也进行了强大的文化输出①。例如,宣扬个人英雄主义、视自由为生命的影片,处处充斥着美国基本价值观念。因此,我国应该特别注重带有民族价值、民族色彩、民族元素的动画影像的出品。

(3) 创作适宜各年龄段的动画电影

动画,不应再局限于儿童,应该拥有更广大的面向全年龄段的市场。动画电影,受众更为广泛,年龄限制较小。因此,要想将海派文化与动画影像更好地结合,并且被广大观众接受,就应该探索出各年龄段都喜闻乐见的动画题材及形式。

在过去几十年中,我国动画电影市场的观众对象多为2—16岁的儿童、少年,没有注意到其实动画电影也是可以被成年人所接受的。以日本动漫为例,在世界范围内,日本动漫的观众不仅仅有儿童、青少年,还有中年人甚至是老人。其中最为典型且被大家熟知的当属宫崎骏的电影,宫崎骏电影对儿童来说,有着清新美丽、天真烂漫的一面,对成年人来说,又有着温暖治愈、引人深思的一面,因此在动画电影市场中赢得了巨大的成功。故海派文化与动画影像相结合的动画影像作品的受众对象要扩大年龄范围,拓展青少年及成人动画市场。这样,当家长和孩子一同观看动画时,还能促进一家人的感情沟通,同时有利于动画价值理念的传承。

(4) 合理安排上映档期,拓展宣传方式

要想更好地结合海派文化与动画影像,不光要靠动画电影本身,还需要合理安排上映档期,采取积极宣传方式。《喜羊羊》系列动画电影之所以票房获得成功,是因为抓住寒暑假进行大力宣传,吸引了许多儿童,同时也吸引了许多家长来陪同。然而,近些年,我国却频繁出现动画电影档期过于集中,各大制片方抢档的现象。随着动画产业的发展,我国每年新出品的动画电影数量极多,每部动画电影作品都想抓住"六一""十一"等进行宣传,这固然没有错,但过于集中的动画电影上

---

① 孙旸. 日本动漫探究——日本动漫对本土及外来元素体现分析[M].哈尔滨:黑龙江大学出版社,2013:157.

映造成了市场竞争过于激烈,对制片方的利益造成不利影响①。

因此,应该根据市场需求,加强动画电影上映档期监管,疏解节假日电影档期过密的问题,这样,既有利于降低各制片方的竞争压力,提高动画电影产业的综合效益,又有利于服务广大观众,使观众在任何时间都能看到最新上映的动画电影。

(5) 创新国产动画技术

近几十年来,虽然我国动画电影得到了长足发展,但在动画电影先进技术的应用上还存在欠缺。因此,我国要加强动画电影相关专业人才的培育,不仅要培育具有创新意识的人才,还要培育具有实际操作能力的动画制作人才,以此加强对国产动画技术的培育。

在新时代,科学技术以及互联网的发展,带动了动画电影相关产业的发展繁荣。要想将海派文化更好地融入到国产动画中,在动画电影制作中,一方面,要进一步加强海派文化融合应用的创新性,加强场景制作、特效、模型和动作捕捉等方面的创作实践,继续探索3D动画软件的开发和使用。另一方面,要更注重动画电影的精神认知,加强艺术想象力和艺术感染力,注重故事情节、人物形象及人物性格的塑造②。

(6) 加强动画产业人才培育

在我国目前的教育体制中,经过高中三年的学习,学生只学到了应试要求的基础学科。在这样的教育模式下,培养出来的学生缺乏想象力及创造力,也缺乏一定的动手实践能力。进入大学之后,这种情况虽然有所改善,但在总体上,由于高中阶段过于紧张的学习压力,学生在进入高校之后,还是缺乏自主学习和探索的能力。因此,当这些学生投入到动画制作相关工作岗位时,企业还要继续加强对其知识素养的考察以及实际操作能力的培训,使得我国动画制作人员不断适应时代发展的需要,成为真正具备艺术想象力、真正懂得动画制作的高水平人才。

---

① 卢斌,郑玉明,牛兴侦. 中国动漫产业发展报告(2014)[M]. 北京:社会科学文献出版社,2014:127.
② 孙立军,马华. 动画影片分析[M]. 北京:高等教育出版社,2012:95.

结　语

"我命由我不由天"这句来自于电影《哪吒之魔童降世》的经典台词,不仅仅是哪吒一个人的呐喊,更是中国动漫产业的渴望。本土动画电影曲折发展若干年,它的成功不可能一蹴而就,还需要政策的扶持、资金的投入、人才的培养,更重要的是一个良好的市场环境。优秀的国产动画不仅是国家视觉影像艺术发展水平的重要标志,更是一个国家文化繁荣发展的重要象征。海派文化影响下的国产动画是我国动画的重要组成部分,对我国动画的发展具有举足轻重的意义。自国产动画诞生以来,尤其是在近年来的发展中,海派文化影响下的动画视觉艺术也在加快发展的脚步,国产动画影像中的海派因素也越来越突出。在这样的时代背景下,加强海派文化与动画影像相结合,积极拓展其发展路径,是十分有必要的,既有利于海派文化与国产动画的融合和我国动画民族化的发展,也有利于具有中国民族特色的动画走向世界。因此,我们建议按照本文所述的发展路径,并在实践过程中不断创新发展路径,让海派文化与国产动画更好地融合,从而对我国动画影像的发展起到一定的促进作用,对我国的文化发展做出应有的贡献。从当前的大环境来看,国产动画电影当前正处于前所未有的红利机遇期。在此背景下,本土动画电影必须要植根于区域文化的肥沃土壤中,不懈求索,才能迎来蓬勃发展的未来。

(上海出版印刷高等专科学校文化管理系　潘琳)

参考文献

[1] 孙立军.中国动画史[M].北京:商务印书馆,2018.
[2] 周宪.当代中国的视觉文化研究[M].南京:译林出版社,2017.
[3] 唐宏峰.从视觉思考中国:视觉文化与中国电影研究[M].北京:中国电影出版社,2016.
[4] 黄鸣奋.新媒体与泛动画产业的文化思考[M].厦门:厦门大学出版社,2010.
[5] (美)W.J.T.米歇尔.图像学[M].陈永国,高焰,译.北京:北京大学出版社,2012.
[6] 邢祥虎.影像的意义:新世纪以来中国电影的图像学研究[D].北京:北京师范大学,2018:4.

[7] 杨晨曦.上海美影厂创作群创作思想的研究[D].杭州:中国美术学院,2016:5.
[8] 施茜.与万籁鸣同时代的海上时尚设计圈[D].苏州:苏州大学,2012:3.
[9] 王艳华.视觉文化的"视觉性"概念及其艺术史溯源[J].求是学刊,2017(5):127—134.
[10] 衣凤翱.论上海影像中的电影肖似记号[J].艺苑,2016(10):67—68.

附录一

基于新媒体环境下的国产动画视觉效能问卷调查

（1）你的性别（单选题）

选项	小计	比例
女	175	63.41%
男	101	36.59%
本题有效填写人次	276	

（2）你的年龄（单选题）

选项	小计	比例
18岁以下	5	1.81%
18岁-28岁	191	69.20%
29岁-39岁	47	17.03%
40岁-50岁	22	7.97%
50岁以上	11	3.99%
本题有效填写人次	276	

（3）你的学历（单选题）

选项	小计	比例
高中	16	5.80%
大专	135	48.91%
本科	75	27.17%
硕士	34	12.32%
博士及以上	10	3.62%
其他	6	2.17%
本题有效填写人次	276	

（4）你目前从事的职业（单选题）

选项	小计	比例
学生	162	58.70%
企业工作者	43	15.58%
政府及事业单位人员	31	11.23%
自由职业	16	5.80%
其他	24	8.70%
本题有效填写人次	276	

（5）你对动画片感兴趣的程度（单选题）

选项	小计	比例
非常喜欢	66	23.91%
喜欢	112	40.58%
一般	90	32.61%
不喜欢	6	2.17%
非常不喜欢	2	0.72%
本题有效填写人次	276	

（6）你大概看过多少部动画作品（单选题）

选项	小计	比例
10部以下	47	17.03%
10—50部	150	54.35%
51—100部	41	14.86%
100部以上	38	13.77%
本题有效填写人次	276	

(7) 你认为动画片的哪些方面相对重要(多选题)

选项	小计	比例
人物造型	206	74.64%
故事题材	206	74.64%
剧情情节	223	80.80%
画面风格	174	63.04%
技术含量	67	24.28%
场景效果	125	45.29%
教育意义	75	27.17%
时代特征	28	10.14%
本题有效填写人次	276	

(8) 你认为动画片的情节和人物能否对观众产生影响(单选题)

选项	小计	比例
足以影响三观	73	26.45%
多少有些影响	118	42.75%
可能在潜移默化中	80	28.99%
不会有影响	5	1.81%
本题有效填写人次	276	

(9) 你认为动画的画面效果重要程度是(单选题)

选项	小计	比例
非常重要	128	46.38%
重要	134	48.55%
一般	11	3.99%
不重要	1	0.36%
不关注画面	2	0.72%
本题有效填写人次	276	

（10）你看重动画画面的哪方面(多选题)

选项	小计	比例
角色设计	237	85.87%
画面色彩	218	78.99%
场景布置	167	60.51%
服装造型	130	47.10%
形态动作	146	52.90%
本题有效填写人次	276	

（11）你观看动画片的硬件设备包括(多选题)

选项	小计	比例
手机/平板电脑	248	89.86%
台式机/笔记本电脑	174	63.04%
电影院	173	62.68%
家庭电视/投影	133	48.19%
公共场所媒体终端	48	17.39%
本题有效填写人次	276	

（12）你通常从哪些渠道了解动画作品相关信息(多选题)

选项	小计	比例
微信公众号等新媒体	141	51.09%
微博、贴吧、豆瓣等社交媒体	159	57.61%
电视、报刊、杂志等传统媒体	132	47.83%
广告、海报等平面媒体	123	44.57%
哔哩哔哩等视频媒体	146	52.90%
周围人推荐	131	47.46%
本题有效填写人次	276	

（13）你观看动画作品的常用平台（多选题）

选项	小计	比例
哔哩哔哩	171	61.96%
优酷视频	127	46.01%
腾讯视频	155	56.16%
爱奇艺	161	58.33%
AcFun	37	13.41%
网盘	47	17.03%
樱花等小网站	24	8.70%
抖音、快手	73	26.45%
其他	9	3.26%
本题有效填写人次	276	

（14）你比较喜欢以下哪类动画（多选题）

选项	小计	比例
传统历史	125	45.29%
现代都市	83	30.07%
修仙玄幻	95	34.42%
科幻机甲	73	26.45%
热血竞技	80	28.99%
无厘头搞笑	105	38.04%
恐怖猎奇	47	17.03%
青春校园	104	37.68%
可爱萌宠	76	27.54%
本题有效填写人次	276	

（15）以下哪部国产动画是你看过的（多选题）

选项	小计	比例
《大法师》	42	15.22%
《白蛇:缘起》	136	49.28%
《西游记之大圣归来》	184	66.67%
《龙之谷》系列	40	14.49%
《小门神》	41	14.86%
《豆福传》	12	4.35%
《哪吒之魔童降世》	210	76.09%
《赛尔号》大电影	46	16.67%
《神笔马良》	112	40.58%
《大鱼海棠》	171	61.96%
《阿唐奇遇》	9	3.26%
《猫与桃花源》	21	7.61%
《吃货宇宙》	11	3.99%
《魁拔》系列	57	20.65%
《年兽大作战》	30	10.87%
《精灵王座》	26	9.42%
《十万个冷笑话》	110	39.86%
《妈妈咪鸭》	21	7.61%
《铠甲勇士》系列	75	27.17%
《熊出没》系列	141	51.09%
以上都没有	12	4.35%
其他,请补充	15	5.43%
本题有效填写人次	276	

（16）请列出你目前印象最深刻的1—3部国产动画(填空题)
填空题数据请通过下载详细数据获取

（17）你认为2010年以来的国产动画有无提升(单选题)

选项	小计	比例
画面越来越好,情节也较之以前有很大提高	187	67.75%
越来越差,还不如早期	13	4.71%
近十年来没有多大变化	12	4.35%
有提升,但模仿痕迹较重	49	17.75%
不关注,没印象	15	5.43%
本题有效填写人次	276	

（18）你认为动画中的"中国传统文化"元素可以展现哪些内容(多选题)

选项	小计	比例
思想文化类,如儒家、道家文化	152	55.07%
音乐艺术类,如京剧、剪纸、诗歌	136	49.28%
中医武术类,如针灸、少林武术	118	42.75%
风俗文化类,如饮食、节日、穿着	182	65.94%
风景建筑类,如中式建筑、自然风光	157	56.88%
神话信仰类,如神话、寓言故事	178	64.49%
其他	6	2.17%
本题有效填写人次	276	

（19）你是否认为中国动画对中国元素还有更多的挖掘空间(单选题)

选项	小计	比例
有,而且很多	240	86.96%
没有,好的素材几乎被挖空了	2	0.72%
不清楚,不好说	34	12.32%
本题有效填写人次	276	

（20）你对"海派文化"的印象（多选题）

选项	小计	比例
古典雅致,含蓄内敛	141	51.09%
现代时尚,卓越创新	162	58.70%
多元并存,尊重个性	195	70.65%
兼顾个人和社会利益	105	38.04%
理性随和的商业文化	80	28.99%
本题有效填写人次	276	

（21）你对有关中国文化的动画片是否感兴趣（单选题）

选项	小计	比例
是	248	89.86%
否	28	10.14%
本题有效填写人次	276	

（22）你对近五年国产动画发展的满意程度（矩阵单选题）

题目\选项	很不满意	不满意	一般	满意	很满意
画面效果	8(2.9%)	8(2.9%)	91(32.97%)	138(50%)	31(11.23%)
故事情节	12(4.35%)	15(5.43%)	112(40.58%)	113(40.94%)	24(8.7%)

（23）你认为我国动画相较于其他国家,最明显的差距在哪里（单选题）

选项	小计	比例
故事剧本	93	33.70%
制作技术	87	31.52%
画面效果	51	18.48%
艺术风格	30	10.87%
声音配乐	15	5.43%
本题有效填写人次	276	

(24) 你认为我国动画行业的发展前景如何(单选题)

选项	小计	比例
发展迅速,成绩显著	53	19.20%
有一定的发展,前景可观	186	67.39%
在摸索中前进,前路崎岖	30	10.87%
不被看好,原因请说明	7	2.54%
本题有效填写人次	276	

(25) 你认为中国动画提高的关键在于(多选题)

选项	小计	比例
讲好中国故事,深入发掘民族文化	206	74.64%
完善专业化的创作产业链	168	60.87%
政策资金支持	69	25.00%
培养富有创造力的动画人才	189	68.48%
其他	9	3.26%
本题有效填写人次	276	

附录二

SPSS 问卷建模

一、描述统计分析

共回收有效问卷 276 份：

描述统计					
	N	最小值	最大值	均值	标准偏差
1. 你的性别	276	1	2	1.37	.483
2. 你的年龄	276	1	5	2.43	.826
3. 你的学历	276	1	6	2.66	1.034
4. 你目前从事的职业	276	1	5	1.90	1.308
5. 你对动画片感兴趣的程度	276	1	5	2.15	.835
有效个案数(成列)	276				

人群占比：

1. 你的性别					
		频率	百分比(%)	有效百分比(%)	累积百分比(%)
有效	1	175	63.4	63.4	63.4
	2	101	36.6	36.6	100.0
	总计	276	100.0	100.0	

2. 你的年龄					
		频率	百分比(%)	有效百分比(%)	累积百分比(%)
有效	1	5	1.8	1.8	1.8
	2	191	69.2	69.2	71.0
	3	47	17.0	17.0	88.0
	4	22	8.0	8.0	96.0
	5	11	4.0	4.0	100.0
	总计	276	100.0	100.0	

3. 你的学历					
		频率	百分比(%)	有效百分比(%)	累积百分比(%)
有效	1	16	5.8	5.8	5.8
	2	135	48.9	48.9	54.7
	3	75	27.2	27.2	81.9
	4	34	12.3	12.3	94.2
	5	10	3.6	3.6	97.8
	6	6	2.2	2.2	100.0
	总计	276	100.0	100.0	

		4. 你目前从事的职业			
		频率	百分比(%)	有效百分比(%)	累积百分比(%)
有效	1	162	58.7	58.7	58.7
	2	43	15.6	15.6	74.3
	3	31	11.2	11.2	85.5
	4	16	5.8	5.8	91.3
	5	24	8.7	8.7	100.0
	总计	276	100.0	100.0	

二、信度效度分析

可靠性统计	
克隆巴赫 Alpha	项数
0.630	87

问卷可靠性尚可,可以使用。

ANOVA						
		平方和	自由度	均方	F	显著性
人员间		214.058	275	.778		
人员内	项间	12720.151	86	147.909	513.887	.000
	残差	6807.021	23650	.288		
	总计	19527.172	23736	.823		
总计		19741.231	24011	.822		

总平均值=.69

显著性为0,问卷可以做相关分析。

三、回归分析与建模

相关性

			1.你的性别	2.你的年龄	3.你的学历	4.你目前从事的职业	5.你对动画片感兴趣的程度	6.你大概看过多少动作画品	8.你认为动画片情节人物能否对观众产生影响	9.你认为动画的面效果重要程度是	24.你认为我国动画行业的发展前景如何
肯德尔 tau_b	1.你的性别	相关系数	1.000	.075	.075	.018	-.052	.103	-.144*	.010	-.067
		Sig.（双尾）	.	.192	.183	.755	.360	.067	.011	.861	.249
		N	276	276	276	276	276	276	276	276	276
	2.你的年龄	相关系数	.075	1.000	.156**	.646**	-.032	.016	.078	-.104	-.053
		Sig.（双尾）	.192	.	.004	.000	.548	.765	.150	.066	.340
		N	276	276	276	276	276	276	276	276	276
	3.你的学历	相关系数	.075	.156**	1.000	.219**	-.070	.084	-.011	-.116*	-.034
		Sig.（双尾）	.183	.004	.	.000	.180	.108	.841	.034	.528
		N	276	276	276	276	276	276	276	276	276
	4.你目前从事的职业	相关系数	.018	.646**	.219**	1.000	-.018	-.021	.073	-.076	-.041
		Sig.（双尾）	.755	.000	.000	.	.728	.689	.170	.169	.449
		N	276	276	276	276	276	276	276	276	276
	5.你对动画片感兴趣的程度	相关系数	-.052	-.032	-.070	-.018	1.000	-.512**	.083	.144**	.069
		Sig.（双尾）	.360	.548	.180	.728	.	.000	.120	.009	.203
		N	276	276	276	276	276	276	276	276	276

(续表)

肯德尔 tau_b	6.你大概看过多少部动画作品	相关系数	.103	.016	.084	-.021	-.512**	1.000	-.031	-.074	.007
		Sig.(双尾)	.067	.765	.108	.689	.000	.	.557	.179	.901
		N	276	276	276	276	276	276	276	276	276
	8.你认为动画片的情节和人物能否对观众产生影响	相关系数	-.144*	.078	-.011	.073	.083	-.031	1.000	.016	.031
		Sig.(双尾)	.011	.150	.841	.170	.120	.557	.	.768	.564
		N	276	276	276	276	276	276	276	276	276
	9.你认为动画的画面效果重要程度是	相关系数	.010	-.104	-.116*	-.076	.144**	-.074	.016	1.000	.096
		Sig.(双尾)	.861	.066	.034	.169	.009	.179	.768	.	.090
		N	276	276	276	276	276	276	276	276	276
	24.你认为我国动画行业的发展前景如何	相关系数	-.067	-.053	-.034	-.041	.069	.007	.031	.096	1.000
		Sig.(双尾)	.249	.340	.528	.449	.203	.901	.564	.090	.
		N	276	276	276	276	276	276	276	276	276

（续表）

斯皮尔曼Rho	1.你的性别	相关系数	1.000	.079	.080	.019	-.055	.111	-.153*	.011	-.069
		Sig.(双尾)	.	.192	.183	.756	.361	.067	.011	.861	.250
		N	276	276	276	276	276	276	276	276	276
	2.你的年龄	相关系数	.079	1.000	.159**	.704**	-.037	.017	.087	-.110	-.057
		Sig.(双尾)	.192	.	.008	.000	.539	.776	.149	.067	.343
		N	276	276	276	276	276	276	276	276	276
	3.你的学历	相关系数	.080	.159**	1.000	.231**	-.080	.098	-.012	-.127*	-.037
		Sig.(双尾)	.183	.008	.	.000	.183	.104	.842	.034	.539
		N	276	276	276	276	276	276	276	276	276
	4.你目前从事的职业	相关系数	.019	.704**	.231**	1.000	-.020	-.024	.082	-.083	-.046
		Sig.(双尾)	.756	.000	.000	.	.740	.696	.175	.168	.450
		N	276	276	276	276	276	276	276	276	276
	5.你对动画片感兴趣的程度	相关系数	-.055	-.037	-.080	-.020	1.000	-.572**	.093	.156**	.073
		Sig.(双尾)	.361	.539	.183	.740	.	.000	.123	.010	.225
		N	276	276	276	276	276	276	276	276	276
	6.你大概看过多少部动画作品	相关系数	.111	.017	.098	-.024	-.572**	1.000	-.036	-.080	.008
		Sig.(双尾)	.067	.776	.104	.696	.000	.	.551	.186	.897
		N	276	276	276	276	276	276	276	276	276

(续表)

斯皮尔曼 Rho	8.你认为动画片的情节和人物能否对观众产生影响	相关系数	-.153*	.087	-.012	.082	.093	-.036	1.000	.017	.034
		Sig.(双尾)	.011	.149	.842	.175	.123	.551	.	.773	.571
		N	276	276	276	276	276	276	276	276	276
	9.你认为动画的画面效果重要程度	相关系数	.011	-.110	-.127*	-.083	.156**	-.080	.017	1.000	.101
		Sig.(双尾)	.861	.067	.034	.168	.010	.186	.773	.	.093
		N	276	276	276	276	276	276	276	276	276
	24.你认为我国动画行业的发展前景如何	相关系数	-.069	-.057	-.037	-.046	.073	.008	.034	.101	1.000
		Sig.(双尾)	.250	.343	.539	.450	.225	.897	.571	.093	.
		N	276	276	276	276	276	276	276	276	276

*.在0.05级别(双尾),相关性显著。

**.在0.01级别(双尾),相关性显著。

性别和"你认为动画片的情节和人物能否对观众产生影响"具有相关性,"你大概看过多少部动画作品"和"您对动画片感兴趣的程度"具有相关性,"你对动画片感兴趣的程度"和"你认为动画的画面效果重要程度"具有相关性。女性更容易被动画打动,被动画情节和任务影响,看得越多越对动画片感兴趣,同时看得越多、越感兴趣,越觉得动画的画面效果重要。

X变量:性别(观众定位与细分)、看过的动画作品数量(宣传)、动画画面效果(制作技术)。

Y变量:让人们对动画感兴趣。

建模

<table>
<tr><th colspan="7">系数[a]</th></tr>
<tr><th rowspan="2">模型</th><th></th><th colspan="2">未标准化系数</th><th>标准化系数</th><th rowspan="2">t</th><th rowspan="2">显著性</th></tr>
<tr><th></th><th>B</th><th>标准错误</th><th>Beta</th></tr>
<tr><td rowspan="4">1</td><td>（常量）</td><td>2.996</td><td>.190</td><td></td><td>15.767</td><td>.000</td></tr>
<tr><td>1.你的性别</td><td>.038</td><td>.087</td><td>.022</td><td>.432</td><td>.666</td></tr>
<tr><td>6.你大概看过多少部动画作品</td><td>-.505</td><td>.047</td><td>-.544</td><td>-10.730</td><td>.000</td></tr>
<tr><td>9.你认为动画的画面效果重要程度是</td><td>.151</td><td>.064</td><td>.119</td><td>2.363</td><td>.019</td></tr>
</table>

a. 因变量:5.您对动画片感兴趣的程度

<table>
<tr><th colspan="7">ANOVA[a]</th></tr>
<tr><th colspan="2">模型</th><th>平方和</th><th>自由度</th><th>均方</th><th>F</th><th>显著性</th></tr>
<tr><td rowspan="3">1</td><td>回归</td><td>60.901</td><td>3</td><td>20.300</td><td>42.244</td><td>.000[b]</td></tr>
<tr><td>残差</td><td>130.708</td><td>272</td><td>.481</td><td></td><td></td></tr>
<tr><td>总计</td><td>191.609</td><td>275</td><td></td><td></td><td></td></tr>
</table>

a. 因变量:5.你对动画片感兴趣的程度

b. 预测变量:(常量),9.你认为动画的画面效果重要程度
        1.你的性别
        6.你大概看过多少部动画作品

<table>
<tr><th colspan="5">模型摘要</th></tr>
<tr><th>模型</th><th>R</th><th>R方</th><th>调整后R方</th><th>标准估算的错误</th></tr>
<tr><td>1</td><td>.564[a]</td><td>.318</td><td>.310</td><td>.693</td></tr>
</table>

a. 预测变量:(常量),9.你认为动画的画面效果重要程度
        1.你的性别
        6.你大概看过多少部动画作品

性别拟合度一般,去掉性别。

X变量:看过的动画作品数量(宣传)、动画画面效果(制作技术)。

Y变量:让人们对动画感兴趣。

建模

模型		未标准化系数		标准化系数	t	显著性
		B	标准错误	Beta		
系数[a]						
1	（常量）	3.041	.158		19.203	.000
	6. 你大概看过多少部动画作品	-.502	.047	-.541	-10.781	.000
	9. 你认为动画的画面效果重要程度	.152	.064	.119	2.370	.018

a. 因变量:5. 你对动画片感兴趣的程度

模型公式：

$$Y = 3.041 - 0.541^* X1 + 0.119 X2$$

式中，X1:看过的动画片数量；X2:画面效果打分；Y:对动画片的感兴趣程度。

构建校本特色大思政资源库
促进上海红色文化品牌内涵式建设

摘要：红色文化是上海三大文化品牌之一,红色文化品牌的内涵式建设和传播,离不开高校作用的发挥。高校在地域红色文化挖掘整理方面具有资源、人才、技术等方面的优势,在红色文化传播方面也是重要力量,高校思政教育则是红色文化实现内涵式建设的重要途径。构建校本特色大思政资源库不仅可以推动思政育人的落地落细落实,红色文化精神在高校师生中也将得到更好地弘扬和传承,进而增强师生对社会主义核心价值观的认同和凝聚力。校本特色大思政资源库的建设是一项系统工程,需要教育主管部门和高校、高校思政课和专业课教师、大学生等协同参与建设。

文化是城市建设发展的精神基石,上海是党的诞生地,红色文化尤其彰显了上海城市精神底色。作为上海三大文化品牌之一,红色文化品牌的建设和传播,不仅关系到上海作为国际文化大都市的建设,也关系到国家社会主义文化的弘扬传承,特别是社会主义核心价值观的落地。高校在上海红色文化资源建设和传播方面有着至关重要的作用。

一、关于红色文化

文化的涵义比较复杂,众说纷纭。在英语中"文化"一词为"culture",源自拉丁语,原义指"耕作、栽培、培养、驯养"等。19世纪70年代英国人类学家爱德华·伯内特·泰勒(Edward Burnett Tylor)撰写《原始文化》以来,已经产生了几百种关于文化的定义,不同领域学者从不同角度分别对文化的定义进行了说明①。据现有史料看,中国最

---

① 如爱德华·泰勒认为,所谓文化或文明,乃是包括知识、信仰、艺术等以及个人在社会活动中获得的任何能力、习惯在内的一种综合体。法国启蒙思想家伏尔泰提出,文化包含社会生活中物质和精神两方面的要素。康德认为文化是有理性的实体在社会生活中为了一定的目的而进行的创造,等等。

早对文化进行的阐释出现在《周易》中:"分刚上而文柔,故小利有攸往。天文也。文明以止,人文也。观乎天文,以察时变;观乎人文,以化成天下。"①将"文"与"化"二字合为一词,则出现在西汉刘向《说苑·指武》中:"圣人之治天下也,先文德而后武力。凡武之兴,为不服也。文化不改,然后加诛。"②可以看出无论中国还是西方,早期对文化的定义都十分强调文化教化的意义,再由近现代学者对文化内涵的研究可知,文化是在社会生活中创造的,有利于群体发展的为群体成员共同遵守的物质文明和精神文明的总和。

由此引申,红色文化在中国特指中国共产党成立后,带领中国人民一起创造的促进中国发展、为群众广泛接受的物质文化和精神文化的总和。进入21世纪后,学术领域开始从理论层面研究红色文化,但并未形成关于红色文化的统一的概念,一般公认红色文化是指,中国共产党在马克思主义理论指导下,在继承中国传统优秀文化基础上,带领广大党员、革命志士、人民群众共同创造完成的文化。学术界对红色文化认识的一个主要的分歧,在于红色文化形成的历史时期,有的学者认为红色文化是在革命战争年代形成的③,有的则认为红色文化应包含革命和进行社会主义国家建设两个时期的成就④,即应该涵盖所有的民主主义文化和社会主义文化。红色文化的根本在于指导思想、文化基础和创造主体,而这三者无论在革命、建设时期,还是改革开放后,直到现在进入新时代,都没有发生根本改变,因此红色文化概念不应局限于在形成时即革命时期创造的文化成果,广义上看,还应包括进行社会主义建设时期形成的物质文化和精神文化成果。

上海红色文化资源也不能仅局限于中国共产党发起地,一大、二大、四大会址及其他革命遗址遗迹,还要注重发掘上海各组织单位革命

---

① 余万伦.周易经解[M].成都:巴蜀书社,2019:69.
② 方勇.说苑[M].程翔,评注.北京:商务印书馆,2018:696.
③ 杨亚君.依托红色文化推进当代大学生爱国主义教育[J].学园,2014(24):62;王明霞.依托红色文化加强高校思想政治教育新思考[J].广州航海学院学报,2014,22(3):58.
④ 杨晓苏.红色文化价值生成的渊源及其核心价值观探究[J].学校党建与思想教育,2014(17):32;周宿峰.红色文化基本问题研究[D].吉林:吉林大学,2014:5—6.

时期的红色资源,以丰富上海红色文化来源;红色文化范围也不应局限于革命时期,新中国成立以来上海作为工商业改造、改革开放、自贸区建设和社会主义建设先行示范区等新中国建设的排头兵,在创新创造方面走在全国前列,这些资源或可纳入红色文化,或可单列为创新文化,其中都蕴含着值得大力弘扬的中国精神。

二、高校在红色文化建设和传播方面的作用

红色文化教育在增强国民的国家认同、民族认同、政党认同等意识方面具有重要作用。在上海红色文化资源建设和传播方面,高校有着至关重要的作用。习近平总书记在看望参加全国政协十三届四次会议的医药卫生界、教育界委员并参加联组会议时提出:"'大思政课'我们要善用之,一定要跟现实结合起来。上思政课不能拿着文件宣读,没有生命、干巴巴的。"[①]思政教育要打动人心,需与现实中鲜活的事例结合起来,其中红色文化资源是重要内容。红色文化在高校中对大学生的正确价值观的培养作用越来越受到关注[②],但以往的研究只涉及高校在传播红色文化方面的作用,忽视了高校作为红色文化建设主体的作用,其根源在于对高校自身红色文化建设认识程度不够。

1. 高校在地域红色文化挖掘整理方面的优势

其一,高校作为人才培养主阵地,其自身建设历史、专业系部发展历史、学校领导、教师成就、杰出校友、学生团队、校企合作及硬件设备等方面相关的资源是一座"富矿",且独一无二,可以成为上海红色文化资源的重要组成部分,和学校周边的红色文化资源一起,共同构成了具有校本特色的红色文化资源。运用这些资源进行思政教育,更能引起青年大学生的关注,并增强师生的归属感,提升思政教育效果,也可

[①] 杜尚泽."大思政课"我们要善用之[N].人民日报海外版,2021-03-07(1).
[②] 刘长龙.大学生思想政治教育中关于红色文化资源的思考[J].武警学院学报,2011,27(3):69—72;梁罡.将红色文化融入高校意识形态教育[J].中国高等教育,2021(7):31—33.

以更好地发挥地域红色文化资源的价值。

其二,高校可以发挥各专业充足的人才、技术优势,组织挖掘并编撰红色文化资料,同时在思政教育过程中,检验红色文化的思政教育效果,及时进行调整。新时代创新文化形式和内容也要由高校师生共同开发完成,这些与时俱进的创新文化会对原有的红色文化资源进行继承、发展和及时补充。

2. 高校在红色文化传播方面也是国家中坚力量

高校是中国高级知识分子和青年人才汇集的地方,他们既是红色文化的受众,也是传播者。作为受众,红色文化传播是提高高校师生思想政治素质的重要途径。作为传播者,高校师生是未来中国建设的中坚力量,他们能否具备坚定正确的政治方向,并引导他人树立社会主义核心价值观、弘扬中国精神、走中国道路,这对国家发展至关重要。

为此我们在上海高校师生中开展了针对性问卷调研(文末附调研报告),调研对象主要是来自上海"双一流"高校、公办本科、高职高专、民办本科、专科等各类高校的2213位大学生(80%为二年级以上)、114位思政课教师及186位专业课教师。

从把红色文化资源融入高校思政教学角度看,教师和学生普遍认为,社会实践和课堂教学是传承红色文化精神的两种有效途径。半数以上的大学生对参观爱国主义教育基地的思政教育方式印象深刻,45%的大学生对课上列举的学校周边红色文化案例深感兴趣,超过半数的教师认为应该收集相应的红色文化案例并将其应用于教学之中。

三、高校在红色文化建设和传播方面存在的问题

高校在对大学生进行红色文化宣传教育方面存在的一些问题,已有较多学者提及,如秦在东、庄芩提到,高校红色文化育人中存在的资源开发利用程度各异、育人环节准备不足等[①];冯飞提到红色文化在融

---

① 秦在东,庄芩.论增强高校红色文化育人的实效性[J].学校党建与思想教育,2021(11):44—46.

入高校三全育人过程中存在工作体系不完善、影响力有限、人才匮乏等问题①。对于高校自身红色文化建设及从受教育者角度论述问题的文章尚为数不多。

1. 高校在红色文化建设和传播方面存在体制机制不完善的问题

上海高校在红色文化建设方面有着丰富的资料,但多数高校对自身文化发掘整理尚不到位,主要源于建设意识不够,未充分意识到高校红色文化建设是上海红色文化建设的重要组成部分,以及学校红色文化建设在学校思政教育方面的重要作用;学校在红色文化建设方面的组织管理长效机制也有待完善,部分高校虽有建设,但局限于校史馆、宣传部等部门,对于红色资源开发及纳入日常教学工作尚缺乏制度安排;建设内容缺乏统一规划和系统性,高校红色文化建设涉及高校及与之相关的资源,这些事先需要做好周密、完备的体系论证。

2. 高校在思政教育中传播红色文化的困境

上海高校在思政育人方面前期已经取得了重要成果,但我们从调研中发现,高校思政教学效果存在入脑未入心的现象。针对这些问题开展的调研显示,大学生普遍认同思政教育的重要性,但认为通过课堂思政教育深刻影响到自己的国家意识、价值观塑造,并加深自己对社会主义道路认识的学生比例尚不足半数。表现在具体行动上,61%的学生对国家政治关心程度一般。思政教育重在实效,高校思政课堂教学从学生入脑到入心、从理论到实践还存在着明显不足。

无论思政课教师、专业课教师,还是大学生,普遍认为思政教育效果要提升,需要丰富的思政教育资源,以及生动活泼的教育形式。

调研显示,思政课教师在教学中存在素材使用重复和"不接地气"的问题。调研访谈中还了解到,超过94%的思政课教师认为,高校思政课教学中使用的教学素材与中小学教学素材相比有不同程度的重

---

① 冯飞.论红色文化融入高校"三全育人"体系研究[J].北京印刷学院学报,2020,28(52):62—64.

复;44%的学生熟悉教师所讲内容,甚至有部分学生认为,对多数内容都熟悉,因为在中小学学习过。50%以上的思政课教师和专业课教师认为发生在学生身边的事例是对学生最具吸引力的教学素材,另外思政课上针对不同专业学生采用与其专业相关思政案例进行教学,效果会更好,但时间、精力等因素会影响到这些教学素材的收集和使用。

专业课教师在教学中存在课程思政教学素材匮乏和孤军作战的情况。通过专门调研发现,上海高校专业课教师普遍认同课程思政开展的必要性,但在教学资料积累方面仍不能有效支撑课程思政的开展,突出地表现为缺乏合适的教学案例;近80%的大学生认为,不同专业课教师存在列举重复的教学案例的情况,因此影响到教学效果。另外专业课教师在课程思政建设的切入点方面,也需要与思政课教师深度协作,确保课程思政实施的效果到位。

综合以上调研分析结果,可以看出高校教师在思政教育中面临的尴尬处境,主要在于缺乏丰富生动的思政教学资源。高校红色文化及在上海改革发展过程中高校取得的成就、学校周边的红色文化资源等,在这些文化资源中蕴含的故事就发生在师生身边,具有鲜活性、直观性特点,更具吸引力、感染力,可以在思政教育中起到良好的教学效果。如果在高校中构建大思政资源库平台,支持思政教育,再辅以适当的实践教学,红色文化精神在高校师生中将得到更好地弘扬和传承,进而推动思政育人的落地落细落实,增强师生对社会主义核心价值观的认同和凝聚力。

四、高校红色文化建设传播途径和大思政资源库的构建

无论是挖掘高校红色文化资源、完善红色文化体系,还是进行红色文化传播,运用这些资源开展教学,均需要一个重要媒介——校本特色大思政资源库。通过构建这一平台,将这些红色资源进行提炼,并汇集在一起,便于使用。并以点带面,由特色资源库建设促进上海红色文化资源的挖掘、整理、使用和传播。

关于红色文化在高校建设传播途径的研究,学界多倾向于红色文化传播方面的分析研究,如健全大学生红色文化教育的体制机制保障;

改变红色文化教育的方式方法,提高教育的有效性;利用新媒体丰富红色文化传播的生动性和互动性;丰富教育平台,利用党团组织、学生社团等烘托强烈的学习氛围,等等①。对红色文化在高校的建设论述较少,对高校在国家社会主义建设中的主体作用认识不足。

鉴于上述问题,建议在教育部门的统筹规划下,在高校中搭建"载体"和"桥梁"——推动上海高校构建校本特色大思政资源库,其内容以学校相关及大学生身边的红色文化资源为主,并将学校周边的红色文化资源和创新发展成果纳入资源库中。具体如下:

一是做好资源库建设内容顶层设计。充分利用前面已经构建的专业资源库的建设经验、内容和课程思政建设成果,遵循资源课程化、技术便利化、部门协作化、评价多维化、建设长效化等原则,以发生在学生身边的事、学校所在区域案例、学校相关案例、师生自己的作品及从专业教学中提炼的思政素材等为主体,构建与网络资源库和学术资源库相区别的校本特色大思政资源库;本着资源服务教学和创新的原则,每一份资源皆注明所对应的教学内容和教学价值,做到宁缺毋滥并有效辅助教学。

二是推动资源库校级协同建设。在系统思维指导下,推动资源库校级协同建设管理制度化,发挥高校党委的统领作用,由学校马克思主义学院(或思政部)具体负责,充分调动各专业系部师生和学校宣传部、学生处、校团委、信息部门、图书馆等机构分工负责、共同协作完成资源库建设;利用校企合作、社会服务、大学生社会实践及周边红色教育基地等平台,加强学校与周边城区、社区的合作,共同开发、汇集有助于思政教育的资源。

三是构建资源库融媒体技术平台。基于移动互联网、云计算、大数据等现代信息技术,提高资源库存储、检索及各模块性能,在融媒体理念下,使资源库的使用突破传统资源库时间和空间限制,实现资源利用

---

① 李振东."主流色"当仁不让——红色教育创新青少年思想政治教育模式的契机[J].改革与开放,2010(14):166—168;罗海英,乔湘平.增强大学生红色教育有效性的对策研究[J].教育与教学研究,2010,24(4):7—9;陈海燕.高校红色教育的机理分析与对策研究[J].思想教育研究,2011(2):73—76;李振东,王姣艳.当前大学生红色教育中存在的主要问题及对策[J].甘肃农业,2007(10):53—54.

的便捷和高效；根据现代教育从灌输式学习向自主学习、互动学习转变的发展趋势，在资源库中增加互动教学功能，实现文字、图片、语音等全方位互动交流，增加"自媒体模块"，确保资源库每位受众作为自媒体都可以及时上传符合标准格式的内容和资源到资源库临时存储模块，可以使资源库内容及时得到更新。

四是建立多维度资源库评价机制。在国家已有在线学习认证标准、教育资源建设规范的基础上，遵循与目标一致性、可操作性、独立性等原则，以学生、教师、学校领导、行业学者、督导等为评价主体，参考资源关注度、下载量、评价等级等客观指标，构建以教学效果为导向的资源库评价机制，确保资源库辅助教学的有效性；在评价指标中特别增加并提高更新度指标，确保资源库内容做到与时俱进。另外将平台建设作为高校考核标准之一，以确保资源库建设的质量和长效性。

构建校本特色大思政资源库不仅可以推动思政育人的落地落细落实，红色文化精神在高校师生中也将得到更好地弘扬和传承，进而增强师生对社会主义核心价值观的认同和凝聚力。校本特色大思政资源库的建设是一项系统工程，需要教育主管部门和高校、高校思政课和专业课教师、大学生等协同参与建设。

（上海出版印刷高等专科学校马克思主义学院　陈志英）

附　录

上海高校大思政课程建设情况调研报告

基于教学资源库建构视角

一、调研目的、调研方法和调研对象

（一）调研目的

立德树人是高校的根本使命和立身之本，上海在2014年成为高校课程思政的试点地区，高校学生思政教育已经由思政课单打独斗的局面转向探索构建全员、全过程、全方位育人的大思政教育体系的过程。大思政建设目标，归根结底要看人才培养效果，不是热热闹闹一阵子就完了。据此，我们对上海高校进行了大思政课程建设情况调研。调研对象是来自上海各类公办和民办本科、职业院校的思政课教师、专业课教师和学生。调研内容主要从教学资源角度分析上海高校大思政建设现状，查找突出问题，提出对策建议。从而使思政教育在高校真正入脑入心、落地落实。

（二）调研方法

本次调研主要采用匿名网络问卷调查的方法。调查对象分为思政课教师、专业课教师和学生三种类型，设计了相对应的三份问卷，并对不同类型的调查对象采用随机抽样方法。共下发问卷 2512 份，其中思政课教师问卷 114 份，专业课教师问卷 186 份，大学生问卷 2212 份。无论是从年龄、职称角度，还是从学校类型角度看，调研问卷均做到了全覆盖，师生取样比均约占比为 0.7%。

（三）调研对象基本情况

1. 上海高校思政课教师

（1）年龄情况

调研思政课教师中 56 岁及以上、29 岁及以下的比例偏低，均在 3% 左右，36—40 岁的比例为 31.58%，41—45 岁的比例为 24.56%，中青年教师居多，他们既有一定的人生阅历，又了解思政教学的整体状况。

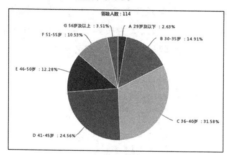

（2）教龄情况

教龄在 3—15 年的教师比例在 70% 以上，这个阶段的教师不仅富有教学经验，而且是当前教学改革的主要承担者。

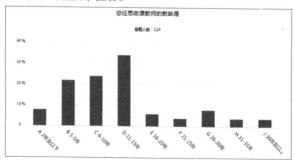

（3）学历学位情况

88.59%的教师具备硕士以上学历和学位,其中已经取得博士学位的占比28.07%,在职攻读博士学位的占比49.12%,具有较高研究水平。

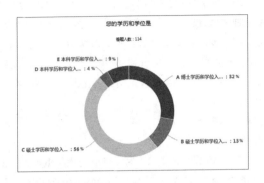

（4）学校性质

调研的思政课教师来自上海各类高校,公办高职高专院校和市属本科院校较多,分别占比36.84%和27.19%,其次为民办本科院校占比12.28%,民办高职学校占比9.65%,"双一流"本科院校占比10.53%,部属本科院校占比3.51%,调研样本覆盖到上海各类高校。

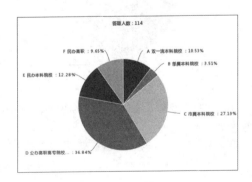

2. 上海高校专业课教师

（1）年龄情况

30—45岁教师占比68.28%,46—50岁教师占比13.98%,50岁以上和29岁以下教师比例少,样本做到了全覆盖,并以中青年教师为主。

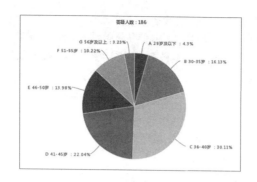

(2) 职称

中级职称和副高职称教师在教学岗位多,了解教学情况,分别占比 50% 和 36.02%,正高职称教师占比 3.23%,助教占比 10.75%。

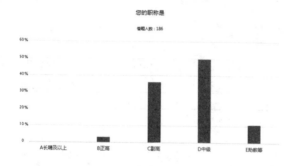

(3) 任教本专业课程的时间

任教时间在 6—30 年的教师比例达到 67.74%,20 年以上教龄的教师比例达 22.04%,调研对象中多数教师具备丰富的教学经验。

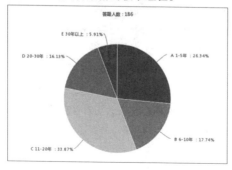

(4) 学校性质

调研的专业课教师分别来自上海公办高职高专院校、市属本科院校、"双一流"本科院校、民办高职院校、民办本科院校,基本做到了样本全覆盖。公办高职高专院校教师比例占比81.72%。

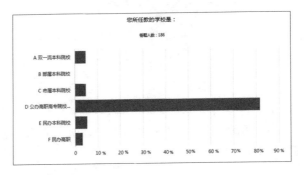

3. 上海高校在校学生

(1) 学校性质

调研学生来自上海各类高校,其中公办高职高专院校占比37.71%,市属本科院校占比19.83%,"双一流"本科院校占比5.98%,部属本科院校3.12%。民办中,本科院校占比28.16%,高职院校占比5.21%。

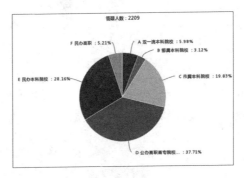

(2) 学生所在年级

调研的大学生中,二年级以上学生占比73.93%,人数最多。二年级及以上的学生已经接受过思政教育,对课程思政概念及内容有了一定程度的了解,这一样本比例保证了问卷调研的有效性。

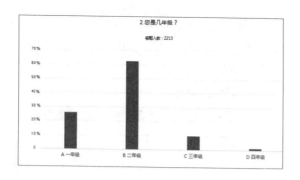

（3）学生所学专业

调研样本中大学生所学专业涵盖了微电子科学与技术、软件工程、会计、经管、外语、艺术等文理工商各专业，有利于对学生总体情况的把握。

二、大思政课程建设现状

（一）思政课程建设情况

1. 不同思政课课程教学素材存在重复

（1）高校思政课教学过程中存在的内容重复现象

除去《形势政策》课程，专科学校开设的思政课程主要包括《毛泽东思想和中国特色社会主义理论体系概论》和《思想道德修养和法律基础》。本科院校思政课程共四门，除了前面提到的两门课程外，还包括《中国近现代史纲要》和《马克思主义原理》。在教学过程中，21.05%的教师认为几门课程的教学内容不重复，其余教师均认为课程存在不同程度的重复。这些课程有着不同的教学目标，如何通过教学素材等的区别使用来避免这些重复是值得研究的。

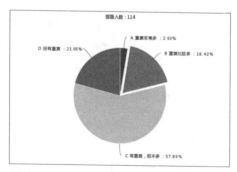

（2）大学思政课教学素材与中小学思政教学素材存在重复

5.26%的教师认为大学思政课教学素材与中小学思政教学素材没有重复，其余教师都认为素材存在不同程度的重复。

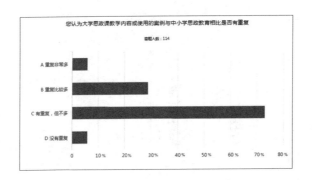

与大学生听课感受比较分析发现,两者结果是一致的。学生认为思政课教师课上所讲内容和案例:比较熟悉,部分内容上大学前接触过(44.45%);少部分内容知道,网络或电视新闻中看到过,理解不深,经过老师讲解理解更透彻(41.33%);多数都熟悉,中小学讲过了(12.18%);不熟悉,以前没学过,平时关注也少(2.04%)。

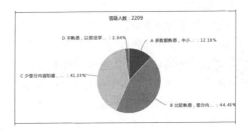

2. 最具吸引力的教学素材

(1) 对学生最具吸引力的教学素材

思政课教师在教学过程中感受到的对学生最具吸引力的教学素材依次是:发生在学生身边的事例(71.05%);生动的视频素材(65.79%);实践活动(52.63%);互动游戏(31.58%);其他素材(0.88%)。

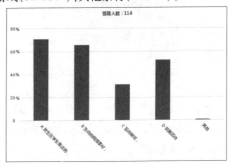

（2）针对不同专业学生采用的教学素材情况

超过半数的思政课教师认为应该采用与学生专业相关的案例,学生更容易理解,课堂效果更好。

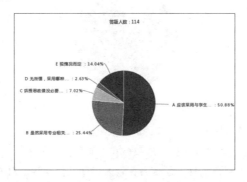

但如果由思政课教师收集与不同专业相关的思政案例,又存在着如下难点,依次是:时间精力不允许(56.14%);相关案例分类融入课程需要研究(51.75%);对专业课不了解(49.12%);没有经费支持(24.56%);国家没有支持政策(14.04%)。

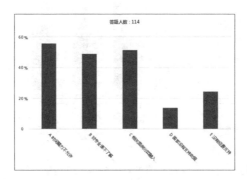

（二）课程思政建设情况

1. 对课程思政的认识

（1）课程思政实施的必要性

85.48%的专业课教师认可课程思政的实施;10.22%的专业课教师认为不好做判断;仅有4.3%的专业课教师认为没必要实施课程思政。

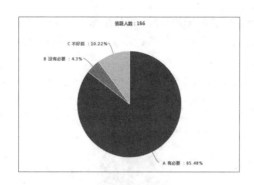

(2) 课程思政对学生专业兴趣的促进影响程度

87.1%的专业课教师认为课程思政会在不同程度上促进学生专业学习兴趣，53.23%的专业课教师认为课程思政会在较大程度上促进学生对专业课的学习兴趣。仅有12.9%的专业课教师认为影响不大。

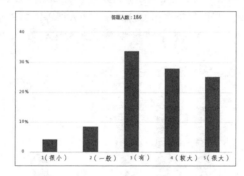

2. 课程思政实施情况

(1) 课程思政教学内容

在专业课授课过程中可以融入的思政内容，专业课教师认为权重不同，主要包

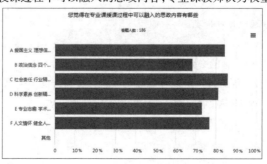

括以下几个方面：

社会责任、行业精神(86.02%)；爱国主义、理想信念(84.41%)；科学素养、创新精神(81.18%)；人文情怀、健全人格(76.88%)；专业志趣、学术精神(73.12%)；政治信念、四个自信(68.28%)。

(2) 课程思政素材来源

在课程思政实施过程中，专业课教师认为应该提炼的思政元素主要包括：社会热点问题(81.18%)；专业发展历史和典型事件(75.81%)；行业专家在本领域做的突出贡献、感人事迹(72.58%)；学校、系部、学生身边的相关案例(54.3%)；从思政课程资源中寻找(43.01%)；其他(0.54%)。

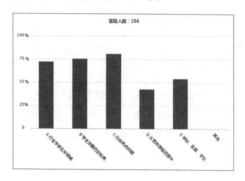

(3) 实施方式多样化

在上课过程中如何贯穿思政内容，专业课教师采用了多种方式：结合授课内容宣讲占89.25%；通过观看新闻、视频占46.77%；讨论与辩论的形式占43.55%；通过参观和考察的形式占27.42%；通过布置相关作业占26.88%。

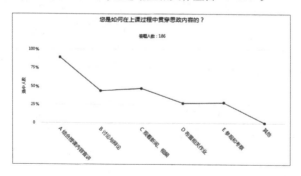

(三) 大学生反馈

1. 获取思政教育资源的渠道

大学生获取思政教育的渠道依次为:思政课(89.65%);新闻时政(74.13%);网络资源(67%);校园文化(47.69%);影视(45.16%);专业课(33.86%),其他途径中提到家庭教育、bilibili等现代传媒。

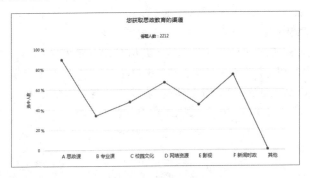

2. 课堂思政教育方式

按由多到少的次序排列,主要包括:视频教学等多媒体形式(76.22%);参观爱国主义教育基地等实践活动(56.15%);自主学习(42.63%);传统填鸭式教育(38.02%);其他还包括同学等的互动交流、新闻联播、家庭教育等。

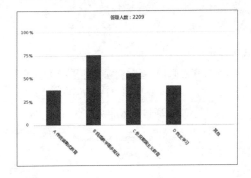

三、大思政建设管理情况

(一) 大思政建设管理情况

上海高校目前课程思政总体实施管理状况,专业课教师反馈如下:学校统一安排,教师协作、各部门协作完成(64.52%);领导布置任务教师独立完成(37.63%);领导号召教师自愿参加(37.1%);作为考核任务必须在规定时间完成(19.35%)。

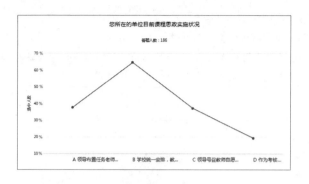

(二）思政课教师与专业课教师的合作情况

1. 思政课教师反馈

（1）思政课教师与专业课教师合作内容

思政课教师认为,目前在大思政教育中,专业课教师与思政课教师各自分工情况如下:共同讨论思政要素提炼方法(71.93%);案例方向把关(49.12%);撰写收集相关案例(42.98%);共同从事教学研讨(42.98%)。不管采用何种方式,多数思政课教师支持在大思政建设中与专业课教师合作。

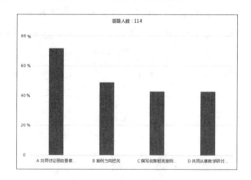

（2）思政课教师在合作中的职责

具体到合作内容方面,思政课教师认为在合作中可以承担以下任务:思政课教师提出思政教育中要把握的核心价值观和要素,及国家政策导向等,专业课老师对照这些内容准备课程资料(72.81%);思政课教师和专业课教师共同研究专业课程中思政元素提炼点(51.75%);专业课教师提供思政教育资料,思政课教师把握方向(35.09%);思政课教师提供思政案例资料,专业课教师融入课程教学(28.95%)。

2. 专业课教师反馈

(1) 与思政课教师合作的必要性

在课程思政教学过程中是否有必要与思政课教师合作,专业课教师认为:应该有必要(40.86%);非常有必要(38.71%);合作帮助不太大(13.98%);没有必要(6.45%)。

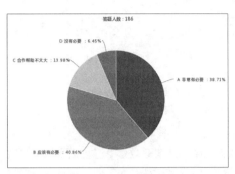

(2) 合作共建中双方分工

专业课教师认为,在与思政课教师的共建合作中,双方的分工是:思政课教师提出思政教育中要把握的核心价值观、要素及国家政策导向等,专业课教师对照这些内容准备课程资料(55.38%);思政课教师和专业课教师共同研究专业课程中思政元素提炼点(55.38%);思政课教师提供思政案例资料,专业课教师融入课程教学(47.32%);专业课教师提供思政教育资料,思政课教师把握方向(32.26%)。

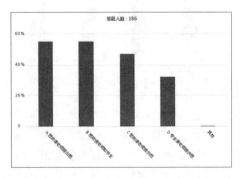

(三) 大思政建设评价

1. 思政课教师反馈

如何评价思政教学效果,思政课教师认为主要依据如下:学生对课程的反馈

(62.28%);通过课程建设基础工作,如相关思政资料数据库建设程度等(20.18%);学校领导、行业学者等所做的评价(11.4%);督导对课程的反馈(5.26%)。

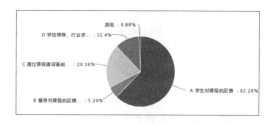

2. 专业课教师反馈

专业课教师认为对思政教学效果的评价方式是:学生对课程的反馈(86.02%);通过课程建设基础工作,如相关思政资料数据库建设程度等(54.84%);督导对课程的反馈(28.49%);学校领导、行业学者等所做的评价(22.04%)。

思政课教师与专业课教师对课程思政的评价方式虽然略有出入,但学生对课程的反馈却是双方多数教师一致认可的。

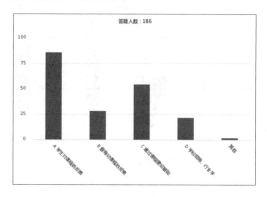

四、大学生对大思政教学的满意度

(一) 对思政课程的感受

1. 对思政课的认识

大学生对思政课课程的看法包括:认为课程开设非常有必要,可以培养学生的爱国情怀和社会责任意识(51.92%);课程比较重要,可以使我们了解中国国情及发展道路(43.32%);思政课程开设,会限制我们的思想自由(2.67%);无所谓,不关心政治(2.08%)。

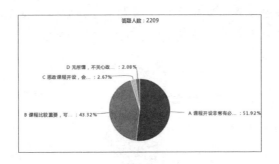

2. 思政课教师教学中列举相关专业案例情况

对于思政课教师上课运用相关专业案例的情况,大学生反应:会列举(44.81%);经常列举(34.18%);偶尔有(18.72%);从来没有(2.31%)。

数据与思政课教师半数以上反馈因时间精力等因素影响难以做到没有出入,判断部分学生可能将"专业案例"理解为思政专业案例。

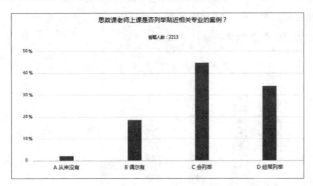

思政教师上课所列举的专业案例是否贴切、丰富,大学生认为:比较贴切,案例较多(35.13%);案例丰富,与教学内容契合(33.68%);还可以(28.84%);从来没有,照本宣科(2.35%)。可见思政课教师在列举相关专业案例教学方面还要进行深入研究。

3. 对思政课程的学习效果评价

大学生认为学完思政课后对自己的影响程度不同,分别为:深刻影响了我对国家的认识,对我的价值观影响重大(45.9%);在思政课上,我学到了中国社会主义道路产生和发展的历史与理论知识(47.03%);学到了一些历史知识,但不太喜欢政治(5.52%);没有认真学过(1.54%)。能深刻影响学生价值观的思政课尚不足半数,可见思政课在教学效果方面还有很大研究空间。

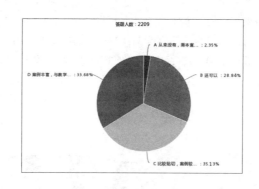

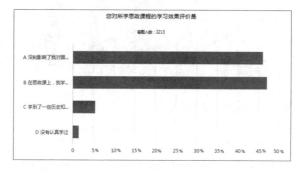

(二) 对课程思政的感受

1. 对"课程思政"这一理念的了解程度

对课程思政的认识,大学生的反馈不一:课程思政是在专业课上融入思政元素,进行价值观的引领(76.01%);课程思政就是思政课程,两者是一样的(8.6%);不了解(9.01%);课程思政是单独的一门课程(6.38%)。

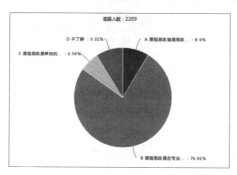

2. 专业课程对个人的人生观、价值观、世界观的影响和启发作用

认为有较大启发作用的大学生占31.92%,认为有启发作用的占30.74%,认为有很大启发作用的占30.42%,总数约93.06%。其他同学认为启发作用一般或很小。可见课程思政实施非常有必要。

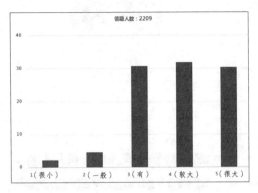

3. 专业课教师所举思政案例情况

48.26%的同学认为案例丰富,与教学内容契合;36.62%的人认为比较贴切,案例较多;14.03%的同学认为还可以,有些案例贴切;只有1.09%的人认为从来没有,照本宣科。认为案例丰富且与教学内容契合的学生人数不足半数,说明专业课教师思政案例的运用还要加强。

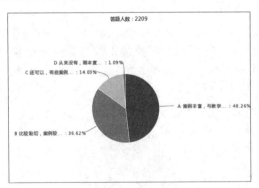

4. 大学生课后反馈

大学生听完课程思政后的感受主要包括以下几方面:明白了专业技能不仅重要,正确做人更加重要(64.24%);对所学专业意义更加明了(26.75%);感觉思政内容与专业课程无关,放在一起勉强(7.11%);没有感觉(1.9%)。

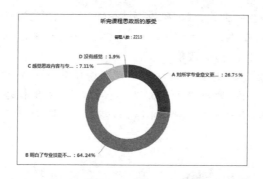

(三) 与思政相关的日常行为表现

1. 对政治的关心程度

参与调研的大学生,关注政治的占 46.07%;比较关注的占 21.34%;非常关注的占 17.54%,不太关注和不关注的分别占 10.53% 和 4.52%。

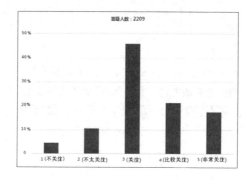

2. 对当前中国治理情况的看法

主要包括:中国发展当前虽然还存在很多问题,但总体发展方向是正确的(71.34%);当前中国已经成为世界第二大经济体,各方面发展都很不错

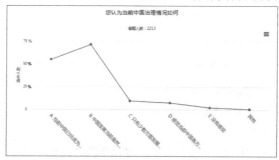

(54.97%);只有少数方面发展较好,多数不行(9.45%);感觉当前中国各方面发展都很糟糕,发展方向要调整(7.28%);没有感觉(2.03%);其他(0.32%)。

3. 对于社会上不公平的现象

大学生的反应为:应该采取法律等正当途径解决问题,维护公序良俗(87.75%);借助网络发声谴责(23.28%);习以为常,事不关己,高高挂起(12.79%);应该以眼还眼以牙还牙,不择手段(5.7%);其他(0.59%)。

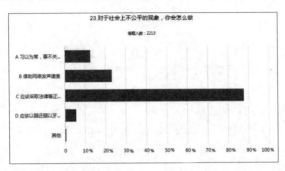

4. 对网上污蔑中国的言行的反应

大学生对网上污蔑中国的言行主要反应如下:直接据实给予回击,绝不袖手旁观(70.66%);中国确实很多地方建设存在问题,应该受到指责(24.73%);内心很气愤,但不愿发声,反正有别人会讲(20.61%);其他(如力而行、根据诬蔑内容再定、间接回击等)(3.03%);事不关己,高高挂起(2.85%)。

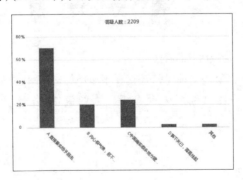

五、大思政资源库构建情况

(一)高校资源库构建基本情况

1. 思政课资源库

有71.94%的学校已经在建或建成了思政课资源库,但使用度偏低;正在开发,主要由负责人组织建设,利用度较低(41.23%);还没建设(28.07%);已经建成,主要由负责人建设,利用度一般(16.67%);已经建成,思政课教师共同讨论构建,且利用度较高(14.03%)。

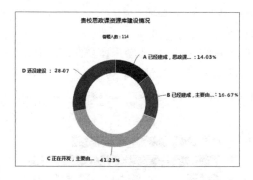

2. 校本特色大思政资源库的构建情况

单位构建大思政资源库的情况,思政课教师认为:没有(80.7%);有(19.3%)。

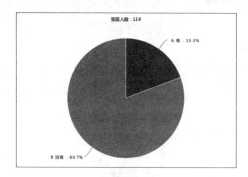

从专业课教师角度看,22.58%的学校有大思政共享资源平台,其他学校没有或没听说过。

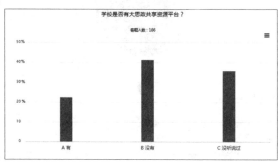

思政课教师反馈情况与专业课教师对这个问题反馈一致，说明80%以上的学校并未建立这样的资源库。

（二）对构建校本特色大思政资源库的态度

1. 构建校本特色大思政资源库的必要性

（1）思政课教师

思政课教师对构建样本特色大思政资源库看法如下：有必要（47.37%）；非常有必要（36.84%）；可以（10.53%）；没必要（3.51%）；看国家要求（1.75%）。

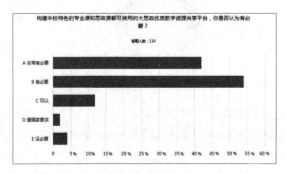

（2）专业课教师

专业课教师认为构建相关专业课程的思政资料数据库，对上好课程思政的帮助作用如下：非常有帮助（67.21%）；帮助一般（24.73%）；帮助不大（5.91%）；没有帮助（2.15%）。

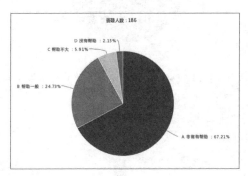

（三）资源库内容建设

1. 教师需求

（1）思政课教师

校本特色大思政资源库的构建应重视引进的资源从强到弱依次为：发生在学生

身边的事（55.26%）；国家和世界层面的红色资源（36.84%）；学校教学、管理中的相关案例（34.21%）；学生自己的作品（32.46%）；学校所在市区案例（31.58%）。

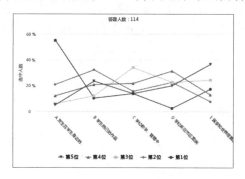

（2）专业课教师

对于课程思政教学是否吃力，专业课教师认为：吃力（28.49%）；不吃力（71.51%）。

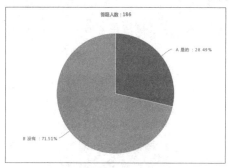

认为课程思政教学吃力的专业课教师提出吃力的原因在于：缺乏合适的教学案例（79.25%）；不知道从哪里切入（60.38%）；无法把握深浅（45.28%）；不了解课程思政的意义（16.98%）。

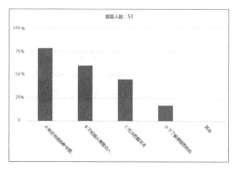

159

当前专业课教师从事课程思政教学的教学素材主要来源于:时政新闻(82.263%);专业书籍中提炼(62.9%);网络红色文化资料(54.84%);教学中师生案例或作品(48.92%);其他教师案例(26.34%);学校和系部历史资料等(24.73%)。此外还有从生活中自己提炼的案例(1.08%)。

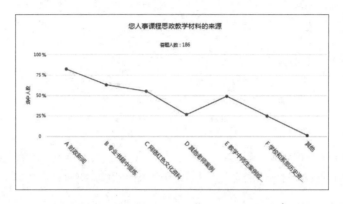

已经积累的课程思政案例资料数量依次为:一般(46.77%);较多(25.27%);较少(18.28%);很多(5.91%);很少(3.23%);没有(0.54%)。

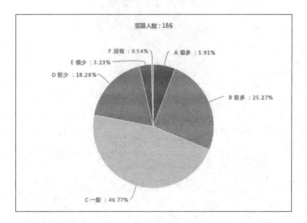

为了进一步提高课程思政的质量,专业课教师建议:增加学生身边的案例故事(73.66%);增强师生互动(67.2%);增强课堂讨论(55.38%);增加实践环节(53.23%);增加个人或小组分享(50%);增加理论知识的讲解(38.71%)。

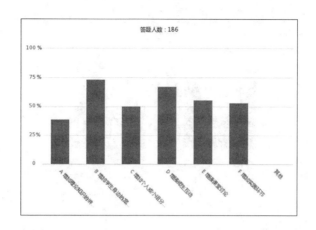

2. 学生需求

（1）学生最感兴趣的教学案例

按照由高到低的次序排列依次为：发生在学生身边的事（57.71%）；国家或国际层面的案例（45.89%）；学校所在市区案例（44.85%）；学校相关案例（43.94%）；学生自己的作品（31.28%）。

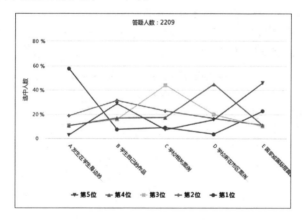

（2）大学生喜欢的课程思政教学方法

按照由高到低的次序排列依次为：讲故事（78.8%）；视频案例（71.2%）；图文并茂的文字案例（47.38%）；互动游戏（44.17%）；虚拟场景（42%）；搞创作（34.81%）；结合专业布置作业（33%）。

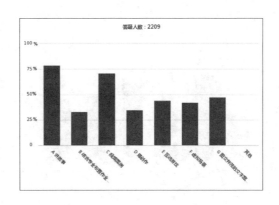

(四)资源库的管理

1. 资源库构建的难点和挑战

思政课教师认为高校建设大思政课优质教学资源共享平台会遭遇的"瓶颈"是:

教师时间精力有限(60.53%);资源库经费来源保障(52.63%);高校对思政课优质教学资源共享平台缺乏相应的激励机制(49.12%);缺乏资源持续更新的保障制度(47.37%);缺乏统一的管理协调部门(41.23%);高校政策支持力度不够(38.6%);高校教师沟通协作困难,教师不愿意提供自己的教学资源(37.72%);教师网络技术的掌握程度(34.21%)。

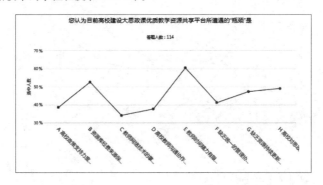

高校思政课优质教学资源共享平台建设后,思政课教师认为应该注意以下问题带来的消极影响:

过于重视形式,忽视理论的内涵本质(72.81%);后续投入不足,无法持续使用(61.4%);平台内容的更新与后续的维护(57.89%);西方意识形态的渗入(51.75%);学生不予配合,不能达到教学目的和教学效果(38.6%)。

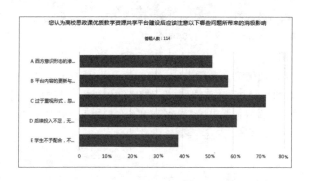

2. 管理机制

为推进思政课优质教学资源共享平台的建设,应该着力建立的管理机制包括:

将教师对平台的使用率与贡献率作为考核标准之一(64.04%);完善教学资源审核机制(63.16%);将平台建设作为高校考核标准之一(51.75%);将学生对平台的使用效率作为考核标准之一(36.84%)。

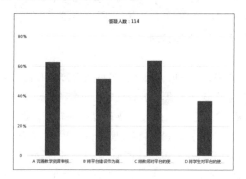

3. 管理部门

构建这样的资源库,负责管理的部门应该是:马克思主义学院或思政部

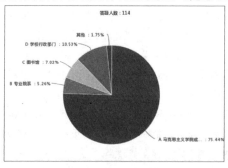

(75.44%);学校行政部门(10.53%);图书馆(7.02%);专业院系(5.26%);其他如党委牵头、学校宣传部负责等(1.75%)。

4. 资金使用

构建本校大思政优质教学资源共享平台时,应加大投入的地方在于:案例资料收集费用(84.21%);数据平台建设费用(76.32%);后期持续更新费用(64.91%);平台运营管理费用(57.89%);其他如助理人员经费等(2.63%)。

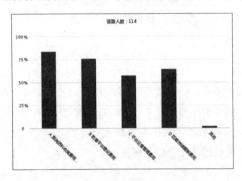

六、加强高校大思政建设的对策建议

(一) 调研中的问题

高校是贯彻落实国家立德树人根本任务的重要阵地和推动力量,随着当前思政教育重要性的日益凸显,高校思政教育已经由思政课教师单打独斗的局面,向探索构建全员、全过程、全方位育人的大思政教育格局转变。做好高校思想政治工作,需要遵循思想政治工作规律、教书育人规律和学生成长规律。当前上海大思政教育在推进中取得了丰硕成果,走在全国前列,然而通过调研可以看出,在遵循以上教育规律,利用课堂教学主渠道进行育人方面,还存在着一定的表面化和形式化的现象,主要表现在:

1. 从学生角度看思政教育效果,尚存在入脑未入心的现象

大学生普遍认为思政教育很重要,但通过大思政教育,能深刻影响到自己的国家意识、价值观塑造,并加深对社会主义道路认识的学生比例尚不足半数。落实到具体行动上,多数学生对国家政治关心程度一般;对于社会上不公平的现象,不少人习以为常,认为事不关己、高高挂起,甚至认同不择手段采用以眼还眼以牙还牙的方法;对网上诬蔑中国的言行,相当一部分人选择了沉默,或者内心很气愤,但不愿发声,反正有别人会讲,还有不少同学认为中国建设方面确实很多地方存在问题,对这种诬蔑行为表示可以理解。大思政教育重在实效,高校思政课堂教育从学生入脑到入心、从理论到实践还存在着差距。

2. 思政课教师在教学素材使用方面尚存在着重复和"不接地气"的问题

多数思政课教师意识到,高校思政课教学中使用的素材与中小学相比,有不同程度的重复;就本科院校开设的四门思政课所使用的教学素材而言,认为没有重复的教师比例较低。超过半数的思政课教师认为发生在学生身边的事例是对学生最具吸引力的教学素材,另外针对不同专业学生采用与其专业相关案例进行教学效果会更好,但时间精力有限、对专业课的了解程度及案例衔接需要研究等因素影响到这些教学素材的收集和使用。

从教学效果看,近半数的学生熟悉教师所讲内容,甚至有部分学生认为,多数都熟悉,因为在中小学学习过;认为思政课教师会列举贴近相关专业案例的比例不足半数;即使有相关案例,但感觉案例恰当贴切的人数并不多,认为思政教育采用传统填鸭式教育方式的学生仍占一定比例。

3. 专业课教师在课程思政教学中存在思政教学素材匮乏和孤军作战的现象

上海高校实行课程思政教学改革后,专业课教师普遍认同课程思政开展的必要性,但在教学资料积累方面仍处于起步阶段,大学生中有相当一部分人认为不同专业课教师会举重复的教学案例。专业课教师认为进行课程思政教学吃力的主要障碍在于缺乏合适的教学案例,其次是不知道从哪里切入思政教学,无法把握讲课深浅。受此影响,相当一部分大学生认为专业课程对个人的人生观、价值观、世界观的影响和启发作用一般。

从课程思政教学管理方面看,相当一部分学校老师是独立作战完成课程思政任务,有的是为了完成考核任务而勉强应付。后续开展课程思政建设,专业课教师认为还需要得到的帮助是,学校制度激励、经费支持及在学校统一协调管理下与思政课教师的深度协作。

(二) 对策建议

针对以上调研问题的研究及对策建议已形成文稿《构建校本特色大思政资源库促进上海红色文化品牌内涵式建设》。

推动 5G 时代上海"建筑可阅读"的国际传播

摘要：随着 5G 时代的来临，上海全面开启了海派文化品牌建设中"建筑可阅读"项目的数字化转型。通过田野调查、媒体资源数据库统计和问卷调查进行研究和分析后发现，上海"建筑可阅读"项目的持续建设已形成了一定特色，为其在 5G 时代的国际传播奠定了基础，并建成了一批可用于 5G 时代国际传播的新媒体资源；对于亟待解决的影响因素，中外文化名城的建筑文化国际传播发展为其提供了可借鉴的经验。利用 5G 时代的新媒体优势，推动上海建筑文化的国际传播资源开发、研究和应用走向深入，在加速推进上海"建筑可阅读"国际传播的同时，加大对上海城市精神的传播，对于深化建设具有世界影响力的国际文化大都市、讲好区域文化故事具有重要战略意义。

一、5G 时代上海"建筑可阅读"的国际传播

1. 上海"建筑可阅读"的建设和发展

2018 年 5 月，上海发布了《全力打响"上海文化"品牌 加快建成国际文化大都市三年行动计划（2018—2020 年）》等政策，提出了打响红色文化、海派文化、江南文化三大品牌任务。其中，特别提到海派文化品牌建设要用足用好海派文化资源，大力弘扬海纳百川、追求卓越、开明睿智、大气谦和的城市精神；始终坚持需求导向，主动适应"网络原住民"的接受习惯，深入推进文化供给侧结构性改革。"建筑可阅读"是海派文化品牌建设中颇受关注的项目，至 2020 年 9 月，全市已开放建筑 1039 处，为不可移动文物、优秀历史建筑和历史风貌区设置二维码共 2458 处，部分做到了中英文双语，试点了线上线下"VR 全景阅读"，成为上海文化国际传播的途径之一，其发展至目前经历了三个不断升级的版本：

(1) 扫码阅读 1.0 版

"建筑可阅读"项目源于 2017 年 5 月的上海市第十一次代表大会,会上提出"建筑可阅读、街区宜漫步、城市有温度"的工作要求。自 2018 年发布"上海文化"品牌建设的计划后,上海市"建筑可阅读"项目便由六个中心城区逐渐向上海全市推广,开展了"阅读建筑(Read Shanghai)"二维码设置为主的历史建筑保护活化工程,大力推进海派建筑的介绍,讲好上海故事,擦亮城市名片。至 2020 年 9 月,上海市开放建筑共 1039 处,2458 处老建筑设置了二维码。

(2) 建筑开放和传播发展 2.0 版

2020 年 9 月,上海市文化和旅游局联合 16 个区文旅局共同推出"16 个夜游上海好去处"及"103 条建筑微旅行线路",并通过集中展示文创市集和启动"建筑可阅读"百大"人·物"评选等方式,让市民和游客更立体地了解历史和海派文化。同时,作为"建筑可阅读"的重点项目,《这里是上海:建筑可阅读》一书于 2020 年上海书展期间首发,其有声版在蜻蜓 FM 和喜马拉雅等音频平台上线,沪上知名新闻主播和主持人参与了录制,让海派建筑可见、可读、可听,加强了视听体验。其中,静安区的 222 处优秀建筑,通过 VR 全景地图实现了建筑的二维码全景阅读,扫描建筑和景点二维码,就可浸入式阅读和游览,同时利用 6 个乐游移动驿站实现了线上导游、线下漫游、线上线下共享游的移动文旅公共服务。

(3) 数字转型和全面建设 3.0 版

2021 年 1 月 30 日公布的《上海市国民经济和社会发展第十四个五年规划和二〇三五年远景目标纲要》[①]提出要"弘扬城市精神和城市品格、提升国际文化大都市软实力",并将"建筑可阅读"作为构筑城市文化空间的一部分,特别提到要"加强历史文化建筑保护和利用,推进向公众全面开放,开发更具历史、文化和科技元素的特色文创产品和旅

---

① 上海市人民政府. 上海市国民经济和社会发展第十四个五年规划和二〇三五年远景目标纲要[EB/OL]. (2021 – 01 – 30). http://www.shanghai.gov.cn/nw12344/20210129/ced9958c16294feab926754394d9db91.html.

游线路,全面提升'街区可漫步''建筑可阅读'的服务水平"。

2021年2月3日,上海市文化和旅游局发布了《2021年"建筑可阅读"十大行动计划》和《2021年"建筑可阅读"春季打卡推荐榜单》,全面开启上海"建筑可阅读"数字化转型,着力在体验数字化和服务体系化上取得新成果,在市民满意度、社会参与度、跨界融合度上实现新突破[1]。其中,特别提到"五个一"建设,包括:成立一个联盟;出台一套《上海市"建筑可阅读"服务质量标准》;搭建一个集体亮相、集中宣传、集聚效应的主要平台;打造一支由专家、志愿者、讲解员组成的"建筑可阅读"人才队伍;推出部分经典建筑"一楼一'套餐'"试点,全方位、多角度、深层次"阅读"经典建筑。

2. "建筑可阅读"国际传播的发展背景

(1) 新媒体技术发展

"随着新媒体的不断发展,传播学的研究对象开始变得复杂,其中一个重要的原因就在于,媒介技术日益精进使得现实世界与虚拟世界之间的关系更为复杂,界限更为模糊,直接导致了二者边界的暧昧性"[2]。全球正进入第七次信息革命,载体是智能互联网,而5G是第七次信息革命的基础。5G被认为是"数字经济新引擎",既是人工智能、物联网、云计算、区块链、视频社交等新技术新产业的基础,也将为"中国制造2025"和"工业4.0"提供关键支撑[3]。5G时代的来临,包括由5G技术所带动的新媒体智能化传播,新媒体呈现出高速度、泛在化、低功耗、低时延的特点,传媒时空随之浓缩,形成万物皆媒体、人机共生的新媒体环境。

2019年6月6日,工信部发放了四张5G牌照,标志着我国正式进入了5G时代。作为新一代移动媒介技术,5G的服务对象从人与人通

---

[1] 人民网. 以十大行动计划开启全新3.0版 沪上"建筑可阅读"全面向数字化转型[EB/OL].(2021-02-04). http://sh.people.com.cn/n2/2021/0204/c350122-34565417.html.
[2] 于洋,姜飞. 国际跨文化传播研究新特征和新趋势[J]. 国际新闻界,2021,43(1):67-84.
[3] 项立刚.5G时代——什么是5G,它将如何改变世界[M]. 北京:中国人民大学出版社,2019.

信拓展到人与物、物与物通信,推动了与文化传播领域的深度融合。同时,受到新冠疫情的影响,世界格局也发生了深刻的变化,全球化发展进程受到种种阻力,国际关系发生剧烈改变,国际交往减少,这导致对于跨文化交往的渴望阶段性减弱,而我国 5G 的迅猛发展给发展文化事业及其国际传播提供了新的机会。面对新的情境,我国文化发展需要建构新的国际传播体系,创新国际传播内容与方式,提高国际传播影响力。

上海市为更好推进国际文化大都市和世界著名旅游城市建设,更好贯彻社会主义文化强国的战略部署,积极落实《关于进一步加快智慧城市建设的若干意见》和《上海市促进在线新经济发展行动方案(2020—2022年)》要求,提出了主动顺应全球新一轮信息技术变革趋势,依托大数据、云计算、物联网、移动互联网、人工智能及 5G + 4K/8K、区块链、边缘计算、人脸识别等新技术,加快推进文化旅游融合发展,加强文旅业态模式创新、服务创新、管理创新。

(2) 海派文化的国际传播

海派文化在形成和发展过程中,根植于中华优秀传统文化、吸纳江南区域文化、融入近代西方文化、体现国际化人才的参与和上海在东西方文化交流中的作用等特征,使其成为上海文化乃至中华文化国际传播中非常重要的部分。由于海派文化在发展期与西方文化的渊源和成熟期国际化人才的汇集,加上更新期上海对外交往和城市建设的迅速发展,使其在国际传播方面已具有一定影响力。海派文化的国际传播影响力主要从三个层次体现出来:一是在海外华人社区的影响。近年,许多国家上海侨胞的影响日益扩大,上海餐馆等海派文化符号越来越多,在一些新兴的华人社区中,沪语和海派文化甚至居于主导地位。二是对周边国家的影响。周边国家与上海的交往在海派文化的发展和国际传播中向来意义深远,近年来上海经济文化迅速发展,上海的物质产品和文化产品都在周边国家深受欢迎,同时来自周边国家的留学生、企业家、文化人、游客也越来越多,体现了海派文化对周边国家的影响正不断上升。三是对西方发达国家的影响。海派文化在历史上对欧美发达国家一直具有吸引力,而近年关于上海的展览会、报告会、讲座、研讨会在西方国家不断举办,许多欧美大城市都纷纷设有"上海文化周",诸多海派文化特色被津津乐道①。

海派文化仍需要提高国际传播力,不断创新发展。有学者认为,海派文化的国际传播力建设需要:加强组织领导,发挥政府在海派文化国际传播中的协调作用;加强国际传播人才队伍建设,提供人才保障;建设文化出口品牌,加强海派文化国际传播影响力②;注重创造动态的有意文化传播,不断发展并向外传播的海派文化③;推进国际传播平台建设,打造具有国际影响力的品牌媒体;加强国际传播内容建设,突破文化壁垒和传播障碍;发挥出版资源集聚优势,多方推动出版"走出去";发挥文教资源集聚优势,积极参与国际文化、教育与学术交流;发挥会展资源集聚优势,打造系列重要国际展会④,等等。同时,在创新发展中需要处理好:东方与西方的关系,改变人们对复制西方文化符号的激情,加强城市文化保护;自我与他者的关系,既保持自身的完整独立,又积极参与世界文明的构建,在世界事务中拥有话语权,是海派文化未来建设中面临的重要课题⑤。

(3) 上海文化软实力建设

2020年10月29日通过的《中共中央关于制定国民经济和社会发展第十四个五年规划和二〇三五年远景目标的建议》(以下简称"十四五"规划)提出"提升繁荣发展文化事业和文化产业,提高国家文化软实力",特别提到需要"提升公共文化服务水平""推动公共文化数字化建设",并"以讲好中国故事为着力点,创新推进国际传播"。在提升繁

---

① 潘光. 海派文化的国际影响力与上海的国际竞争力[J]. 上海大学学报(社会科学版),2007(1):67—70.

② 秦迎林,刘莹. "走出去"视角下的上海文化国际传播策略研究[J]. 管理观察,2018(2):53—54.

③ 杨剑龙. 拓展海派文化国际影响力的几个因素[J]. 上海大学学报(社会科学版),2007(1):71—74.

④ 李本乾,王大可,冯妮. 后世博时代上海国际传播能力建设的实践与探索[J]. 对外传播,2017(6):64—66.

⑤ 杨寄荣. 社会主义核心价值观视阈下的海派文化传承[J]. 上海理工大学学报(社会科学版),2019,41(1):67—72.

荣发展文化事业和文化产业过程中,学者们认为海派文化应该站在前沿,成为中国对外文化软实力建设中一支非常重要的队伍[①]。

上海城市精神是海派文化在形成发展过程中趋时创新、多元包容、商业意识[②]、市民文化[③]等特征的时代体现,与社会主义核心价值观高度契合[④],为上海文化软实力建设提供了重要基础。上海城市精神为"海纳百川、追求卓越、开明睿智、大气谦和",继而于2011年中共上海市委九届十六次全会提出要结合上海历史文化积淀和现阶段发展实际,积极倡导"公正""包容""责任""诚信"的价值取向。

上海城市精神中最鲜明的特征为"海纳百川",这也是海派建筑文化最主要的特征之一。移民文化使上海人形成了自主人格,在处理共同关心的事务时,公民联合行动,自由聚会、结社、自由发表和公开观点[⑤],这是海派文化"公正"和"包容"价值取向的集中体现;"追求卓越"是中华民族精神的体现,也是海派建筑文化中注重细节、具有工匠精神的集中体现,其中既有艰苦奋斗的中华民族精神传承,也受重商意识和西方规则意识和法治约束[⑥]的影响,体现了不断进取的、自觉的"责任"和"诚信"的价值取向。同时,"开明睿智"是中华传统文化中对政治社会开明的品格要求和儒家睿智的价值观,海派文化向来以富有想象力和创新意识为特征之一,而"大气谦和"也是中华优秀传统文化的核心内容,是海派文化表现出的广博胸怀和理性精神特征,均进一步体现了上海城市精神敢为人先、服务大局、精益求精的基本内涵[⑦],

---

① 陈放明. 文化与资本的对话——首届上海文化论坛综述[J]. 探索与争鸣,2014(2):94—95.
② 孙逊. "海派文化":近代中国都市文化的先行者[J]. 江西社会科学,2010(10):7—13.
③ 杨剑龙. 拓展海派文化国际影响力的几个因素[J]. 上海大学学报(社会科学版),2007(1):71—74.
④ 杨寄荣. 社会主义核心价值观视阈下的海派文化传承[J]. 上海理工大学学报(社会科学版),2019,41(1):67—72.
⑤ 汪熙,魏斐德. 中国现代化问题:一个多方位的历史探索[M]. 上海:复旦大学出版社,1994.
⑥ 杨寄荣. 社会主义核心价值观视阈下的海派文化传承[J]. 上海理工大学学报(社会科学版),2019,41(1):67—72.
⑦ 张励. 二十世纪五六十年代中国共产党对上海城市精神的再造[J]. 上海党史与党建,2016(7):21—23.

也是海派文化核心价值的具体表现。

二、"建筑可阅读"的国际传播现状研究

1. 研究目的和内容

(1) 研究目的

习近平总书记指出:"要着力推进国际传播能力建设,创新对外宣传方式,加强话语体系建设,着力打造融通中外的新概念新范畴新表述,讲好中国故事,传播好中国声音,增强在国际上的话语权。"[1]在我国进入全面建成小康社会的关键期,文化软实力的作用凸显,文化发展战略的研究和实施受到普遍重视,基本建立起了新时代"大外宣"格局。

基于5G时代海派文化的国际传播、"建筑可阅读"的建设和发展、建筑文化的国际传播发展态势等的研究,鉴于上海建筑在海派文化中的重要地位,为加强上海文化品牌建设,尤其是海派文化的国际传播力,提升上海文化软实力,本研究以"建筑可阅读"项目为例,力图分析和解决以下问题:

① 5G时代新媒体背景下,"建筑可阅读"项目的国际传播内容、形式和途径的发展现状如何?

② 5G时代新媒体背景下,国际主流新媒体和社交媒体有关海派文化(特别是海派建筑)的国际传播现状如何?

③ 5G时代新媒体背景下,海外友人、在华外籍人员和常年在海外的华人对海派文化(特别是海派建筑)国际传播新媒体资源的了解情况、观点和偏好如何?

(2) 研究内容

针对以上需要分析和解决的问题,按"建筑可阅读"项目的发展情况和本研究的需要,对以下内容分别进行调研:

---

[1] 中共中央文献研究室. 习近平关于全面深化改革论述摘编[M]. 北京:中央文献出版社,2014.

① "建筑可阅读"项目涉及的"阅读建筑"二维码国际传播内容建设情况、"建筑可阅读"项目 VR 全景阅读试点发展现状、"建筑可阅读"现有在线英语资源发展情况,此项内容主要关注传播内容、形式和途径,尤其是新媒体传播形式、内容、语言翻译内容等具体指标;

② 国际主流新媒体和社交媒体有关海派文化(特别是海派建筑)的国际传播现状,主要关注国际传播影响力,尤其是近年主流媒体的报道情况和国际知名社交媒体发帖用户数、发帖观点、各社交媒体的发帖数等具体指标;

③ 海外友人、在华外籍人员和常年在海外的华人对海派文化(特别是海派建筑)国际传播新媒体资源的了解情况、观点和偏好,主要关注其媒体选择偏好、对"阅读建筑"二维码了解情况、新媒体资源内容偏好、新媒体资源建设建议等。

2. 研究方法

(1) 田野调查

根据研究目的和内容的需要,本研究采用田野调查为研究方法之一,以"建筑可阅读"项目所涉及的建筑进行实地调查研究,通过田野资料的收集和记录,概括和描述"阅读建筑"二维码国际传播内容建设情况、"建筑可阅读"项目 VR 全景阅读试点发展现状、"建筑可阅读"现有在线英语资源发展情况等。

在研究准备阶段,就"建筑可阅读"项目基本情况,依据上海市文化和旅游局 2020 年 9 月公布的"建筑可阅读"开放建筑名录,按照有特色、在所在区域有代表性和实地调研方便可行的基本原则,严格选择调查点,并将调查点编码为 S1—S10。各调查点主要特征如下:

S1:该调查点区域内现存有 15 幢优秀历史建筑和一批建于 20 世纪二三十年代的历史建筑,坐落于中心城区,为上海历史文化风貌区的核心区域,目前亦为上海市中央商务区和现代服务业聚集区;

S2:该调查点区域内有 21 处名人名居,曾被划为上海公共租界,现为上海知名的文化休闲街,坐落于中心城区,为中国历史文化名街之一,目前专门设有街区展示咨询中心;

S3:该调查点区域是上海优秀历史建筑数量最多的历史文化风貌区,也集中了多座有价值的公共建筑,曾被划为法租界,坐落于中心城区,为上海首批历史文化风貌保护区之一;

S4:该调查点区域内有20余处已开放历史文化建筑,亦曾被划为法租界,坐落于两个中心城区交界处;

S5:该调查点区域有20余幢海派建筑,其样式包括英、法、日、荷、西班牙、伊斯兰、中西合璧等,其中包括9处开放历史文化建筑,曾是20世纪初文化界重地,坐落于中心城区,被上海市确定为近代城市历史风貌保护区;

S6:该调查点区域为目前世界最大的滨江工业遗存带,中心城区;

S7:该调查点区域有11座不可移动文物建筑,目前现代摩天大楼林立,坐座于中心城区;

S8:该调查点区域至今已有1500多年的历史,是上海市四大历史文化名镇之一,非中心城区;

S9:该调查点区域是上海历年发掘规模最大、出土文物最为丰富的考古遗址,非中心城区;

S10:该调查点区域是典型的江南水乡古镇,共有29处街坊、84条巷弄,是上海第一个中国历史文化名镇,非中心城区。

(2) 媒体资源数据库统计

"建筑可阅读"项目在国际知名媒体未见可统计资源,为了解相关的海派建筑和海派文化的媒体资源发展情况,本研究同时也采用数据库统计的方法,对国际知名媒体资源进行统计和分析,统计资源和统计指标主要包括:

① 主流媒体在线资源:以2015年至2020年为统计时间区间,将美国CNN和英国BBC作为西方主流媒体代表,结合所有国际主流媒体,分别以"Shanghai Culture"(海派文化)和"Shanghai Architecture"(海派建筑)为搜索关键词,对统计时间区间内的媒体报道进行数据统计,并特别统计了此期间媒体报道的视频数。

② 国际知名社交媒体资源:以2020年10月11日至10月20日为统计时间区间,每天使用Media Search为分析工具,以"Shanghai Architecture"(海派建筑)为搜索关键词,对10个国际社交媒体(包括Twitter、Instagram、Reddit、Dailymotion、VK、Facebook、YouTube、Tumblr、Flickr和Vimeo)进行媒体资源数据统计,分析"发帖数""用户态度""发帖类型""点赞数""转贴数"国际社交媒体传播指标。

（3）问卷调查

为了解国际人士对"建筑可阅读"项目海派建筑国际传播新资源开发的认知和态度,本研究同时还采用问卷调查的方法,以外籍友人及常年在海外的华人为调查对象,使用"问卷星"发放问卷,对调查结果进行分析。

该调查问卷为全英文表述,共16项,包括三个部分：

① 个人基本资料(共5项,选择或填写国籍、年龄、身份等信息)；

② 对海派建筑新媒体资源的认知和态度(共10项,选择或填写相应的认知或态度表达)；

③ 个人建议(共1项,开放型问题)。

此次研究的调查对象涉及国际人士,样本总体无法确定,可获得的样本数量不多,而研究者的时间与人力、物力有限,为短期内获得代表性较高的样本,采用判断抽样和雪球抽样的方法,共获得样本128人。

3. 研究结果

（1）田野调查结果

通过田野资料的收集和汇总,10个调查点区域的"阅读建筑"二维码国际传播内容建设情况、VR全景阅读试点发展现状、在线英语资源发展等情况统计如下：

S1:该调查点有区域统一的"建筑可阅读"二维码标志和界面设计,部分有中文音频介绍,大部分可实现中英文随时切换,内容为建筑简介；

S2:该调查点有区域统一的"建筑可阅读"二维码标志和界面设计,图文并茂,可实现发弹幕和该建筑基本知识选择答题等互动,部分可实现VR全景地图沉浸体验,但缺少英文版；

S3:该调查点有区域统一的"建筑可阅读"二维码标志和界面设

计,有建筑实景照片,并配备了配乐版中英音频介绍;

S4:该调查点有区域统一的"建筑可阅读"二维码标志和界面设计,中英文齐全,但无音视频等新媒体资源;

S5:该调查点有区域统一的"建筑可阅读"二维码标志和界面设计,中英文齐全,但无音视频等新媒体资源;

S6:该调查点有区域统一的"建筑可阅读"二维码标志和界面设计,有建筑背景故事介绍,按段落中文在上,英文在下,同时配备有VR全景地图,但无音视频等新媒体资源;

S7:该调查点有区域统一的"建筑可阅读"二维码标志和界面设计,中英文齐全,但无音视频资源;

S8:该调查点区域部分建筑设有二维码,内容无英文版本;

S9:该调查点设有区域二维码,无"建筑可阅读"标志,内容无英文版本;

S10:该调查点区域部分建筑设有二维码,内容无英文版本。

(2) 数据库统计结果

以2015年至2020年为统计时间区间,对国际知名媒体资源进行统计分析(表1),以2020年10月11日至10月20日为统计时间区间,每天使用Media Search对国际知名社交媒体资源进行有关"海派建筑"的发帖统计分析(表2)。

表1 2015—2020年CNN和BBC有关海派建筑文化的报道汇总

年份	CNN	BBC	所有国际主流媒体
海派文化(篇)			
2015	27	10	297
2016	26	14	292
2017	32	11	286
2018	41	16	281
2019	26	26	280
2020	36	12	289
海派建筑(篇)			
2015—2020	196	12	
视频数(个)			
	4	2	

表2 2020年10月份国际知名社交媒体有关"海派建筑"的发帖统计

	日期	11日	12日	13日	14日	15日	16日	17日	18日	19日	20日
	发帖用户数	24	220	36	36	81	82	24	24	34	32
观点	正面	23	105	29	30	39	34	22	21	24	24
	负面	2	19	4	4	10	10	4	4	4	4
	中立	83	197	96	95	128	131	82	83	98	95
发帖数	Twitter	2	5	5	3	3	3	3	3	0	1
	Instagram	72	72	72	72	71	71	71	71	71	71
	Reddit	2	2	2	2	2	2	2	2	2	2
	Dailymotion	0	0	0	0	0	0	0	0	0	0
	VK	24	24	24	24	24	24	24	24	24	24
	Facebook	0	9	9	9	8	0	0	9	8	8
	YouTube	0	0	0	50	50	0	0	0	0	50
	Tumblr	7	7	7	7	7	7	7	7	7	7
	Flickr	0	0	0	0	0	0	0	0	0	0
	Vimeo	1	1	1	1	1	1	1	1	1	1
	合计	108	120	120	168	166	108	108	117	113	164

(3) 问卷调查结果

本次问卷调查通过"问卷星"链接,使用判断抽样和雪球抽样确保样本的代表性,共定向发放问卷128份,回收128份,所有回收问卷均有效。问卷运用英语为调查语言,为减少语言翻译引起的误差,因此各题项统计后,使用百度翻译直接机译成中文,结果如下:

① Nationality(国籍)_____.(统计数据如表3)

表3 问卷调查样本各国籍人数统计表

国籍	中国(海外)	美国	加拿大	英国	德国	法国	波兰	俄罗斯	澳大利亚	新西兰	菲律宾	泰国	合计
人数	52	21	7	10	5	4	1	2	12	8	4	2	128

② My age is（我的年龄）_____.（单选题）

选项	小计	比例
below(小于) 16	0	0%
16—25	36	28.13%
26—35	34	26.56%
36—45	28	21.88%
46—55	22	17.19%
56—65	4	3.12%
over(大于)65	4	3.12%
本题有效填写人次	128	

③ I am(我是) _____.（单选题）

选项	小计	比例
A. studying in China(在中国学习)	6	4.68%
B. working in China(在中国工作)	40	31.25%
C. staying with my family in China（在中国和家人一起）	12	9.38%
not in China(不在中国)	62	48.44%
others(其他)	8	6.25%
本题有效填写人次	128	

④ I am(我是) _____.（单选题）

选项	小计	比例
A. in Shanghai(在上海)	44	34.37%
B. not in Shanghai but have been to Shanghai(不在上海但曾到过)	70	54.69%
C. not in Shanghai and have never been to Shanghai(不在上海也从没到过)	14	10.94%
本题有效填写人次	128	

⑤ I have read English materials about Shanghai cultures via(我阅读有关上海文化的英文材料通过)____．(多选题)

选项	小计	比例
A. Chinese government online resources(中国政府网络资源)	38	29.69%
B. social media posts(社交媒体帖子)	96	75%
C. international mainstream media(国际主流媒体)	58	45.31%
D. other resources(其他资源)	24	18.75%
本题有效填写人次	128	

⑥ I have known(我知道了)____ about Shanghai architectures(关于上海建筑)．(单选题)

选项	小计	比例
A. nothing(没有)	10	7.81%
B. little(几乎没有)	40	31.25%
C. something(一些)	56	43.75%
D. much(很多)	22	17.19%
本题有效填写人次	128	

⑦ (接6A/B)I have known less about Shanghai architectures mainly because(我对上海建筑知之甚少主要是因为)____．(单选题)

选项	小计	比例
A. I have no interest(我没有兴趣)	22	44%
B. no information can be available(没有可用的信息)	20	40%
C. too much confusing information online(网上有太多令人困惑的信息)	2	4%

(续表)

选项	小计	比例
D. of other reasons(其他原因)	6	12% [I have never been there(我没去过); I don't have time for research(我没时间做研究); The architectures are nice, but no time to really look into more information about them(建筑很不错,但是没有时间去真正了解更多关于它们的信息); I am busy(我很忙); No time to do the research(没时间做研究); I didn't notice(我没留意)]
本题有效填写人次	50	

⑧ (接6C/D) I have known more about Shanghai architectures mainly via(我对上海建筑了解较多主要是通过)_____.(单选题)

选项	小计	比例
A. communicating with others(与他人沟通)	14	17.95%
B. prints(印刷品)	4	5.13%
C. TV programs(电视节目)	18	23.08%
D. online information(在线信息)	34	43.59%
E. other media(其他媒体)	8	10.26% [Lonely planet and tv(《孤独星球》与电视); with my own eyes(用我自己的眼睛); books(书); news(新闻)](空缺4个)
本题有效填写人次	78	

⑨ I prefer to know more about Shanghai architectures mainly via(了解上海的建筑,我更喜欢主要通过)_____.(单选题)

选项	小计	比例
A. communicating with others(与他人沟通)	18	14.06%
B. prints(印刷品)	8	6.25%
C. TV programs(电视节目)	20	15.62%

(续表)

选项	小计	比例
D. online information(在线信息)	76	59.38%
E. other media(其他媒体)	6	4.69% [YouTube, documentary(YouTube 网站,纪录片); Social media(社交媒体); journals and articles(期刊和文章); social media(社交媒体); YouTube(YouTube 网站); courses(课程)]
本题有效填写人次	128	

⑩ I have visited Shanghai architectures(我参观过上海建筑) _____. (多选题)

选项	小计	比例
A. on site(现场)	98	76.56%
B. virtually via government online resources(虚拟,通过政府在线资源)	32	25%
C. virtually via business online resources(虚拟,通过商业在线资源)	30	23.44%
D. in other ways(以其他方式)	10	7.81% [Go to Shanghai myself(我自己去上海); never(从来没有); not done(没做过); in real life(在现实生活中); never done(从未做过); go to Shanghai(去上海)]
本题有效填写人次	128	

⑪ I have(我) _____ the QR codes on Shanghai architectures(上海建筑上的二维码). (单选题)

选项	小计	比例
A. never known there exist and never tried(从不知道存在也从没尝试)	82	64.06%
B. known there exist but never tried(知道存在但从没尝试)	34	26.56%
C. known there exist and once tried(知道存在曾经尝试)	12	9.38%
本题有效填写人次	128	

⑫ I prefer to access the resources from the QR codes for(我更喜欢从二维码中获取资源因为)_____.（多选题）

选项	小计	比例
A. professional information about architectures(有关建筑的专业信息)	64	50%
B. interesting background stories (有趣的背景故事)	96	75%
C. more detail pictures(更多细节图片)	66	51.56%
D. English interpretation(英语解释)	30	23.44%
E. better feeling with background music(有背景音乐感觉更好)	16	12.5%
F. other reasons (其他原因)	6	4.69% [Do not know where the QR codes are(不知道二维码在哪); I don't use QR codes(我不用二维码); None of the above(以上都不是); don't use QR codes(不用二维码); I don't know(我不知道); videos(视频)]
本题有效填写人次	128	

⑬ I have(我)_____ short videos about Shanghai architectures(上海建筑短片).（单选题）

选项	小计	比例
A. neither watched nor self-made (既没看也没自己做)	54	42.19%
B. never watched but once self-made(从来没看过,但曾自己做)	4	3.12%
C. once watched but never self-made(曾看过,但从未自己做)	56	43.75%
D. once watched and self-made (曾看过和自己做过)	14	10.94%
本题有效填写人次	128	

⑭ I think the most important for making short videos about Shanghai architectures is(我认为制作关于上海建筑的短片最重要的是)

_____ . (多选题)

选项	小计	比例
A. to use accurate English language(使用准确的英语)	48	37.5%
B. to tell the stories about architectures vividly(生动讲述建筑故事)	80	62.5%
C. to make the professional knowledge about architectures understandable(使建筑专业知识易于理解)	70	54.69%
D. to show more details about architectures(显示有关建筑的更多详细信息)	50	39.06%
E. to make videos funny by applying new technology(运用新技术制作有趣的视频)	40	31.25%
F. Others(其他)	2	1.56% [To show where I have been(展示我去过的地方); I can be involved(我可以参与其中)]
本题有效填写人次	128	

⑮ I have(我)_____ webcasts about Shanghai architectures (关于上海建筑的网络直播). (单选题)

选项	小计	比例
A. neither watched nor self-made(既没看也没自己做)	68	53.13%
B. never watched but once self-made(从来没看过,但曾自己做)	16	12.5%
C. once watched but never self-made(曾看过,但从未自己做)	40	31.25%
D. once watched and self-made(曾看过和自己做过)	4	3.12%
本题有效填写人次	128	

⑯ I think the most important for making webcasts about Shanghai architectures is(我认为做关于上海建筑的网络直播最重要的是)_____
_____.(多选题)

选项	小计	比例
A. to communicate with audience timely(及时与观众沟通)	38	29.69%
B. to tell the stories about architectures vividly(生动讲述建筑故事)	78	60.94%
C. to make the professional knowledge about architectures understandable(使建筑专业知识易于理解)	62	48.44%
D. to show more details about architectures(显示有关建筑的更多详细信息)	46	35.94%
E. to choose an international platform(选择国际平台)	42	32.81%
F. Others(其他)	2	1.56% [Webcasts and social media don't interest me(我对网络直播和社交媒体不感兴趣);I prefer to visit them by myself(我宁愿自己去看它们)]
本题有效填写人次	128	

⑰ My suggestions for developing new media resources about Shanghai architectures:

F24:Contrast old with new. 新旧对比。

F28:Social media, like Instagram, Twitter and Facebook will be very effective. With videos and vivid pictures. 像 Instagram、Twitter 和 Facebook 这样的社交媒体将会非常有效。有视频和生动的图片。

F29:Apply new technology such as VR, AR, ETC. 应用 VR、AR 等新技术。

F36:Learn from Blue Plaque in England. 学习英格兰的"蓝牌屋"。

F40:Short video format, with images, background stories to get to know the essential about history and current development of architecture in Shanghai, and what the future might look like, or what are the next challenges (maybe linked to China's growth overall, or linked to the climate issue for example). 短视频格式,包括图片、背景故事,以了解上海建筑的历史和当前发展的基本情况,以及未来可能是什么样子,或者下一个挑战是什么(可能与中国整体经济增长有关,或者与气候问题有关)。

F49:Show surviving examples of the different historical periods, and interesting things that happened on those sites. 展示不同历史时期幸存下来的例子,以及在这些遗址上发生的有趣的事情。

F61:Easy access to the public and update the information in a timely manner. 方便公众获取和及时更新信息。

F72:Show it's best assets. 显示它是最好的资产。

F89:Increased communication of multiple perspective. 增加多视角交流。

F101:Platform from (formed) for photographers who can download pictures and ask about history of these buildings. People who know a little about that would share their experience and make a workshops or meetings to walk together and explore Shanghai. 为摄影师提供一个平台,他们可以下载图片并询问这些建筑的历史。了解一点的人会分享他们的经验,举办研讨或会议,一起漫步上海,探索上海。

三、中外文化名城建筑文化国际传播发展的启发

1. 中外文化名城的建筑文化国际传播发展态势

从国际发展态势看,法国巴黎和英国伦敦等欧洲历史文化名城,依托"数字欧洲"计划,试图创新媒体技术,实现历史文化传承与全球化背景下的对外文化传播。巴黎使用新媒体技术赋能,在移动终端实现卢浮宫、圣心大教堂、圣礼拜堂等著名地标的多语种VR"虚拟游",并专门设计应用程序,进行导览AR互动,通过旅游管理部门官网、主流

媒体和国际社交平台等广为传播;始于伦敦的"蓝牌建筑"制度已推广到英国其他城市,设有专门机构进行长期、系统的管理,圆形蓝牌全国统一,标识语言精炼,手工制作,文化气息浓厚,与建筑浑然一体,建筑叙事则利用融媒体传播,随着新媒体技术的发展,故事细节不断得到深入挖掘、随时更新。

从我国建筑文化的国际传播看,诸多历史文化名城尝试通过5G时代互联网、大数据和生态化的运营与再造,使历史建筑传递文化大国的历史底蕴和现代形象。北京故宫、圆明园、天坛等建筑群在国际媒体上得到广泛传播,并不断探索数字化、故事化、产业化的文化传播路径。例如"数字圆明园"项目,使用新媒体技术记录遗址现状,数字复原圆明园建筑和室内陈设等,可以进行触摸屏游戏体验,还衍生开发了文化产品,包括数字展示产品(2D/2.5D/3D/4D)、科研平台(数字档案馆)、公众互动平台(主题网站)等。

2. 中外文化名城的建筑文化国际传播经典案例

案例1 英国"蓝牌建筑"挂牌制度

同为挂牌形式的英国"蓝牌建筑"的"蓝牌"是英国遗产委员会专门为保护名人故居而实行的悬挂蓝色纪念牌,在英国大城市共设有900多块,70%设在伦敦繁华区。标识语言精炼,传播信息更为有效,建筑叙事利用融媒体传播,随着新媒体技术的发展,故事细节不断得到深入挖掘、随时更新。所有蓝牌全国统一,按标准尺寸由 Sue Ashworth 和 Frank Ashworth 夫妇所拥有的专门作坊手工制作(图1-左),直径50厘米,系搪瓷制成,上面有6行英文。第一行字比较大,写着人名示为标题。下一行是其职务、身份,再就是在何领域有何卓越贡献、生卒年月,最后一行是某年某月"在此居住"。这些蓝牌制作精良,远观即非常醒目,一般采用英文,涉及特殊人物也会使用其他语言,如用汉字"老舍"标注了老舍故居(图1-右),国内媒体广泛报道,个人游记自媒体频频出现,例如:https://www.gmw.cn/01gmrb/2006-02/24/content_379000.htm。除了本地媒体外,美国 CNN 等国际媒体曾对较为著名的蓝牌建筑故事做过专栏报道,社交媒体也有诸多国际用户的分享介绍。同时,设有专门机构进行长期系统的管理,并通过程序复杂、规定严密的挂牌流程保证了蓝牌制的可操作性和权威性。

图 1 英国"蓝牌建筑"标识

案例 2 法国巴黎建筑的 VR/AR 游览

"巴黎虚拟游"采用 VR 技术提供移动终端导览服务,在巴黎旅游局官网(英、法、中等 11 种语言供选择)形成聚合平台,点击相应链接可直接进入(官网链接:https://en.parisinfo.com/what-to-do-in-paris/info/guides/virtual-visit-paris),有统一 Logo(图 2-左)每座建筑有热点可点击进入导览,具有 VR 图像、音视频介绍、在线分享等功能(图 2-右),目前包括卢浮宫、圣心大教堂、圣礼拜堂等 10 个著名地标建筑。

图 2 法国巴黎旅游局官网的"巴黎虚拟游"

此外,巴黎有商业公司开发了 AR 导览(Now-and-Then-Paris),游客扫描实景后,APP 将进行地点识别,导览界面即展示该建筑的历史图片,实现新旧情景对比(应用程序链接:https://play.google.com/store/apps/details?id=org.geneanet.vuesHier&hl=en_US)。

图3 法国巴黎 AR 导览界面

案例3 德国法兰克福老城 AR(Frankfurt Old Town AR)应用程序

法兰克福使用新媒体技术赋能,设计专门应用程序,实现 AR 互动传播,新媒体使用方法通过旅游管理部门官网、主流媒体和社交平台等广为传播。法兰克福旅游局特别设计了一张带罗马广场老城的明信片(图4-左),此明信片可免费在官网下载,或于老城游客中心现场领取,通过专门开发的应用程序扫描明信片,AR 立体显示建筑(图4-右),点击即可展示广场上历史建筑的英文简介及背景故事,并配备音乐视频展示建筑全貌及特征细节。

图4 德国法兰克福老城 AR 应用程序

案例4　美国纽约官方导览

美国纽约设计了统一的官方游客中心导览平台(5种语言选择,官方链接:New York City Visitors Infhttps://visitnewyork.com/),有统一Logo和标语(图5-上),体现纽约城市精神,重点地标建筑游览提供较为详尽而系统的介绍,并有诸如"哈德逊城市广场可以做的7件事"(https://www.nycgo.com/articles/things-to-do-in-hudson-yards)等游览推荐,每个地标均配有文字、高品质图片或者视频介绍(图5-下)。

图5　美国纽约游客中心导览平台

案例5　北京"数字圆明园"项目

自20世纪80年代,"数字圆明园"团队组建,并开始应用3D、数字复原等技术,恢复了圆明园鼎盛时期90%以上的场景;以此为基础,项目借助新媒体VR和AR技术,用计算机把当年圆明园的场景用数字模型建立起来,再通过各种各样的光学显示,将这些数字模型叠加到现存的废墟上,用立体显示技术真实地再现了圆明园原来的场景。

首先,项目依托"圆明重光"海外文化特展,将数字圆明园项目的成果在法国、德国、俄罗斯、英国等国家展出;其次,在国内外各种文化展会中,加强对美国、法国、英国等地的圆明园珍贵史料图档的研究和交流,包含圆明园的设计图纸、老照片、数字流散文物等,如:2020年7月在北京举办的"'重返·万园之园'——数字圆明园光影感映展",一幅藏于英国曼彻斯特大学的圆明园铜版画(图6)得以在国内公开亮相,这是全世界最早也是唯一的一张清代彩色铜版画;同时,"数字圆明园"项目积极寻求文化遗产数字化国际合作,尤其是加强与"一带一路"国家的文旅合作,如:"数字奥林匹亚"古奥林匹亚遗址数字化推广项目,作为中国和希腊两国在"文化遗产+体育+科技"交叉领域的重要合作项目,该项目借助我国在"数字圆明园"项目中的独家经验,完成古奥林匹亚遗址的数字再现和复兴,为文化遗产数字化国际合作提供了可借鉴可复制的模式。

图6 《西洋楼透视图》,英国曼彻斯特大学约翰赖兰兹图书馆藏,于2020年7月北京展出

案例6 英国旅游局的中英文化遗产"云合照"

2021年3月,英国旅游局在其微博官方账号发布了一篇推文①,题为:"双'城'记|一颗心,两座城,中英文化遗产'云合照'"。此文采用中外对比的方式,以中国众所周知的长城和龙门石窟,对比介绍英国同

---

① 英格兰遗产.双"城"记|一颗心,两座城,中英文化遗产"云合照"[EB/OL].(2021-03-13). https://weibo.com/ttarticle/p/show?id=2309404614226198003909.

样被列入世界文化遗产名录的哈德良长城(1987年与中国长城同时被列入世界文化遗产名录)和巨石阵(与龙门石窟一样都是与宗教相关的建筑),使微博的中国受众产生强烈共鸣。同时,此文还介绍了六座英格兰遗产旗下的经典建筑及其文化,请读者分享可与其"合照"的中国文化建筑,此文一经发布,即入选了微博官方的"热门文章",收获了较高的阅读量,"英格兰遗产"也在文章传播中为更多中国受众熟悉(图7)。

英格兰遗产

英格兰遗产是英国三大遗产管理公益机构之一。旗下拥有包括巨石阵、哈德良长城、多佛城堡等在内的400多个遗产景点,类型涵盖史前遗址、中世纪城堡花园、罗马堡垒和战争要塞等。

English Heritage
'Stand Where History Happened'

图7 英格兰遗产在微博推文中的组织形象传播

这些经典案例为上海"建筑可阅读"的国际传播提供了可借鉴的经验。相比较而言,经过研究发现,"建筑可阅读"也已形成一定基础和自身特色。首先,上海的媒体技术发展迅速,传媒发展已进入智媒时代,形成人工智能、云计算、5G等技术驱动下信息传播的新型模式①,推动了体现上海城市标志的建筑在国际媒体的传播。此次问卷调查表明,对上海建筑颇为了解的外籍友人中,近一半是通过在线资源获得上海建筑的相关信息。其次,上海"建筑可阅读"项目目前已建成一批新媒体国际传播的基础资源,包括"阅读建筑"的二维码及英文简介、VR全景阅读内容、在线资源发布内容等,这些资源通过多种技术手段与"上海旅游节""上海市民文化节""上海书展"等文化项目协调发展,

---

① 强荧,焦雨虹.上海传媒发展报告(2019)[M].北京:社会科学文献出版社,2019.

创作了"建筑可阅读"短视频、新媒体文创产品、相关中英文双语书籍等。

可见,上海"建筑可阅读"项目的持续建设,为其在5G时代下的国际传播奠定了基础,但其发展还存在一些问题亟待解决。海派建筑文化在西方主流媒体和国际主要社交媒体的国际传播资源有限,并以图文为主要体现形式,新媒体特征并不明显。从国际传播影响力来看,代表海派建筑文化的"建筑可阅读"新媒体资源,在传播范围和传播活性方面仍显不足,至今还未能体现"建筑可阅读"的具象特征。此外,"建筑可阅读"的资源内容更多体现显性文化的介绍,而隐性文化是进行文化国际影响力评估的重要指标,其传播内容生产机制遵循文化认同理论的基本原理[①]。

综上,利用5G时代的新媒体优势,推动上海建筑文化的国际传播资源开发、研究和应用走向深入,在加速推进上海"建筑可阅读"国际传播的同时,加大对上海城市精神的传播,对于深化建设具有世界影响力的国际文化大都市、讲好区域文化故事具有重要战略意义。

(上海出版印刷高等专科学校　刘军)

---

① 刘军.加强中华文化融媒体国际传播内容构建[J].中国广播电视学刊,2019(9):90—92.

上海老字号食品包装的文化叙事研究

摘要：通过对"中华老字号"与"上海老字号"相关概念的界定，选取糕点饼干类、茶叶类、调味品类、糖果类的产品包装作为上海老字号食品包装的研究对象，以时间轴为线索，梳理民国以来这四大类别的产品包装在材料、造型、形式以及视觉等方面的历史演变，进而分析并总结上海老字号食品包装设计的影响因子。基于研究，就上海老字号食品包装与"文化叙事"关联的可行性进行探究，找到叙述学组成要素与老字号食品包装构成要素的关系映射。通过对部分老字号食品包装叙事设计案例的比较分析与交叉分析，基于"叙述承载物"属性以及"受述者"接收信息方式的不同，从视觉叙事与通感叙事两个层面提出"文化叙事"与上海老字号食品包装融合的具体路径。

一、绪　　论

1. 研究背景

上海是中国近现代设计的发源地，是中国产业制造和贸易交流的国际化大都市，近百年来形成了一批优秀的老字号品牌。然而，随着消费审美的升级以及个性化的需求，老化的品牌形象与老旧的产品包装已不符合新一代消费主力群体的审美，从而导致年轻消费者流失、消费者断层等现象的出现。同时，随着多元文化互动、国际交流与融合的不断深入，包装设计风格趋于同质化，摒弃了很多老字号品牌自身的文化符号，导致其包装的文化精神价值大大降低。

上海老字号食品包装作为传播本土老字号文化的媒介之一，在传承与创新中面临巨大挑战。一方面，一些上海老字号食品包装为突出"老"而不敢创新；另一方面，部分上海老字号食品包装过度求新，忽略了消费者对其老字号品牌文化与上海特色地域文化的情感认同。其实,老字号品牌在自身发展壮大的过程中,融合了品牌所在地的文化特色,与地域文化浑然一体,这些优秀的文化基因正是老字号品牌的灵魂所在。在产品日益同质化的今天,独特的地域文化与品牌文化可赋予老字号品牌独特的内涵与个性,形成差异化竞争。借力包装这一物质载体,完成上海老字号品牌在其包装上的"文化叙事"设计与输出表达,有助于实现上海老字号品牌文化的传承与传播,同时也有助于弘扬地域文化。基于此背景,亟待探讨科学的路径来重塑上海老字号食品包装的品牌形象。

2. 研究现状

(1) 有关上海老字号与上海老字号食品包装设计的研究现状

经文献查阅与归纳梳理发现,目前国内学者对上海老字号品牌及其包装的研究角度,主要集中在以下两个方面:

一是针对目前上海某一行业类别中老字号品牌存在的一些问题,提出对策以及品牌活化的相关建议(宏观)。

金鑫通过宏观分析上海老字号品牌的发展现状与存在的问题,以双鹿牌为例提出广泛意义上的上海老字号复活的五个途径[1]。周小荃指出了上海老字号在品牌管理与营销传播中的共性问题,剖析上海老字号百雀羚品牌变革的成功经验,为上海老字号的振兴提供建议措施[2]。陈岚认为要把上海老字号品牌置身于上海都市文化之下,并分析和强调了上海地域文化对上海老字号品牌包装的影响[3]。

二是侧重从包装设计各要素的角度研究上海老字号食品包装设计(微观)。

姜婉秋梳理了清末民国以来上海食品行业老字号商标命名的由

---

[1] 金鑫. 上海老字号品牌复活的实证研究与分析——以双鹿的成功崛起为例[D]. 上海:华东理工大学,2012.
[2] 周小荃. 百雀羚成功复兴对上海老字号品牌重振的启示[J]. 上海企业,2018(3):62—64.
[3] 陈岚. 论上海老字号品牌包装设计中海派文化的集体情感共鸣[J]. 上海包装,2017(2):35—37.

来、商标设计的文化属性与特点①。李培通过分析上海食品包装的发展特征,确定了海派设计风格对包装的影响以及与此相对应的设计体现②。胡兰兰在食品包装设计相关研究中对民国时期上海食品包装设计的题材、设计语言、视觉形式及材质工艺的特点进行了分析研究③。

此外,一些国内学者已开始就老字号的品牌文化和所在的地域文化融入其包装设计的必要性以及如何融入的路径方法提出了各自的观点和策略方向。

(2) 有关地域文化融入老字号食品包装设计的研究现状

黄睿提到,在中华老字号食品包装改造创新的过程中,设计师应挖掘"地域性""民间元素"和"怀旧感",使老字号食品包装兼具民族性与时代性④。曹君等人提出了文化基因在宜兴土特产包装设计中的表达途径,即运用设计的艺术手法从地方城市独特的自然形态、传统工艺、地方民间传说以及名人诗句、作品等多方面挖掘来实现⑤。李锋提出了通过挖掘"老字号"企业文化符号、融入儒家思想、运用民间美术形式以及针对不同消费群体需求,分类创新"老字号"包装形象的方式来实现老字号食品包装的创新设计⑥。刘宗明、罗萍从文化基因的创新视角,提取挑花文化的纹样、色彩以及内涵因子,并结合现代设计手法对因子创新进行设计,成功地运用于特产包装设计实践中⑦。黄惠玲通过海派文化元素的提取、包装特征符号的获取以及包装设计创意与软件之间的配合关系,运用 Access 软件建立上海老字号包装设计基

---

① 姜婉秋. 清末民国时期上海食品老字号商标设计研究[D]. 昆明:昆明理工大学,2014.
② 李培. 新中国成立以来上海食品包装艺术设计发展历程研究[D]. 上海:华东师范大学,2016.
③ 胡兰兰. 民国初期上海食品包装设计的研究与应用——以冠生园品牌为例[D]. 合肥:安徽大学,2016.
④ 黄睿. 中华"老字号"食品包装设计的改进研究[J]. 艺术探索,2010,24(2):105—106.
⑤ 曹君,钱静,姜鹏,张玲. 文化基因在宜兴地方土特产包装中的表达[J]. 包装工程,2018,39(16):264—269.
⑥ 李锋. 文化传承视野下的济宁地区"老字号"食品包装设计研究[J]. 美与时代(上),2019(8):79—81.
⑦ 刘宗明,罗萍. 湖南隆回花瑶挑花文化基因的提取及设计应用[J]. 设计,2017(19):95—97.

因库,并构建基于该符号基因库的上海老字号包装设计方法①。

(3) 有关叙事设计的研究现状

随着后现代设计的发展,叙事设计开始兴起。叙事设计实则是叙事学相关理论在设计领域的一种运用。在国外,叙事设计最早运用在建筑设计、景观设计等空间领域,旨在在空间中融入叙事体验和故事传递。由来自英国 AA 学院的一群年轻人以建筑与室内设计师 Nigel Coates、建筑批评家 Brian Hatton 为首,发起了设计社团"今日叙述建筑(NATO)",并于 1983 首次提出了"叙述建筑"这一概念,认为建筑物既包含物理、精神和时间向度,也应包含叙事向度,这一观点随后发展成了空间设计领域的基本思维方式。此后,该领域更多的学者投身到叙事设计的研究中。

国内研究方面,龙迪勇、王安等学者,为国内空间设计领域的叙事研究和应用奠定了基础。同时,随着叙事学理论与叙事空间设计的成熟发展,在其他设计领域,如产品设计、视觉设计、动画设计等,叙事思维也相继被引入,国内相关领域的诸多学者也对此展开研究。芦影认为叙述性设计是利用多种方法媒介来营造"故事"的情境,使人们运用感官来解读传达的信息②。吴蓓蓓提出叙事设计的本质是重新规划设计中的不用要素之间的关联和位置,使其以一种叙事的方式重现构成并呈现的设计方法③。

尽管国内外不同学者从各自研究领域结合叙事设计提出不同的解释,但可以总结归纳出:叙事设计将不同要素重新整合,通过策划与有效编排,将故事传达给受众,接收者透过信息体会其深层的内涵。

(4) 有关包装的叙事设计研究现状

李想提出了插画在商业包装中的叙事价值,并从文本诠释、形态塑造和情感触发三个方面提出实现插画叙事的表现方式④。罗滔、张鹏

---

① 黄惠玲. 基于地域文化的上海老字号包装设计研究[D]. 西安:西安理工大学,2019.
② 芦影. 叙述性设计的观念与想象设计学论坛[M]. 南京:南京大学出版社,2015.
③ 吴蓓蓓. 产品的叙事设计研究[J]. 郑州轻工业学院学报(社会科学版),2011,12(4):10—14.
④ 李想. 插画在包装设计中的叙事价值[J]. 湖南包装,2019,34(3):31—33.

通过对网络营销趋势和营销大数据的分析,提出叙事学理论在农产品品牌构建中的作用与价值,并从农产品品牌名称以及包装设计两个层面,提出叙事性构建方法①。刘丁菊总结了有机食品包装叙事设计的基本方法为诉求点界定、诉求展开以及基于诉求点的视觉元素转化,并具体提出了有机食品包装叙事设计中视觉元素的表现方法②。武优找到了叙事学理论和包装承载信息之间的映射关系,完成了叙事学理论在老字号包装设计方式中的合理继承,并就叙事设计在包装中的应用方法进行了总结归纳③。

然而,就针对包装的叙事设计整体研究现状来看,国内有关包装叙事的理论与方法研究还相对薄弱,针对老字号品牌包装的叙事设计研究更是缺乏,有待夯实基础并深入研究。已有研究主要集中在对包装某一个或多个视觉要素的叙事设计研究,研究范围局限,缺少系统的设计方法研究。鲜少有从"文化叙事"的创新视角,将老字号品牌的"文化故事"通过叙事手段,在老字号食品包装上加以输出与呈现的应用研究。

二、上海老字号研究综述

1. 中华老字号与上海老字号的相关定义

关于老字号,是中国商业领域特有的称谓,通常是指有多年成功的经营经历,在一定区域内有良好声誉的商号及其商品和服务的称谓④。2005年6月9日,中国商业联合会中华老字号工作委员会成立,重新修订原老字号评定标准,制定了《中华老字号认定规范(征求意见稿)》。中华老字号评定条件主要有4项:一是经工商部门正式登记注

---

① 罗滔,张鹏. 大数据时代基于叙事性理论的农产品品牌包装设计研究[J]. 包装工程,2016,37(2):5—8.
② 刘丁菊. 有机食品包装的叙事性设计研究[D]. 成都:西南交通大学,2015.
③ 武优. 老字号包装的叙事性设计研究——以德懋恭为例[D]. 西安:西安理工大学,2019.
④ 王成荣,李诚,王玉军. 老字号品牌价值[M]. 北京:中国经济出版社,2012.

册且经营50年以上;二是具有民族特色和鲜明地域文化特征;三是具有较高的商业价值和文化价值;四是有良好商业信誉,诚信经营。在此基础上,商务部设定了中华老字号重新认定的7个条件:

① 拥有商标所有权和使用权。

② 品牌创立于1956年(含)以前。

③ 传承独特的产品、技艺或服务。

④ 有传承中华民族优秀传统的企业文化。

⑤ 具有中华民族特色和鲜明的地域文化特征,具有历史价值和文化价值。

⑥ 具有良好信誉,得到广泛的社会认同和赞誉。

⑦ 国内资本及港澳台地区资本相对控股,经营状况良好,且具有较强的可持续发展能力。

商务部按照这些条件对全国各地967家申报"中华老字号"的企业进行研究评定,于2006年9月30日,在中华人民共和国商务部网站上公布了重新认定的首批中华老字号名单。这434家符合首批中华老字号认定要求的名单覆盖全国27个省、自治区、直辖市,其中数量排名前五的省市分别是北京(67)、上海(52)、浙江(36)、江苏(35)、天津(30),占总量的50.7%。企业涉及食品加工、餐饮、零售、医药、工艺美术、纺织等行业,其中食品加工及餐饮行业占60%以上(表1)。

表1 首批中华老字号行业分布

行　业	数　量	百分比(%)
食品加工	167	38.48
餐饮	107	24.65
医药卫生	42	9.68
社会服务	14	3.23
商业经营	49	11.29
其他行业	55	12.67
合计	434	100.00

资料来源:王成荣、李诚、等. 老字号品牌价值[M].北京:中国经济出版社,2012.

上海老字号,顾名思义是指在长期的生产经营活动中,沿袭民族优秀传统又具有鲜明地域文化特征、历史价值,具有独特工艺及经营特色的产品、技艺和服务,获得社会广泛认同与赞誉,具有良好信誉和可持续发展能力的上海本土企业名称及老字号产品品牌。

在商务部公布的首批中华老字号名单中,上海就有52家企业及产品品牌,其中行业分布主要涵盖食品加工、药业、服务、工业美术、服饰业、餐饮住宿等各个行业,其中不乏人们熟知的品牌(表2)。经梳理不难发现,上海食品加工行业的老字号品牌居多。将其再次分类,可大致归纳为饼干糕点类、茶叶类、调味品类、糖果类等。这些都为本文选取上海老字号食品品牌作为研究对象,提供了重要契机与多元样本。

表2 上海老字号行业企业代表

行业	代表
食品加工	冠生园、杏花楼、正广和、凯司令、新长发、老大房、老大同、邵万生等
医药	蔡同德堂、群力、雷允上等
工艺美术	朵云轩、曹素功、马利等
餐饮服务	功德林、小绍兴、老正兴、乔家栅等

资料来源:自制

目前,上海已形成222家老字号品牌,其中商务部认定的"中华老字号"企业180家,数量居全国首位,上海认定的上海老字号42家。据统计2020年全国销售额过亿元的老字号中,来自上海的占了近三分之一①。

2. 上海老字号食品包装的演变

自1843年上海开埠通商以来,商品贸易往来日益频繁,港口码头成为了商货流通的集散地。由于产品需求的刺激以及国外食品包装先进技术的引进,推动了当时上海食品包装材料与技术从单一局限走向丰富多元。此外,来华洋人将西式的生活方式和饮食文化带入中国,渗

---

① 商务部驻上海特派员办事处. 上海持续推动老字号品牌规模壮大[EB/OL]. (2021-07-15). http://shtb.mofcom.gov.cn/article/m/c/202107/20210703175993.shtml.

透到大众的日常生活中,从而掀起了消费变革。正所谓民以食为天,自此,上海老字号食品行业开始发展起来。同时,随着洋货的流通,其精美的包装与广告画也影响着民众的审美,一些本土的商业设计师开始模仿,他们在技法上将西方艺术与传统绘画结合起来,这也大大推动了本土包装设计艺术的进步与发展。

上海老字号食品行业种类较多,可大致归纳为酒类、饮品类、调味品类、糖果类、茶叶类、糕点饼干类等。鉴于上海老字号食品行业较多,且不同种类的食品在其发展历程中不具备普遍规律性。因此在本节论述过程中,笔者将主要选取糕点饼干类、茶叶类、调味品类、糖果类这四大类别作为研究对象,每个类别中选取具有代表性的例子进行论述,以时间轴为线索,梳理并分析民国以来这四大类别食品包装的历史演变过程,进而大致总结上海老字号食品包装的演变。

(1) 糕点饼干类包装设计的演变

在前文梳理中,笔者发现上海糕点饼干类的老字号品牌还是相对较多的,例如大众熟悉的"杏花楼""冠生园""功德林""乔家栅"等。这些上海老字号糕点饼干类的食品包装,在发展历程中,不论是其技术工艺,还是设计风格与内容,都在不断变化着。

从包装材料与造型上看,民国初期糕点类食品采用单色土纸进行简单包裹,且包装纸上所印制的图案也较为粗糙。后来出现了彩色包装纸、精美的纸盒以及铁盒等包装形式。民国时期的饼干包装主要存在两种形式,一是从食品商店零售买来的散装饼干,一般采用纸袋包装;二是从专业食品生产企业买来的原装饼干,一般采用纸盒或铁盒包装,更多还是使用铁盒包装,因其密封性与抗压性较好,能更好地保存饼干。纸盒的外形以长方形、正方形居多。铁盒的外形有圆柱形、椭圆形、六边形、长方形和正方形等。新中国成立后,糕点饼干类的食品包装依然以纸盒、铁盒为主,造型上大抵延续了民国时期方形、圆形的特点。

21世纪之后,随着人民生活水平的提高和消费升级,糕点饼干类的包装从日常包装向礼盒包装转变,同时包装构成也随之发生变化。早期包装的组成相对简单,仅仅是满足最基本包裹功能的包装。之后,为了满足防护与美观的需求,出现了独立小包装、保护产品的内衬以及手提袋等,更加精细与人性化。

从产品包装设计看,民国时期的图形内容较为具象写实且极具装饰感,视觉主体主要有自然山水、新女性形象、传统典故以及动植物与几何装饰纹样等。新中国成立后,包装上的视觉题材向红色主题转变,出现了大量带有五角星、工农兵、农业大丰收、大面积红色色块以及毛泽东语录等的视觉元素,这一时期的包装视觉具有浓郁的政治味道,设计风格较为朴素简洁。改革开放后,上海老字号糕点、饼干类的食品包装上的图形与产品的关联性更强,通过丰富多元的表现形式来塑造产品本身、原料产地以及品牌形象等。

改革开放至今,上海糕点饼干类的老字号品牌包装的设计更加新颖时尚,表现形式也愈加多元。基于不同的营销策略,推出了节庆主题的包装、系列化包装以及个性化包装等。

(2)茶叶类包装设计的演变

在上海老字号食品品牌中,茶叶类的相对较少,至今发展较好的便是影响力居上海茶叶界之首、有沪上"茶叶大王"之称的"汪裕泰"[①]。

民国时期,国内茶叶商家通常使用包装纸、包装袋、纸盒、陶瓷罐以及铁罐等包装茶叶,或是以竹、木盒来存放茶叶。早期茶叶的包装纸大多采用优质单色牛皮纸印制或是选用无毒乳白色的包装纸彩印。而包装袋则是茶叶商家在每年新茶上市之际,为方便部分消费者购买散装茶时使用,一般也都采用牛皮纸单色印刷。纸袋、纸盒虽经济实惠,但易受潮与霉变,不易长久保存。早期出口至国外的茶叶,则一般使用大型的木盒、木箱进行包装。由于铁盒具有良好的密封性,便于茶叶的存放,因此,整体而言,民国时期的茶叶包装实物,以优质的马口铁铁盒为多。新中国成立后,上海老字号茶叶品牌的包装以纸质包装盒与金属包装盒为主。在盒子的造型上,延续了民国时期的形态特征,以方体、圆柱体造型为主。改革开放至今,上海老字号茶叶品牌的产品包装有了普通装与礼盒装的区别。普通装一般均用铝箔袋、锡箔袋、PE袋作为内包装材料以达到防湿、防潮、防透光的效果,部分普通装茶叶还会

---

① 左旭初.民国食品包装艺术设计研究[M].上海:立信会计出版社,2016.

加纸盒作为外包装。而礼盒装的高档茶叶大部分采用铁听装,内部还有防护固定的内衬或是装饰性的衬布等,外包装则是精致的硬纸板礼盒。可见,茶叶包装的构成更细分化。同时,随着新材料与新技术的不断涌现,茶叶包装向绿色、可持续方向发展。

包装装潢设计方面,民国时期上海老字号茶叶的包装图形以寓意吉祥的装饰性纹样、山水画、人物形象为主;20世纪50年代至80年代以工农兵形象、五角星、光芒以及毛泽东语录等红色元素居多;改革开放至今,上海老字号茶叶包装的视觉表现更数字化、多元化。

(3) 调味品类包装设计的演变

上海的老字号调味品类品牌中,发展至今较好的有"梅林""老大同""泰康"等。将这些老品牌的调味品按产品属性与特点来分,主要分为粉末状(如味精、胡椒粉等)与液体状(如酱油、米醋等)。

民国时期,传统酱醋类的液体调味品包装基本与现在一致,大多使用玻璃瓶装,亦有一些使用陶瓷材料进行罐装,使用金属容器的包装较少,因为酱醋产品具有一定的腐蚀性,不宜长时间放置。粉末状的调味品在民国时期大都还是使用铁盒包装,早期也有厂商使用玻璃瓶装。一直到21世纪初,粉末状与液体状的调味品包装依然沿用了传统的主要用材。如今,为降低生产成本,粉末状调味品包装大多采用塑料袋、塑料盒;液体状调味品包装除了传统的玻璃容器外,还使用塑料袋装和塑料桶装。

在产品包装设计上,由于调味品容器表面可发挥的面积有限,故而通常制作商标图样或是动物形象、植物藤蔓等装饰性图案。这些用于美化产品包装的装饰性图案,由设计人员徒手描绘印制,也有采用照相版彩色图片来印制,大多与生产商品内容无直接关联。改革开放后,老字号调味品包装设计则更强调产品内容、产品特色、品牌标识等,装饰图案被弱化。

(4) 糖果类包装设计的演变

提及发展至今口碑较好的上海老字号糖果类品牌,首屈一指的便是大众耳熟能详的"冠生园"。这里笔者将着重以该品牌的糖果包装为例,探索上海老字号糖果包装的设计演化。

早期,生产厂商对生产出的糖果首先使用可食用的乳白色糯米纸进行单颗的内包装。然后,使用事先印刷有精美图案的专用食品油蜡纸进行包装。为了方便销售与运输,还会使用包装袋、包装盒以及玻璃容器等进行整体打包。民国时期的糖果包装,整体大多采用纸袋、纸盒、铁盒、胶木盒和玻璃瓶等包装材料与形式。新中国成立后,纸袋、纸盒、铁盒在糖果包装上仍被广泛沿用。21世纪之后,以"冠生园"深入人心的大白兔奶糖为例,其外包装形式更加多样,有塑料袋、塑料盒、纸盒以及铁盒等。自此,不同的材料与工艺,使大白兔奶糖有了日常包装与礼盒包装的区别。此外,糖果包装的造型也由原先的单一简洁变得复杂丰富起来。

当然,糖果包装的装潢内容与设计风格也在不断发生改变。民国时期,糖果包装纸、包装标贴以及包装盒上的图样设计非常精美,其内容主要包含吉祥喜庆的图形、青年男女的造型、儿童欢乐的画面以及动植物的装饰纹样等。新中国成立后,老字号糖果品牌在其包装上注重自身品牌形象的宣传与思想文化的输出。改革开放至今,上海老字号糖果品牌通过插画、IP形象等现代化的艺术手法,更加突出强调其品牌形象。

经上述内容梳理与分析后发现,随着时代的发展与进步,上海糕点饼干类、茶叶类、调味品类以及糖果类的老字号产品包装在材料、造型以及视觉上的变化是显著的。整体来看,在造型上,上海老字号食品包装经历了由简约的方形、圆形到复杂异形的转变;在材料上,上海老字号食品包装由原先忽略生产成本的高昂金属、陶瓷材料向经济实用的纸质包装转变。随着科技进步,不断涌现的新型材料使其包装走向绿色化;就产品包装的设计要素而言,图形内容方面,由民国时期具象写实且极具装饰感的商标图形、新女性形象、民间神话、传统典故、动植物与几何装饰纹样向具有强烈政治色彩的红色主题转变,出现了大量带有五角星、工厂、工农兵以及农业大丰收的视觉元素。改革开放至今,上海老字号食品包装上的图形则更多通过丰富多元的艺术表现形式来强调产品本身、原料产地以及品牌形象等。

纵观来看,上海老字号食品品牌自民国发展至今,不同时代背景下的物质基础、政治环境、精神文明以及生产技术等这些外部因素都会影响那个时代的包装设计。从某种程度来说,时代环境下的包装产物折射出了政治、经济、文化、社会、科技等多方面的总和①。下节中,笔者将主要从物质基础、政治环境、精神文明、生产技术等四个方面对上海老字号食品包装设计的影响因子进行探究分析。

3. 上海老字号食品包装设计的影响因子

（1） 物质基础

经济是基础,物质条件的进步必然会影响人们的生活方式,进而推动消费水平的提升,从而带动人们对包装需求的转变。反之,一旦经济发展缓慢,则包装也同步受影响。这就是新中国成立后至改革开放前,包装业为何发展缓慢,而1978年党的十一届三中全会把工作重心转移到经济建设上来,包装行业开始复苏的根本原因。

物质条件的日益改善以及老字号产品内容的更新迭代使得上海老字号食品包装的类型及构成形式也随之发生相应变化。这便能解释在上述糕点饼干类、茶叶类以及糖果类上海食品老字号包装的演变过程中,出现日常装、礼盒装、系列化包装以及节庆主题包装等形式的缘由。

伴随着消费升级,传统的保存、贮藏以及运输功能已无法满足人们对包装的需求,人们开始追求精神享受与情感认同,消费者求新、求异的心理促使上海老字号食品包装设计向个性化、人性化、特色化等方向发展。21世纪以来,互联网的发展俨然使网购成为当下人们消费的一种流行方式,线上的销售包装也日益收到关注与重视。

（2） 政治环境

不同时代背景下的政治环境会在当时的包装产物上有所折射,最为典型的便是新中国成立后至改革开放前,包装作为政府的宣传媒介,具有浓烈的政治色彩。这一时期上海老字号食品包装的设计元素中出现了五角星、光芒、毛泽东语录、农业大丰收、工业化生产和工农兵等视觉元素,且包装上大面积使用红色,整体呈现出浓郁的政治色彩。除此

---

① 宋莹莹. 上海老字号包装设计方法研究[D]. 西安:西安理工大学,2018.

之外,民国初期,军阀割据、民族资本主义初步发展,洋货倾销冲击着中国经济。在这样的时代背景下,大规模地、影响广泛地抵制洋货、提倡国货运动日渐高涨,包装作为无声的宣传载体,其设计上大量出现"中华国货"的字样,无数中国商人的民族大义与爱国情怀以平和的方式凝固在极为有限的包装平面上,因而,此时的包装也具有一定的政治色彩。

(3) 精神文明

不同时代背景下的精神文明,也在上海老字号食品包装的视觉题材与设计风格中留下鲜明而深刻的印记。19世纪末文人画家,深受儒道思想与政治教化影响的中国古代绘画,通常以山水画、道释画、风俗画等作为绘画主题,借此传递伦理道德、宣扬吉祥如意的美好愿望。因而,民国初期的老字号食品包装上体现了传统美术思想的遗风,盛行民间神话、传统典故以及自然山水的具象写实描绘;20世纪初是西方古典艺术迈向现代艺术的一个重要转折点,在欧洲与美国产生和发展的影响较大、内容广泛的新艺术运动对当时的包装设计产生了影响,"新艺术"风格以平涂的画面、有机流畅的曲线以及植物藤蔓图样为主要特点,极具装饰感。这一"新艺术"在20世纪20年代传入上海,影响了当时上海包装设计的风格。此外,随着洋货的流通,其精美的包装与广告画也影响着大众的审美,上海本土的商业设计师开始模仿,他们在技法上将西方艺术与传统绘画结合起来,尝试了中西、新旧的设计融合与创新。随着社会结构与分工的变革,妇女摆脱传统的生活方式,步入社会谋生,这使得新女性形象成为当时的流行元素被广泛运用于月份牌上,并出现在各类产品包装上。审视近代上海月份牌这一商业设计形式,其诞生原因、设计风格、绘制内容,无一不是中西设计文化相互碰撞与融合的产物。随着西方视觉艺术向现代主义转型,一系列现代主义设计运动相继产生并发展。这些风格各异的艺术流派与设计风格对近代上海设计的影响是显而易见的。上海这座包容的城市敞开怀抱,吸纳外来文化,同时坚定民族自信,中西方文化在交融中形成了兼容并蓄的"海派"风格。新中国成立后整个国家都在进行社会主义改造、整顿,毛泽东同志倡导勤俭建国,反对铺张浪费,提倡艰苦朴素,强调适用、经济、节约成本的原则。因而这一时期的包装设计更注重功能性,包装上的视觉语言相对简洁,文字信息大量宣传毛泽东语录。

(4) 生产技术

20世纪初,印刷器械、工艺技术的发展,推动了纸质包装的空前发展;此外,印刷技术的不断提高使得汉字排印从竖排向横排发展。计算机以及设计辅助软件的出现,使得包装字体由民国时期的手绘美术字、书法字发展到今天的计算机字体。科技的进步、互联网的发展以及新材料的涌现促使包装技术向智能化、数字化和可持续性方向发展。当今,AR、VR等虚拟现实技术在包装中广泛应用。物流追踪,信息共享也普遍应用于包装设计中。

纵观上海老字号食品包装设计的演变及影响因子,不难发现,不同时期包装设计的变革都包含着对历史的沿袭、继承与创新,总体呈现出波浪式前进、螺旋式上升的趋势。大体可将其划分为三个阶段,即民国时期的装饰主义阶段,新中国成立后至改革开放前的功能主义阶段以及改革开放以后的人文主义阶段。上海老字号食品包装在装饰主义阶段更加注重设计的形式美,在功能主义阶段更强调设计的简约与功能性,而在人文主义阶段,更加强调以人为本,注重消费者的心理需求与消费体验。

三、上海老字号食品包装与文化叙事的关联性研究

在本章中,基于前文的理论研究基础,笔者主要就上海老字号食品包装与"文化叙事"关联的可行性与融合路径进行探究与分析。在展开具体研究前,首先要明确两个基本概念,即"叙事"与"文化叙事"。

1. "叙事"与"文化叙事"的相关概念

"叙事"是人类赖以交流的一种表达方式,它由来已久。在人类发展的历史长河中几乎是长期存在的。从原始社会开始,先民便自发地通过图腾、器物纹样以及壁画等视觉符号化的形式记录下生活场景、事件等。

谈到"叙事"一词,必然会提及到20世纪60年代开始产生的叙事学理论,它深受俄国形式主义与法国结构主义等文艺理论的影响,在不断的运动变化中发展至今。历程中,它大致经历了前叙事学、经典叙事学与后经典叙事学三个阶段。到后经典叙事学阶段,它突破了原以文学为主要研究领域的局限,逐渐跨界延伸到其他学科领域,叙事学理论引入设计学科最早是从建筑设计开始的。

在讨论"文化叙事"的有关定义前,不妨简要概述下"文化"的内涵以及本文针对上海老字号食品提及的"文化"又特指什么。从哲学的定义来说,文化是相对于经济、政治而言的人类全部精神活动及其产品。关于文化的分类与层次,不同专家学者有着各自的解说。但总体而言,文化大体可分为物质文化与非物质文化两大类是普遍观点。而本文针对上海食品老字号所提及的"文化",主要指宏观层面的传统文化以及微观层面的上海地域特色文化和上海食品老字号的企业、品牌文化。

针对上海老字号食品包装谈"文化叙事",实则是试图通过包装设计的手段使老字号食品包装具有某种叙事性的功能,成为一种传递故事的载体,向消费者传达某种理念、文化、价值观,令设计师与受众共情。老字号品牌最大的特点就是其具有区域性、历史文化性,在长期历史积淀中形成了底蕴丰厚的传统文化与企业、品牌文化,也因其所处地理位置的不同而蕴含着富有特色的地域文化。文化叙事是传播文化的重要途径,而包装的叙事性设计也是上海食品老字号文化传播的重要方式与路径。

上海老字号食品包装的"文化叙事"其实自民国以来就有显现。一如前文在论述精神文明这一影响因子时,便已提到民国时期,上海老字号食品包装呈现出海派风格。新中国成立后,红色文化主题便成为上海老字号食品包装上的视觉题材。

2. 老字号食品包装文化叙事的构成要素

在叙事学理论中,叙事是可以分为各种类组的信号之集合[①]。在

---

① (美)普林斯.叙事学:叙事的形式与功能[M].徐强,译.北京:中国人民出版社,2013.

叙述的交流过程中,所涉及的组成要素主要有叙述者、叙述以及受述者。叙述者是叙述行为的实施者,即讲故事的人。受述者则是叙述行为的接收者,即听故事的人。在同一叙述内容下,两者相对应存在。叙述即故事本身,它无法单独存在,而必须有可以承载它的载体,以此将故事有效传达给受述者,罗兰·巴特很早就提出叙述的载体可以是一切材料,而不仅仅只是单一的语言和文字,因而食品老字号的产品包装亦可扮演好叙述载体的角色。

根据承载物属性的不同,通常我们将叙述分为图像叙事、文字叙事又或是两者组合的叙事等。而如前文所述,图像叙事是由来已久且较为普遍的一种叙事形态。在叙述过程中,受述者接收信息的方式除了依赖图像、文字以及色彩等视觉形式外,还可通过听觉(如电影的旁白)、味觉(如大白兔奶糖的甜香勾起了儿时的回忆)、嗅觉(如雨后泥土的芬芳)以及触觉(如金属的冰冷感)这些感官形式,又或是其中两种或两种以上的感官组合叙事,如看电视便属于视觉与听觉叙事的组合。

老字号食品包装设计所涉及的构成要素可分为:产品包装设计师、故事、包装本身、目标消费者与购买者。将这些构成要素与叙述的组成要素一一对应起来(图1),产品包装设计师即叙述者,目标消费者与购买者为受述者,包装便成为叙述的载体,而故事本身便是在前文概念界定中所提及的传统文化、上海地域特色文化以及上海食品老字号的企业、品牌文化。上海老字号食品包装是品牌方与消费者交流最直接、有效的载体,通过"讲故事"将品牌文化、地域文化融入到上海老字号食品包装设计中,能让消费者产生情感共鸣与文化认同。

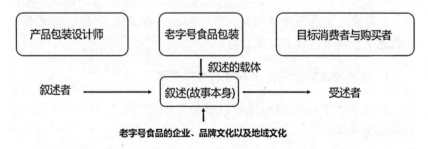

图1 叙述学组成要素与老字号食品包装构成要素的关系映射

3. 文化叙事在老字号食品包装中的应用研究

本节中,笔者选取部分已有的老字号食品包装叙事设计案例进行比较分析与交叉分析(图2—图7来源于网络),进而总结目前一些上海老字号食品包装的现状及问题,以期为"文化叙事"与上海老字号食品包装的融合提供方向,明确路径。这里选取的大多数案例为上海和其他地区的老字号食品品牌,当然也涉及个别非老字号品牌的食品包装案例。

笔者将沈大成的绿豆酥包装与五芳斋的绿豆冰糕包装横向比较后发现,同为老字号糕点食品,前者通过原材料的视觉形象在其包装上交待产品内容,却未能让受众捕捉到上海的地域特色,且包装上仅通过Logo展示沈大成的品牌形象,导致品牌文化内涵缺失。相较而言,后者的包装设计则通过复古风格的插画,绘制了绿豆糕的制作过程。设计师将繁杂精细的工序流程简化为几个关键步骤,并通过几幅清晰明了的场景图像串联起来,经合理布局后呈现在包装主销售面上。包装上的工序对消费者来说虽陌生,却亲切、易读,这大大增进了消费者对品牌的好感,增加用户与品牌的黏性。本案例通过视觉叙事的方式,将老字号品牌的工艺文化基因通过包装有效传递给消费者,同时使产品的由来可被感知(图2)。

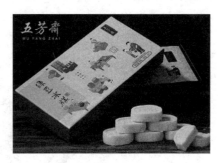

图2　沈大成绿豆酥包装(左)与五芳斋绿豆冰糕包装(右)

此外,笔者还选取了同为上海食品老字号的沈大成与乔家栅,将它们的青团包装作横向比较发现一些共性问题(图3)。两款青团包装均采用了绿色作为主色调来突出产品的特点,但并置观察时,包装不免有些雷同。此外,作为上海知名的老字号食品品牌,受众无法从包装上获取品牌所处的地域信息。同时,老字号自身的品牌文化在包装上也无从体现。

图3　沈大成青团包装(左)与乔家栅青团包装(右)

而作为苏州的食品老字号品牌,采芝斋推出的这款可作旅游伴手礼的甜食礼盒包装让人眼前一亮(图4)。在这款礼盒设计上,设计师以苏州江南园林的独特风貌和孩童时捉迷藏的记忆作为创作灵感,将园林景观和游戏融为一体,并将苏州园林中常用的"藏景"表现手法巧妙地、有机地融入包装设计中,烘托出了采芝斋品牌的地域文化。同时,身穿古装的孩童形象将消费者思绪拉回到过去,瞬间勾起消费者的童年回忆。既达到情感共鸣,又烘托出采芝斋作为老字号品牌的年代感。

图4　苏州采芝斋甜食伴手礼包装

同是老字号调味品品牌，上海泰康酱油的包装与山西美和居醋的包装虽然在瓶体容器造型与品牌商标的设计风格上近似（图5），但两者以不同的瓶贴设计展现各自的品牌文化内涵，后者还将作为国家非物质文化遗产的酿造工艺通过5幅简洁的插图，生动形象地展示在消费者眼前。

图5　泰康黄牌酱油包装（左）与美和居凉拌醋包装（右）

众所周知的杏花楼月饼，早在民国时期使用的是纸盒包装，当时的包装画是由我国现代著名月份牌大师杭稚英先生亲自操刀设计的。设计师利用民间流传的神话故事"嫦娥奔月"作为视觉题材，在包装盒的左上角有意设计了一幅插图。插图中身着白色长裙的仙女腾空飞舞，举头便是一轮明月。笔者通过检索杏花楼售卖过的月饼礼盒发现（图6），"嫦娥奔月"似乎成为了杏花楼月饼包装上的经典主题。当然，随

图6　三款上海杏花楼月饼礼盒包装

211

着消费升级以及迎合年轻群体的审美需求,杏花楼品牌也在不断尝试用现代流行的设计形式与风格对其月饼包装进行创新,以适应时代发展的需求。而不变的是在这一特殊节日型食品包装上打造的美满团聚、望月思乡的主旋律。

再来对比分析一组茶叶包装设计(图7),左图是上海老字号茶叶品牌汪裕泰的一款包装,整体采用中国红作为主色调,视觉元素以文字为主,辅助以少量的装饰性元素,形式与内容都平淡无奇。中间则是一款名为好茶之客的福建茶叶包装设计,包装上的图形元素组合形成汉字"客",通过结合茶叶产地的自然生态环境与福建客家土楼的造型构成主视觉形象,直观地展示了福建的地方特色。而右图这款由中国茶叶股份有限公司推出的国礼时尚系列茶叶包装,在包装整体的设计上,设计师利用线描的形式,截取新中国成立史和中国茶叶发展史中的关键节点,简化并提取其中具有代表性的元素表现出来,最后以时间的顺序聚集绘制在一片茶叶造型的图形中,三个独立小包装拼合在一起时,则完成了整体的"文化叙事"。

图7　汪裕泰茶叶包装(左)、好茶之客茶叶包装(中)和中茶国礼时尚系列茶叶包装(右)

通过上述对部分老字号或个别非老字号食品包装"文化叙事"的比较分析发现,上海老字号食品包装目前整体上主要存在三大问题。首先,老化的品牌形象与产品包装不符合年轻消费者的审美,且存在同质化现象;再次,设计内容简单,缺乏地方特色;此外,设计表现浅显,缺乏文化内涵。当然在特殊类型的食品包装上,传统文化还在持续输出,例如上述分析的上海杏花楼中秋月饼包装。

那么,在上述应用案例的交叉分析中笔者也发现,老字号食品品牌的"文化故事"可从内外两个方向提取与挖掘。从内部来看,每个老字号食品品牌自身都蕴含丰富而独具特色的故事。中茶国礼时尚系列茶叶包装设计体现的是与品牌发展历程相关的故事;五芳斋绿豆冰糕与美和居凉拌醋的包装设计则体现了老字号品牌产品独特的制作工艺流程,两者都是与制作工艺相关的故事。当然,除此之外,产品自身的由来也将构成老字号食品品牌独特的"文化故事"。以上这些文化故事构成了老字号食品包装富有个性的叙事主题。而从外部来看,宏观层面,中国优秀的传统文化可以成为包装上叙述的"故事文本"。此外,与节日有关的故事、老字号品牌身处的地域文化等内容都可形成大的叙事主题。

综上来看,老字号食品包装通过"叙事"的形式,向消费者传达产品信息、传递情感体验以及文化内涵。其意义就在于品牌文化的传承与创新,以及地域文化的体现。鲜明的地域文化,给予老字号品牌可以汲取与借鉴的创作源泉,极大地丰富了包装的形式与内容,进而有利于形成具有中国特色的现代包装,这对培植与弘扬民族文化有着积极影响。同时,又可避免"文化趋同"与"千城一面"的现象,以此来丰富老字号产品的文化内涵,从而提升其附加值。

四、文化叙事与上海老字号食品包装的融合路径研究

基于前文的理论研究与案例分析,笔者发现上海老字号食品包装作为"叙述的承载物",可针对特殊的产品内容,将中国优秀传统文化作为宏大的叙述文本,此时的叙述主题具有普适性;此外,企业与品牌在自身发展历程中积淀下的文化以及地域文化可构成微观的叙述文本,此时的叙述主题具有独特性。基于"叙述承载物"属性的不同以及"受述者"接收信息方式的不同,笔者接下来将从视觉叙事(文字、图像、色彩、结构造型等)与通感叙事(触觉、听觉、味觉)两个层面提出文化叙事与上海老字号食品包装的融合路径。

1. 视觉叙事

（1）图像叙事

图像叙事是由来已久且较为普遍的一种叙事形态。从原始社会开始,先民便自发地通过图腾、器物纹样以及壁画等视觉符号化的形式记录下生活场景、事件等。在前文的研究中,不难发现包装案例多以图像作为叙事包装的表现形式。因为相较文字而言,图像对受众的吸引力更大,图像叙事对叙述内容的表达更直观更立体更可感。

根据类型与数量不同,图像叙事又可分为静态叙事与动态叙事,单幅图像叙事以及组合图像叙事。在产品包装上,图像通常以静态呈现。若要呈现图像的动态叙事,设计师可截取叙事过程中的多个时间节点的画面,通过"拼贴"图像的方式,将多个画面进行线性时间的先后组合,以此体现时间的延续性,从而呈现图像的动态性。之前案例中提及的五芳斋绿豆冰糕包装以及中茶国礼时尚系列茶叶包装,就是典型的动态叙事。此外,设计师还可利用特殊的包装结构,通过一系列消费者开盒时可能发生的动作(如抽拉、旋转等),来完成单幅图像的动态叙事。这几年,光栅动画在产品包装上应用广泛,这就是典型的利用开盒动作实现单幅图像的动态叙事。

（2）文字叙事

在包装设计中,文字是至关重要的,也是不可或缺的组成部分。它主要包含品牌与产品名称性的文字、宣传性文字(广告语)以及说明性文字(产地、配料以及生产日期等)这三类。在我国的少数民族地区,他们的文字有着该民族鲜明的特点,例如藏族的藏文、彝族的彝文、维吾尔族的维吾尔文以及苗族的苗文等。在上海老字号食品包装的设计中,通过文字这一视觉符号来展现地域文化的特性也是不可忽视的一方面。将富有地方特色的传统文字样式作为品牌、产品名称性文字运用于包装中,既符合地方传统文化的特点,又能彰显地域文化的独有性特征。此外,设计师还可通过文字图形化的设计,对文字的"意"进行视觉化的提炼与创意呈现,以"形"达"意",使其具有可读可看的双重功能。当然,包装中的文字除了上述的三种主要类型外,地方方言也是文字语言形式的一种,它可以作为装饰图案应用于包装上,突出产品的地域属性。

文字叙事的优点就在于信息传递的方式非常直接、直白,因而信息的准确度很高,易于与受众达成共识,但也存在表现形式单调的不足。

(3) 造型结构叙事

包装的造型结构设计是一门三维空间立体艺术,它以纸、陶瓷、塑料、玻璃等材质为媒介,利用各种加工工艺成型。包装的造型结构也是上海老字号食品品牌文化传播的重要载体。当地的象征性建筑、标志性物产以及独特的自然景观都能成为其包装造型的灵感源泉。这种具象化的包装造型能使消费者一目了然地感受到地方特色。可以说,特色的产品包装造型也是当地文化的一个缩影。

除了通过富有地方特色的具象化的包装造型来叙事地域文化属性外,包装结构本身亦可成为叙事的表达途径。当然,包装结构的叙事一般不会单独存在,它主要配合图像与文字来完成叙事。包装的结构叙事,一方面可以增强它与消费者之间的互动性,另一方面提高了包装本身的趣味性。

(4) 色彩叙事

色彩作为包装平面视觉设计中的重要元素,它的合理搭配与设计对产品起到了美化、促销的作用。恰当的配色能增加消费者对产品的信任感,满足消费者的情感诉求,加深消费者对于品牌和产品的记忆。此外,地域的不同,也会影响消费者的色彩体验与选择。色彩作为地域文化的一种映射,它是决定消费者对产品第一印象的关键,同时也是包装设计的先决条件。色彩给予人的第一印象有时甚至先于图形与文字,通过色彩辅助叙事表达,可以刺激消费者对叙述内容的感受,因而上海老字号食品包装的色彩叙事需考虑文化性、地域性以及象征性。

2. 通感叙事

消费者认知包装的另一种外在形式便是触觉,产品包装材料的选择与设计也会影响消费者的购买行为。在上海老字号食品包装设计中,采用何种材质与产品特性、文化属性对位,也需要设计师用心思考。

一方面，材料的设计考虑到对内容物的物理保护性；另一方面，也可就地取材，将地方特有的材料与工艺应用在包装上，以此强化产品的个性与地域属性，实现对当地特色文化的传播。例如今天我们看到的大部分普洱茶叶包装，就采用云南大理、西双版纳等地的白棉纸与竹笋叶。这些从过去沿用至今的传统天然材质作为茶叶包装的包装材料，既突出了云南的本土特色，又符合绿色包装的理念。

当然，味觉与听觉同样可以作为消费者感知的有效方式，从而帮助消费者对上海老字号食品的产品特性、企业故事以及品牌文化等有更进一步的了解与体验。例如，利用当下的虚拟现实技术，消费者在通过扫码或者佩戴特定设备后，通过动态的图像画面配合声音去了解产品的由来、食品加工的工序、品牌的发展历程等；此外，通过新材料新技术，使消费者在触摸包装的某一部位后，会发出事先设置好的声音；又或者通过手指触摸后温度变化散发出特殊的气味，使消费者未见其形，先闻其味，从而丰富受众的感官体验。

（上海出版印刷高等专科学校印刷包装与工程系　秦晓楠）

参考文献

[1] 金鑫.上海老字号品牌复活的实证研究与分析——以双鹿的成功崛起为例[D].上海：华东理工大学,2012.

[2] 周小苙.百雀羚成功复兴对上海老字号品牌重振的启示[J].上海企业,2018(3)：62—64.

[3] 陈岚.论上海老字号品牌包装设计中海派文化的集体情感共鸣[J].上海包装,2017(2)：35—37.

[4] 姜婉秋.清末民国时期上海食品老字号商标设计研究[D].昆明：昆明理工大学,2014.

[5] 李培.新中国成立以来上海食品包装艺术设计发展历程研究[D].上海：华东师范大学,2016.

[6] 胡兰兰.民国初期上海食品包装设计的研究与应用——以冠生园品牌为例[D].合肥：安徽大学,2016.

[7] 黄睿.中华"老字号"食品包装设计的改进研究[J].艺术探索,2010,24(2)：105—106.

[8] 曹君,钱静,姜鹏,张玲.文化基因在宜兴地方土特产包装设计中的表达[J].包装工程,2018,39(16)：264—269.

[9] 李锋.文化传承视野下的济宁地区"老字号"食品包装设计研究[J].美与时代(上),

2019(8):79—81.
[10] 刘宗明,罗萍.湖南隆回花瑶挑花文化基因的提取及设计应用[J].设计,2017(19):95—97.
[11] 黄惠玲.基于地域文化的上海老字号包装设计研究[D].西安:西安理工大学,2019.
[12] 芦影.叙述性设计的观念与想象设计学论坛[M].南京:南京大学出版社,2015.
[13] 吴蓓蓓.产品的叙事设计研究[J].郑州轻工业学院学报(社会科学版),2011,12(4):10—14.
[14] 李想.插画在包装设计中的叙事价值[J].湖南包装,2019,34(3):31—33.
[15] 罗滔,张鹏.大数据时代基于叙事性理论的农产品品牌包装设计研究[J].包装工程,2016,37(2):5—8.
[16] 刘丁菊.有机食品包装的叙事性设计研究[D].成都:西南交通大学,2015.
[17] 武优.老字号包装的叙事性设计研究——以德懋恭为例[D].西安:西安理工大学,2019.
[18] 王成荣,李诚,王玉军.老字号品牌价值[M].北京:中国经济出版社,2012.
[19] 商务部驻上海特派员办事处.上海持续推动老字号品牌规模壮大.[EB/OL].(2021 – 07 – 15). http://shtb.mofcom.gov.cn/article/m/c/202107/20210703175993.shtml.
[20] 左旭初.民国食品包装艺术设计研究[M].上海:立信会计出版社,2016.
[21] 宋莹莹.上海老字号包装设计方法研究[D].西安:西安理工大学,2018.
[22] (美)普林斯.叙事学:叙事的形式与功能[M].徐强,译.北京:中国人民出版社,2013.

实践应用篇

"网络直播"视域下海派文化传播策略研究

摘要:海派文化是上海特有的文化现象,是一种在江南文化的基础上,融合欧美近现代工业文明而逐步形成的地域性文化类型,是一种开放且自成一派的现代文化。当今网络直播平台发展的社会环境中,我国也能够充分应用网络直播平台来进行海派文化的传播,更好地将海派文化的核心理念进行社会化推广。本文通过研究网络直播背景下海派文化的呈现形式与发展现状,重点分析海派文化在网络直播活动中文化传承的困境,并提出相应的发展对策,更好地用海派文化营造良好的社会氛围,全面提高大众的思想意识水平。

一、绪　论

1. 研究背景

由于地理位置的优势,上海成为国内与国外经济文化交流的一个重要枢纽。作为我国的中心城市,其地处长江入海口,与安徽、江苏、浙江共同构成了长江三角洲城市群,是国际经济、金融、贸易、航运、科技创新中心。上海在城市建设与发展的进程中,逐渐吸收国内与国外的先进文化,从而在文化融合的过程中形成了特有的海派文化。同时,在上海的经济文化交流活动中,海派文化以其特有的文化内容与文化思想影响着一代代社会群体的思想。在当代网络技术不断发展的背景下,网络直播作为网络环境中的新传播渠道,能够在传播过程中用直播的形式进行海派文化的传承与发展,从而丰富传统文化的传播形式与传播载体,更好地用海派文化来激励社会成员的个体发展。

2. 研究综述

(1) 国内文献综述

国内关于网络直播以及海派文化的相关研究成果如下:一方面,在关于网络直播的研究成果中,马宁等人在《网络直播文化的自律他律与发展探析》(2021)中从主播自律与行业他律的角度分析直播平台、MCN 机构的直播文化的形式模式,并且分析了行业自律与他律对于直播活动的重要意义与价值[①]。孙信茹等人在《对视:网络直播中的观看与角色互构》(2021)中基于传播者与接受者来分析网络直播活动中的直播行为,并对直播活动中的主客体关系、信息意义传播系统的具体表征进行了全面的分析[②]。苏凡博在《网络秀场直播间礼物流动的三重逻辑》(2021)中主要针对网络直播活动中的刷礼物活动进行分析,着重对刷礼物活动的心理动机、诱导形式、竞技形式与互惠机制进行全面的分析[③]。另一方面,在关于海派文化的研究中,陈思和在《谈谈上海文化、海派文化和上海文学、海派文学——答〈上海文化〉问》(2021)中对海派文化的两个传统、四大特征进行全面的分析,从而在研究活动中对于上海文化的特点有了一个宏观的把握[④]。郑宁等人在《海派传承 价值赋能——从老洋房到上海沪剧艺术传习所的保护更新》(2020)中对于海派文化的嬗变历史、价值变化等方面的内容进行分析,并且对于新旧共生的海派文化的价值进行全面的分析,以此来提高海派文化的社会价值[⑤]。总体而言,国内主要是基于这两方面的研究成果,主要的研究内容更侧重于理论价值、文化内涵等方面,而基于网络直播视域下探究海派文化传承与发展路径的研究内容有一定程度的欠缺。因此,

---

① 马宁,阮一婷. 网络直播文化的自律他律与发展探析[J]. 传媒,2021(10):55—56.
② 孙信茹,甘庆超. 对视:网络直播中的观看与角色互构[J]. 当代传播,2021(3):79—82,85.
③ 苏凡博. 网络秀场直播间礼物流动的三重逻辑[J]. 当代传播,2021(3):93—95.
④ 陈思和. 谈谈上海文化、海派文化和上海文学、海派文学——答《上海文化》问[J]. 上海文化,2021(2):14—23,87.
⑤ 郑宁,江天一. 海派传承 价值赋能——从老洋房到上海沪剧艺术传习所的保护更新[J]. 建筑学报,2020(12):70—75.

本项目的研究具有一定的研究意义与价值。

（2）国外文献综述

由于海派文化是属于上海地区的一种地域性特色文化,我国的学者对于海派文化的研究较少,海派文化的国际化普及程度不高,这也使得国外对于海派文化的研究相应地存在欠缺,国外与本课题相关的研究主要是基于网络直播活动开展的。比如国外对于网络直播的研究主要是基于 justin.TV 网络直播平台建设而形成的研究成果。其中,传播学者 Aaker、Keller 等人主要针对网络直播的应用程序进行研究,重点对于应用程序市场业务的开拓与延伸提出相应的对策性建议。学者 Gandolfi 对游戏直播平台的特性与价值进行全面的研究,重点对该类直播平台的社会化属性与价值进行研究,从而基于受众与粉丝的角度分析 PGC 内容的传播模式[1]。总体而言,国外对网络直播的相关研究主要是基于传播学理论开展的,能够为本次课题研究提供一定的理论层面的借鉴。

3. 研究意义

对于本项目的研究,我们能够在研究活动中对于海派文化的内涵与价值进行全面的解读,并且在研究活动中就网络直播对海派文化传播的影响与积极意义进行阐述,最重要的是,我们还能够在研究中结合海派文化的网络直播案例进行分析,以此来探究网络直播中海派文化的传播困境与发展思路,更好地丰富我国网络直播与海派文化的融合性研究成果。同时,我们也能够将实际的经验与对策应用到实际的直播活动中去,从而借助新媒体的传播平台来增强海派文化的社会化传播效果。

4. 研究方法

（1）文献研究法

本课题研究需要基于传播学的相关理论进行,首先对郭庆光的

---

[1] 党君,马俊树. 网络直播 App 使用行为对线上购买意愿的影响机制研究[J]. 新闻大学,2021(5):95—105,124—125.

《传播学教程》、彭兰的《网络新闻学》等相关学术书籍进行精读,从而为本次课题探究提供理论基础,同时,课题组成员也将在网络上各种数据库中来搜索网络直播与海派文化的相关文献资料,对早期的学者的研究观点与理论进行梳理,为本次课题研究提供理论研究基础。

(2) 案例分析法

案例分析法是通过具体的案例来进行论证研究的一种方法。在本次研究过程中,我们主要针对海派文化的网络直播课、直播鉴赏课、千店大联播等案例进行研究,对每一种直播活动的类型、特点与呈现形式进行全面的分析,这就能够在研究活动中基于案例调查与分析来实现理论性的论证,提高理论研究的科学性与可靠性。

(3) 归纳总结法

归纳总结法是理论与实践研究的总结形式。一方面,从理论角度来看,我们能够对海派文化传播、网络新媒体直播等进行理论研究,对重点的观点进行梳理,以此来对理论性的观点进行总结分析。另一方面,我们能够对海派文化的传播情况进行调查,并形成实践研究成果。这就能够在理论与实践的融合性研究过程中进行全面的归纳总结,从而形成最终的研究成果。

二、核心概念解读与理论研究基础

1. 海派文化

海派文化指的是上海区域的商业文化,通俗来说,海派文化是上海在自身中国江南文化影响下并且吸收欧美文化形成的一种文化类型,既有江南文化的古典与雅致,也有国际化大都市的现代与时尚,是一种区别于中国其他地区的地域性文化,具有开放而又自成一体的独特风格[①]。"海纳百川,兼容并蓄"的文化的具体表现如下:

---

① 邢艺. 海派文化融入上海高职院校思政教育的路径探究——以上海行健职业学院为例[J]. 教育观察,2021,10(10):27—29.

一是尊重多元,和而不同。由于上海地处我国的沿海开放口岸,是中国内地与国外各个国家进行经济文化交流的中心,在交流活动中形成了一种开放性较高的文化类型。特别是个体在发展的过程中,只要个体的生产经营活动不影响他人,其便能够受到他人的尊重与认可,这就使得当地大众的思想、行为均呈现出一种多元化发展状态。

二是理性思考,求真和谐。海派文化是一种商业文化,是在当地生产经营活动中形成的一种文化类型,主要是指上海人在经商活动中理性思考,理性处理各种问题,从而在经济活动中更好地指导后期的商业经营活动。若在合作经营过程中出现了一定的矛盾与分歧,经营人便会在市场经营活动中通过直接、真实的讨论来进行解决,从而达到和谐发展的目的。

2. 网络直播

网络直播是一种依托于线上交流平台形成的新兴的交流形式。其发展过程中充分应用了互联网信息传播的优势,从而将各种信息内容通过网上在线互动的形式进行呈现,交互性较强,也不会受到地域限制[①]。目前,网络直播活动主要分为两类:一类是在网络上提供电视剧信号的在线直播形式,比如电视节目网络直播、体育赛事的现场直播等,这种是将模拟信号转化为数字信号的直播形式。另一类是通过独立的信息采集设备来进行视频信息的录制与播出,并通过网络上传至服务器而形成的一种直播互动形式,能够通过网址的公开与共享来进行信息的发布,且大众也能够通过固定的网址观看直播内容。

对于网络直播等相关内容的研究,则需要应用我国的网络传播学、新媒体理论的相关理论进行,从而更好地运用相关的理论进行观点的阐述与分析。一方面,需要对于新媒体时代的呈现特点、发展方向等方面的理论观点进行解读与分析,从而对于当今时代的数字化、网络化、信息化社会的发展趋势有一个大体的把握。另一方面,还需要在研究活动中对于人内传播、人际传播、组织传播与大众传播等板块的内容进

---

① 许敏. 网络直播中话语权平民化分析[J]. 青年记者,2021(8):104—105.

行分析,并基于网络直播活动的流程与形式来分析传播活动中传播者、受传者的心理状态与行为反应,而网络传播学能够为直播活动的探究提供一定的理论研究基础。

3. 传播策略

传播策略是在各种经济、文化交流活动中的传播方法、技巧与流程。从我国的传播学理论层面来看,我国的诸多传播学者已经对于这些内容进行了相应研究。传播学者拉斯维尔提出了5W传播理论,认为传播活动是基于"信息传播者(Who)——信息传播内容(Says what)——信息传播媒介(In which channel)——信息接受者(To whom)——信息反馈效果(With what effects)"这一模式来进行传播行为的分析,是一种经典的传播学理论模式。而且在后期的传播学理论的丰富过程中,传播过程与传播行为的研究已经形成了奥斯古德与施拉姆的循环模式、韦斯特利-麦克莱恩大众传播模式、田中义久的传播模式等,学者对我国社会中的诸多信息传播活动进行了解读与分析,从而使得社会大众的各种传播活动都有理论性的参考依据[1]。

对于传播策略而言,其策略应用的最终目的便是实现传播效果的最大化,也就是在传播过程中需要基于传播活动的各个环节与内容进行优化,从而在传播活动中通过各个环节与渠道的优化来实现传播效果的最大化。在传播策略的相关研究中,我们能够基于传播者发展策略、信息本体的发展策略、媒介的发展策略、用户传播策略以及效果反馈传播策略等方面的内容来进行传播策略的研究,从而在此基础上有针对性地运用相关理论进行理论与实践的融合性论述与研究。例如基于网络直播平台传播渠道的策略探究中,便能够采用多平台联合直播、平台的定时化直播、直播活动的品牌性宣传等角度来探究相应的信息与文化传播策略。

---

[1] 石莹,张波. 网络直播视域下的海派文化传播策略研究[J]. 传媒论坛,2021,4(4):42—43.

三、海派文化的核心内涵解读

1. 求真务实,成熟理性

海派文化是一种商业文化,其主张在商业经营活动中保持一种求真务实的思想,其思想主要起源于开埠前后的上海。由于受到中国传统的吴越文化的影响,上海与长江流域的江浙等区域都有着较高程度的经济往来,而且南来北往的商人都能将上海作为货物的集散中心,从而在此地开展多元化的经济文化活动,这就使得上海成为一个开放程度高、兼容并包的地域性空间①。而且在1843年11月17日上海开埠之后,国外的商品与货物也通过上海地区流通到中国内地,当时产生了一个"华洋共处,五方杂居"的时期,这就使得上海成为中西方经济文化交流的重要场所,而在各类经济交流活动中上海商人也始终秉持着求真务实的合作思想,这就能够使上海与其他地区的商人达成一定程度的经济网络合作关系,更好地为长期的合作奠定基础。

同时,上海在经济文化交流合作的过程中形成了相应的办事原则,这就使得上海商人能够在经济活动中基于一定的合作原则来达成多方的合作。由于早期的上海商业市场上的竞争活动比较激烈,洋商与洋商之间、上海商人与洋商之间、上海商人之间都存在着较大程度的竞争,这就使得上海在整个竞争熔炉里培养出了一大批商界精英。例如21世纪,上海的市场经济已经步入成熟之时,南京路每天客流量达300万人次,600多家商店比肩而立,各显风姿。徐家汇、淮海路大型商厦不断涌现,首尾相接,形成了独特的"圈状模式"。上海许多商家采取的竞争手段复杂多样,广告战、价格战、品牌战……在这个过程中,上海的各大商家都具备较高的参与程度,而要想在竞争活动中脱颖而出,则需要心思缜密,这就形成了上海成熟理性的商业海派文化。

---

① 徐艳华,袁新林,郑梅,等. 海派文化视域下的纤维壁挂设计实践[J]. 毛纺科技,2021,49(4):46—49.

2. 契约精神，倡导公平

上海地区商人在长期的经贸交流活动中，主要是在市场上谋求多方的合作来获得一定的经济效益，这就需要在合作的过程中双方都拥有较高程度的诚信意识与契约精神。上海人为了实现双方的合理化、公平化发展，会在双方的合作过程中形成一定的契约合同，通过合同的制度性规范来进行约束，从而为双方的合作奠定基础。例如在签订合同的过程中，需要通过签字盖章来形成一定的法律效力，而且合同中各项条款的表述都需要精确，也就是需要对于合同双方的具体责任与义务进行详细的规划与分析，而且需要对合同过程中容易出现的各种问题进行详细的规定与处理，因此，合作契约精神渗透在长期的经商活动中，并且在长期的发展过程中实现了海派文化的丰富与发展。

基于国家与社会规范下从事相关的生产经营活动是上海人的基本观念。在我国，上海是法制观念比较强的城市。即使在旧上海，欺行霸市之徒也相对较少，这主要是因为上海商人更多是移民，且近代以来有大量多方帝国主义的压制，国内也缺乏可以依靠的势力，这就使得商人更多是基于自身的能力来进行生产经营活动，这就使得上海商人比较遵守商德、法规，倡导公平，这一经商意识沿袭至今①。可以说，这种思想已经渗透进上海商人的日常活动，在这种思想的熏陶与影响下形成了相应的海派文化。

3. 海纳百川，兼收并蓄

由于上海是一个开放程度较高的城市，这就使得近代以来上海吸收国内外先进的思想文化理念，并且将其理念应用到各类商业活动中去，从而形成了海纳百川，兼收并蓄的海派文化。近代以来的欧美文化渗透着现代化、都市化与经济化的发展态势，而当时的吴越文化融合了欧美文化的先进技术、理念与人际关系，在合作的过程中形成了兼收并

---

① 李秀元. 以海纳百川的城市文化品质提升海派新形象——以上海青浦区为例[J]. 江南论坛，2021(3)：48—49.

蓄的海派文化思想理念,其思想具有一定的历时特征。同时,在当代城市社会的发展进程中,上海逐渐形成了追求卓越、海纳百川、大气谦和的城市精神。上海市第九次党代会明确号召,与时俱进地培育城市精神,大力塑造海纳百川、追求卓越、开明睿智、大气谦和的新形象,上海需要使全市人民始终保持艰苦奋斗、昂扬向上的精神状态[①]。这一指向表明了上海城市精神未来的发展方向,是塑造上海城市精神魅力的行动指针。可以说,上海在近现代城市思想与文化形成和发展的过程中,逐渐形成了海纳百川、兼收并蓄的海派文化。

4. 鼓励奋斗,承担责任

由于上海在城市建设与经济交流活动中形成了先进的商业文化,其商业文化逐渐渗透进当地人民的日常活动中去,特别是在当地社会发展进程中,上海已经逐渐形成了鼓励奋斗、勇担责任的海派精神[②]。例如在2020年新冠抗疫中,上海多名医疗人员支援疫情前线,体现了专业医术与人文关怀并重的海派精神,在救助病患远离病痛的同时,指导医护人员和患者面对不良情绪,开展心理援助活动。上海律师发挥专业所长,为科学依法防疫出谋划策,仅2020年上半年,据上海律师协会不完全统计,已撰写、形成专业文章1300余篇,通过各种渠道提交提案议案、社情民意100余篇,为社会各界在新冠疫情防控与危机处理中面临的诸多法律问题提供有力的专业支持,同时上海市律所律师捐款2025万余元,捐赠医疗、生活物资总价值3000万余元。可以说,如今的上海抗疫活动便是海派精神在当代的重要体现。

同时,上海举办上海市第十一届委员会第九次全体会议,审议通过《中共上海市委关于深入贯彻"人民城市人民建,人民城市为人民"重要理念,谱写新时代人民城市新篇章的意见》。这些纲领性的会议与文件主要是以共建、共享为发展目标,从而努力打造人人都能有序参与

[①] 杨梦欣. 浅析"海派服饰"的戏剧性特色——从二战后十年间上海女性服饰谈起[J]. 戏剧之家,2021(9):181—182,196.
[②] 朱鸿召. 红色文化与海派文化[J]. 检察风云,2021(6):90—91.

治理的城市。在这个过程中，其城市建设的共建共享理念与海派文化中的社会责任有一定的共通之处，这也就是在海派精神的激励与鼓励下实现海派文化的传播。

四、网络直播活动的特点

1. 用户准入门槛低，传播渠道开放共享

网络直播是当代互联网经济发展背景下形成的一种线上信息传播形式，其平台主要是通过自由参加线上的交流与互动来进行相应的信息交流，信息的开放性程度较高，具有共享性的特点。一方面，在如今自媒体经济发展的时代，社会具有一种大众麦克风特点，个体用户能够在网络上注册账号成为主播来从事多元化的信息直播活动，而且在这种直播活动中，大众也能够自由参与各种类型的话题讨论。可以说，直播平台的准入门槛较低，社会一般大众都能够参与到直播活动中去，信息流通的自由度、开放程度较好。另一方面，该直播活动能够作为一种开放性共享的平台来进行大众交流与互动①。其中，直播主体能够将想要传递的信息进行传播，而大众也能够基于自身的情绪爱好去观看不同类型的直播活动，这个过程中平台的开放性相对较高，信息共享程度较高，且传播者与接收者的身份与位置也能够实现互换。可以说，网络直播活动中传播者与接收者处于一种平等对话的位置，这就使得直播者能够充当网络意见领袖来推进直播活动的进程。

2. 用户的主动聚合，大众从众心理普及

在网络直播活动中，网络用户能够基于自身的兴趣爱好、情感偏向参与相应的直播活动，并且基于直播活动形成沉浸式体验，以此来更好地实现多元信息的共享。一方面，网络直播活动是一种用户的主动聚

---

① 王振江.网络直播现状及5G时代发展趋势[J].青年记者,2021(6):93—94.

合行为。受众能够基于自身的兴趣爱好、情感偏向等因素自主选择直播内容与直播主体,并且在观看直播活动中,受众形成一定粉丝群体,这就能够在后期的直播活动通过用户的主动聚合来实现直播活动的推进。另一方面,在网络直播活动中,大众能够在平台中通过即时弹幕与评论与直播者进行信息互动,虽然在一定程度上传播者与接收者之间的心理距离被拉近,但是在网络意见领袖的引领下,诸多直播受众往往会参与到直播送礼物、商品购买活动中去,而且在网络直播饥饿营销活动的影响下,大众往往出现诸多从众心理,为了降低商品购买的失败率,进而引发个体的从众购买行为。这种形式容易引起一定程度的非理性消费,但大众的购买行为则体现出大众对传播者思想层面的认可度,这就体现出传播者的信息传播目的得以实现,信息传播的效果也相对较好。

3. 用户的共场讨论,促进思想文化传播

在一个群体狂欢的网络时代,大众多能够在参与网络交流活动的同时进行文化理念的渗透,从而在网络中形成一种潜移默化的情感意义共通空间。例如在直播活动中,直播主体与直播受众能够通过电子屏幕来实现信息互动,这就使得大众能够在讨论过程中形成对某一事件、某一观点的共识,并且对网络意见领袖形成追随者的身份,这就形成一种网络共场讨论空间,从而更好地实现思想文化的传播与发展[1]。同时,在这个共场讨论的前期,诸多营销平台会借助网络传播效应的优势来进行直播活动的造势,扩大品牌影响力与宣传度,而用户能够对其营销信息迅速了解,从而准确地做出是否参与观看的决定。在这个过程中,用户与传播者通过传播媒介搭建起沟通与交流的平台,实现了传播渠道的畅通无阻,并且在信息化的传播中形成了网络上信息流通的全新体验与方式,这种营销性的宣传活动同样能够通过宣传来促进思想文化的传播。

---

[1] 叶珲,邱晨. 传统媒体转型视野下"直播"概念话语转型的知识社会学分析[J]. 新闻与写作,2021(3):38—45.

五、网络直播活动对海派文化传播的影响

1. 新媒体平台助力海派文化传播

网络直播活动是新媒体衍生的网络产物,其能够通过线上屏幕交流互动的形式进行非线下见面的交流,而直播者也能够以一种平民化的直播视角进行信息文化内容的传播。该传播平台具有以下三方面的优势:一是平民化的传播视角,直播者能够通过屏幕将现场场景进行直观呈现,并且也能够通过此种形式向受众传递多元化的信息内容。二是即时性的屏幕互动。大众能够通过弹幕、送礼、点赞的形式与主播的直播活动进行互动,互动过程中行成双向的互动情感空间。三是新媒体平台的大众化。目前,我国的诸多直播活动能够基于快手、抖音等平台进行直播,这就能够利用大众应用程度较高的网络平台进行文化与思想观念的传播。海派文化需要借助于一定的物质载体进行传播,而直播平台能够讲海派文化故事、以海派文化相关产品的形式进行带货,从而通过商品的网络化营销将其中的文化理念进行传播,更好地用大众喜闻乐见的平台进行文化理念的渗透性传播。

2. 丰富当代海派文化的呈现形式

海派文化是一种尊重多元化、个性,兼顾个人和社会利益,以契约精神为主导的理性的、随和的、较成熟的商业文化。在海派文化的形成过程中,其主要是作为一种看不见摸不着的思想文化而存在于社会发展的进程中,并且其思想也会对当地的建筑、饮食、艺术等产生一定的影响,从而形成了各具特色的海派文化呈现形式。而在当代新媒体技术发展的背景下,用网络直播的形式进行海派文化的传播,能够在文化传播的过程中丰富商业文化的呈现形式与载体,从而扩大海派文化的社会覆盖范围。例如在海派文化传播过程中,网络直播能够将海派文化以视频资料、地域特色商品、旅游纪念品、特色服饰等形式进行呈现,这就能够在应用活动中拓展海派文化的形式,也就是在文化思想与物

质载体和谐统一的过程中实现海派文化的传播。

3. 文化传播与经济效益协同发展

海派文化是上海一种意识形态的内容,能够作为一种精神品质激励当代社会的建设与发展,用直播平台传播海派文化,能够创造较高的社会价值与经济效益。一方面,从文化传播的角度看,海派文化的渗透能够将当地的经商思想、合作意识等内容进行全面的传播,在传播的过程中用早期的先进社会思想与当代的时代精神全面融合,并且用一种隐性教育、社会化推广的形式进行普及,从而促进整个区域内全体社会成员精神水平的提升[①]。另一方面,从经济效益的角度来看,网络直播活动不仅仅是将文化进行渗透性传播,也可以通过海派文化教育课程、上海特色商品、海派文化文创产品在直播活动中进行销售,将其中蕴含的思想文化、社会价值、市场价值等内容进行传播,并将此类商品进行市场化推广,这就能够以一种市场营销的形式来获得一定的市场价值,从而为主播及其工作人员创造一定的收益。可以说,这种直播活动能够实现经济效益与社会效益的协同发展。

六、网络直播背景下海派文化的呈现形式与发展现状

在如今网络技术发展的背景下,海派文化能够依托于网络传输的优势而进行网络产品的生成与传播,并且能够作为一种新兴的市场经济产品获得相应的市场经济效益。据《2020全球科技创新中心评估报告》显示,在全球100个科技创新城市中,上海排名第12。可以说,上海作为一个国际化的大都市,当地人民的各类市场经济活动中蕴含着较为深厚的海派精神。目前,在海派文化的网络营商环境中,网络直播能够联动线上线下优势,且通过网络公开课、直播鉴赏课以及千店大联播的形式进行海派文化的传播。

---

① 乔新生. 规范网络直播的重要意义[J]. 青年记者,2020(36):109.

1. 网络公开课

网络公开课是一种通过网络平台公开地讲授知识与内容的网络教育形式。其能够通过在线直播互动的形式将海派文化的相关理论与产品进行分析与解释，从而在此过程中通过公开性的流程与内容来实现相关内容的信息推广与传播。例如在"海派Talks'里外有度，东西无界'"的直播活动中（图1），主办方新浪家居与亚振家居共同发起了一项海派文化产品的设计讲解活动，重点邀请在海派设计、海派文化艺术领域有丰富经验的专家学者、资深设计师、艺术家举办公开课程演讲及沙龙论坛，为设计师们提供海派文化的学习交流平台，更好地保护海派非遗技艺，推动海派设计发展。在该直播活动的推进过程中，主要对李守白的《且行且画——海派文化的传承与发展》以及王杨的《良设·夜宴》等作品进行解读，在此基础上对海派文化作品的艺术价值进行分析，从而更好地将其中的海派文化精神进行全面的传播与发展。

图1　新浪直播|海派Talks第一期：海派美学与生活艺术

图片来源：https://baijiahao.baidu.com/s?id=1630320352641756682&wfr=spider&for=pc

（1）李守白《且行且画——海派文化的传承与发展》主题讲解与宣传部分

李守白是上海海派文化的艺术家，被称作"上海石库门先生"，他的艺术创作通过运用剪刀与画笔将上海的商业文化、民俗风情等方面的内容进行直观呈现。例如李守白的绘画作品《橘子红了》《光辉岁月》（图2），以及剪纸作品《海上风情》（图3）等作品，便是通过渐变色

图2　李守白的绘画作品《橘子红了》《光辉岁月》

图3　李守白的剪纸作品《海上风情》

块的形式将上海的洋房、街道等场景进行直观呈现,而且也采用了较为明艳的色块来进行色彩的搭配与设计,绘图中的主角人物的服饰、装扮对上海的风格风貌的还原程度较高,在作品创作的过程中用多元化的艺术作品来体现上海特色时光,彰显海派艺术文化的韵味。在此次直播活动中,李守白将自身在创作与思考过程中的经历与思想进行解读,以公开课程的形式进行海派艺术作品的讲解。

(2) 王杨《良设·夜宴》主题讲解与海派文化解读部分

王杨是上海静安区的艺术设计师,作为《良设·夜宴》(图4)的创作者,他在网络直播活动中对于其作品的设计思路、设计风格、设计细节等内容进行了深层次的讲解,将融合了社交、文化、艺术、美食等多元因素的文化作品进行解读,并且在解读过程中将自身在欧洲生活的经历进行分析,从而更好地将西方时尚化的艺术理念与东方经典传统的文化元素进行融合性设计,通过其作品设计来体现一定的兼容并包的艺术思想,更好地实现了海派文化的传承与发展。可以说,在该类直播活动筹办过程中,诸多艺术设计师、海派文化的传承人能够在一个公开化的平台中进行交流与互动,平台也能够将其交流的过程进行实况记录,更好地通过直播视频的形式来进行公开课的网络化呈现。

图4　王杨《良设·夜宴》

综上,我们发现,海派文化的直播活动具有以下几个特点:一是海派文化呈现形式较为多元。海派文化不仅能够作为一种思想理念存在于大众的脑海中,还能够通过绘画、剪纸等艺术形式将海派文化的精神理念渗透其中,从而更好地通过艺术作品来传播海派文化。二是直播活动实现了线上与线下的多元联动(图5)。该公开课程主要是在线下场所进行举办,在举办活动中吸纳了大量的海派文化传承人与艺术设计师进行交流,通过线下活动来强化海派文化传播效果,同时,参与人员也能够将现场场景进行线上直播,这就能够打破地域空间的限制,扩大海派文化的传播范围。三是直播者用故事性的个人经历与艺术作品进行融合,以此来提高直播活动的文化传播效果。在该交流活动中,参与直播的主体不是单一的活动主持人,而是邀请了黄一、林辰等艺术设计师进行海派设计对话,从而实现了直播主体的多元化,通过多个直播主体个人作品与经历的不同来展现不同作者对海派文化的理解,更加契合海派文化孕育的兼收并蓄的思想品质。

图5 "新浪直播|海派 Talks 第一期:海派美学与生活艺术"直播活动场景图
图片来源:https://baijiahao.baidu.com/s?id=1630320352641756682&wfr=spider&for=pc

2. 直播鉴赏课

在网络直播活动中,我国同样可以将鉴赏类访谈活动进行呈现,更好地通过多人对于某一作品的分析与解读来传承一定的海派文化精神。该类直播课程主要是基于一定的设计与安排来推进的,其直播活动与我国传统电视节目的制作有一定的类似之处,不同之处在于其镜头视角的呈现较为单一,这也使直播活动交流与互动更具亲近性与平民性。例如在 2020 年 8 月的直播鉴赏课程中,知名文物鉴定专家蔡国声老师、海派艺术大师吴昌硕先生四世孙吴超老师参与到商家"印圣堂"直播间中,现场展示众多吴昌硕先生书画真迹、篆刻印章,在对话之间向观众直播艺术产品的鉴赏(图 6)。

图 6　吴超(左)、蔡国声(右)正在直播鉴赏
片来源:https://baijiahao.baidu.com/s?id=1674818770280758417&wfr=spider&for=pc

"海派文化博大精深,又极具特色。而海派文化,正是以吴昌硕先生开辟的'吴派'为领袖,吴派成熟于晚清,对后续艺术创作影响极为深远。"在直播开场,蔡国声简要介绍了海派文化与吴昌硕之间的源流,并指出"新时代,海派文化需要传承,它是文化复兴的重要课题之一"。蔡国声老师从事文玩鉴定、书法篆刻 40 余载,在中国文玩鉴定业内知名度极高,曾作为中央电视台《寻宝》栏目的特邀专家被大众所熟知。吴超老师为吴昌硕先生四世孙,亦是西泠印社社员、上海书法家协会会员、上海海派书画院副院长,个人作品传承先曾祖吴昌硕风格,书风独特。

在本次直播中,众多艺术爱好者们得以见到诸多极少面世的吴门真迹,并由蔡国声和吴超两位嘉宾现场讲解。面对现场粉丝提问,吴超和蔡国声一一解答,通过介绍吴昌硕先生的人生经历、创作理念,将此前容易"云缭雾绕"的海派文化和吴昌硕先生的艺术创作抽丝剥茧详细地介绍给观众。且蔡国声老师私人藏品,由其亲自带到直播现场,展示给观众们观赏。同时,吴超老师也带来了众多罕见的吴昌硕真迹以飨众多观众。

在该直播活动开展的过程中,其直播形式主要呈现出以下特点:一是名人直播,收获较高粉丝效应。此次直播活动邀请了吴超、蔡国声等专家来进行文物鉴赏活动,其主要形式为双向访谈,双方能够在交流活动中通过轻松的访谈实录来进行海派文化的渗透性传播。二是重视前期宣传,市场宣传力度较大。该直播活动主要在微拍堂平台进行,在直播前已经通过宣传海报进行宣传,采用了扫描二维码进入直播间的方式,为大众提供了快捷的直播进入渠道(图7)①。三是直播活动的社

图7　蔡国声、吴超的直播活动宣传海报图

图片来源:https://baijiahao.baidu.com/s?id=1674818770280758417&wfr=spider&for=pc

---

① 翟沛雯,李学欣,单莓灵.微信平台在上海高校非遗传播中的应用研究——以海派旗袍为例[J].大众文艺,2020(24):211—212.

会性与经济性的协同发展。在该类直播活动中,平台不仅能够将海派文化通过名人、文化产品的形式进行宣传,实现物质载体与海派文化的和谐统一,而且还能够在直播活动中与商业化品牌商进行合作,这就能够通过多方的合作与市场化投资收获一定的经济效益,更好地实现海派文化社会价值与经济价值的和谐发展。

3. 千店大联播

千店大联播是在多方平台的合作过程中形成的一种直播活动,这种直播活动能够收集不同媒介载体进行平台的联合直播,在各大直播平台都能够收获到相应的直播性的信息与内容,这也是一种通过拓展传播渠道而形成的网络直播形式,旨在通过多类平台的联合来实现产品的推广,并更好地将海派文化以一种潜移默化的形式进行市场化的渗透性教育(图8)。

图8 千店大联播呈现界面图

图片来源:https://baijiahao.baidu.com/s?id=1668098965775618589&wfr=spider&for=pc

（1）拼多多千店大联播，用商品促进海派文化的传播

在"五五购物节"主题活动筹办的过程中，拼多多作为上海市场上规模较大的企业，能够打破线上与线下的界限，通过直播来推动实体经济的发展，通过"千店大联播"系列活动来实现海派文化的渗透与传播。在直播开始之后的 20 小时之内，"千店大联播"的累计观看人次就超过了 7800 万。其中，超过 4 成用户来自上海及周边长三角区域。这也意味着，上海及周边长三角区域有 3120 万人在线参与了"五五购物节"，平均每 5 个人中，就至少有 1 个在线上参与了购物节活动。可以说，这种形式能够借助新电商平台的互联网效应，在新经济发展的背景下用商品来促进海派文化的传播与发展（图 9）。

图 9　2020 年拼多多"农产品消费节"直播活动宣传图
图片来源：https://www.sohu.com/a/416629136_135869

(2) 购物节重点宣传,网络带货成为主流

"五五购物节"期间,上海电视界资深主持人化身为商业主播,在直播间内和大厨现场烹饪、与科学家互动,实力带货,成了此次直播强势带货的亮点,也增添了浓郁的"上海味道"。

作为国际消费城市与商业之都,上海率先拥抱在线新经济,也就是在当代5G、人工智能、云计算、大数据、区块链等技术蓬勃发展的过程中,我国网络直播带货能够将海派商业文化进行渗透与传播。一方面,网络直播带货是基于双方平等交易的原则来从事的经济活动,这种经济活动也需要经过下单、付款、发货、查询物流信息、收货、评价等一系列的环节与流程来进行,其流程运作的规范性相对较高,这就使得双方在直播购物的过程中能基于一定的契约精神来完成相应的合作。

(3) 品牌直播成主流,创新多元直播体验

由于上海是一个商业文化较为浓厚的城市,这就使得上海在新经济发展的过程中能够通过品牌化直播的形式来推进海派文化的传播。在上海的网络直播活动中,诸多自媒体用户能够通过打卡、种草直播的形式来进行产品的宣传与推广,从而使得大众足不出户便能够实现云逛街、云打卡,而且我国的诸多小红书博主还进行了云探店、云试穿,为大家带来了耳目一新的直播体验(图10)。在这种直播活动中,小红书博主走出直播间,离开补光灯,他们探访百年老店、地标式建筑、游乐景点等地,借直播镜头将真实的现场体验分享给用户。因此,这也使直播成了小红书博主与粉丝之间更直接的互动工具,而博主与粉丝的黏性,决定了直播的受欢迎程度。自媒体用户进行网络体验式直播,通过这种直播形式能够将上海的海派精神、海派思想以一种潜移默化的形式进行传播,大众在观看到自身喜爱的内容之后更容易了解接受海派文化。

综上,在千店大联播的过程中,海派文化的传播形式主要呈现出以下特点:一是海派文化的商品化呈现。由于海派文化是从当地的商业经济活动中发展起来的,且在长期的社会实践与发展过程中实现了海派文化的传播与发展,这就使得当地的"直播+零售"的活动模式同样

图10 "海派"风格的直播活动宣传图

图片来源:时尚周:https://www.xiaohongshu.com/discovery/item/5f8690ac0000000001007d4a
五五购物节:https://weibo.com/2482325401/J4utdaRzO

体现了一定商业合作精神与理念,能够更好地用新的直播售卖形式来实现海派文化的渗透。二是海派文化的个体化呈现。由于海派文化蕴含着较强的个人化思想,这就使得当代的直播带货活动中出现了多元化的自媒体直播主体,主播能够基于自身生产经营活动来进行直播,且直播活动只需要通过基础的直播架、手机等载体便能够实现,直播活动的成本较低,更好地实现了海派文化的平民化传播[①]。三是品牌性直播强化海派文化的宣传效果。在我国拼多多、小红书等平台的直播活动中,直播主体首先能基于平台的品牌性优势来进行各种商品的推广,用品牌来提高用户使用黏性,从而在长期的商品化推广过程中将海派文化中的公平竞争、优胜劣汰、遵守法律、利益分配合理等思想进行全面的渗透与发展。

---

① 许成龙.主流媒体与网络媒体语言传播的"融合"——以"小朱配琦"为例[J].青年记者,2020(35):61—62.

七、网络直播背景下海派文化传承与发展困境

目前,海派文化已经逐渐开始应用网络直播课程、网络鉴赏教育以及多平台联合直播的形式来进行文化的传播与发展,并且在传播过程中也取得了一定程度的实效性。但是由于我国受众市场的信息需求呈现出多样化的发展特征,这就使得我国的海派文化在网络直播过程中存在着专门的直播平台与传承人的缺乏,海派文化物质呈现载体不足,海派文化直播活动的潜在受众市场难挖掘等问题,需要我们在研究过程中对这些问题背后的原因进行深层次的解读与分析。

1. 公开化的专用传播平台欠缺

在目前海派文化的网络直播活动中,我国的诸多新媒体平台能够应用多种综合性的平台来进行海派文化的传播,从而在大众认知度较高的直播平台中进行海派文化的理论性推广,或者在网络购买交易活动中对海派文化进行隐性的传播。但是在实际的海派文化传播过程中,我国缺乏一个明确的、专门化的海派文化传播平台,这就使得海派文化的核心价值理念难以实现覆盖范围更为广泛的传播,其原因有三:

首先,海派文化属于一种反映商业经济活动的文化,其文化主要是在社会的各项经济活动中进行呈现的,但是在我国缺乏上海经济交流、经济活动的专门化的直播平台,直播活动主要是在综合性的直播平台中进行的,这就使对海派文化喜爱程度较高的受众难以通过专门化的直播平台了解更深层次的海派文化。其次,在我国海派文化传播的活动中,参与人员也主要是专家、同行与相关学者,社会上的一般大众在观看直播活动中提出的问题也难以在第一时间得到解答,这也是缺乏专门的直播平台的表现。另外,在海派文化的直播活动中,由于受到市场经济的影响,直播活动的最终目的是实现商品的宣传与推广,而对于海派文化的思想传播价值难以发挥到最大,海派文化的挖掘深度不足,直播平台缺乏对海派文化的深度性宣传,所以海派文化难以通过直播平台来实现思想文化理念的传播。

2. 专门的海派文化传承人较少

海派文化是在上海地区长期的建设与发展的进程中形成的一种商业文化,经典的海派文化的思想理念可以指导当代社会的商业建设与发展。但是在目前的传承与发展的过程中,我国海派文化也呈现出传承人的年龄结构偏大的趋势,而我国青年学生群体对于海派文化的认识程度还有一定欠缺,这就使得海派文化难以实现传承与发展。虽然上海还有多种类型的海派文化民间艺人,但由于多种原因,海派文化民间艺人难以通过网络直播的形式进行海派文化的传播。具体原因如下:

一是海派文化的民间艺人不擅长运用新媒体传播平台。民间艺人更擅长沉浸于自身的海派文化的创作活动中,同行之间的思想交流、经验交流活动较少,而且诸多民间艺人的年龄结构偏大,其对于网络平台的操作有着一定困难,这主要是由于社会群体之间存在着较为广泛的信息沟,使得区域之间的思想文化与技术水平存在一定的差异,影响着海派文化的传播。二是市场上社会群体缺乏对海派文化的深度认知。一般认为,海派文化是一种商业文化,其文化的应用范围主要集中于商业化的经济活动,但是实际上海派文化是一种兼收并蓄、思想自由的文化,其在经济、文化与社会各方面都能够进行思想文化的渗透,而海派文化与我国其他领域的思想文化的融合性较少,对于青年学生而言,我们又缺乏专门化的传播平台与传播渠道来进行海派文化的传播,青年学生对于海派文化的理解程度又有待提高。可以说,由于海派文化传承人的缺乏,使得海派文化缺乏内涵性的深度文化解读传播,这就会影响当代海派文化在社会上的教育价值的最大化发挥。

3. 海派文化物质呈现载体不足

海派文化要想实现社会化传承,需要依托一定的物质载体来进行传播。但是在目前海派文化的网络直播活动中,物质呈现载体相对比较单一,这就使得海派文化的传播存在着一定程度的瓶颈性问题。目前,我国的海派文化直播的呈现载体主要是通过网络公开课、千人大联播、网络鉴赏课等形式来进行,但是这些直播活动主要是将海派文化赋予一定的商品属性,或者通过直播交易活动来渗透海派文化,海派文化传播的具体物质呈现载体不足。

一方面,在海派文化的意识类产品中,我国诸多传承人能够以海派文化为原型来进行艺术创作,例如吴昌硕的绘画作品《粗枝大叶》、王一亭的《论古图》等,这些艺术作品能够将海派文化渗透进创作过程中,以此将海派文化通过艺术绘画的形式进行传播。另一方面,海派文化的直播活动主要通过海派文化物件艺术展览的形式进行文化传播,可以说,从海派艺术文化传播的角度来看,诸多类型的直播活动是基于艺术设计类的产品进行文化宣传,将文化内涵与艺术表达融合在一起实现海派文化的推广。但是海派文化在发展的过程中还渗透在社会建筑、历史遗迹、文创产品等各方面的载体中,海派文化传播的呈现载体仍有一定程度的欠缺。

4. 受众窄众化,直播关注度低

目前,我国大众传播市场上的信息资源呈现出多元化的发展趋势,这就使得大众能够在海量的信息资源中去寻找有价值的信息内容。但是在目前市场上的信息传播活动中,由于大众的兴趣爱好、情感偏向存在着一定程度的差异,这就使得受众市场出现了细分的趋势。大众往往对于感兴趣的内容关注程度较高,对其他内容关注程度较低,这就使得海派文化的传播局限在小范围区域中,难以实现大范围的传播。

在新媒体发展环境下,网络直播活动本身便是基于用户自身的兴趣爱好、工作需求等形成的主动聚合行为,作为一种主动性较强的信息传播活动,其能够通过特色内容与特色形式的宣传直播来实现商品与文化的市场化推广,在满足固定粉丝群体的基础上不断扩展受众范围。但对于当代的社会群体而言,趣味性较强的直播活动更能够收获大量的粉丝群体,目前,海派文化传播活动的趣味性元素相对较少,这就使得海派直播活动在网络上的关注程度较低。在千人大联播活动中,虽然主播能够在直播活动中渗透一定的趣味性元素来收获相应的粉丝群体,但是活动中海派文化精神的渗透是一种不全面的状态,这就使得海派文化难以通过网络上的直播活动实现内涵理念的全面传播。

八、网络直播视域下海派文化传播策略研究

海派文化作为我国上海地区的一种特色地域文化,代表着上海人的办事风格与特色,其具有较高的思想价值。因此,在如今新媒体发展的环境下,我们需要充分应用网络技术的优势,基于网络直播来实现海派文化的传播,从而更好地将海派文化与当代传播技术进行融合,在融合与创新过程中推进海派文化的传播与发展。

1. 拓展传播主体,广泛吸纳海派文化传承人

传播主体是信息传播活动的源头,其需要在信息传播过程中对于原本的传播内容进行人工化、口语化或者艺术化的加工,从而通过一种可见的文化产品的形式实现海派文化的传播,这就要求传播者在传播活动中需要承担较高的社会责任。在网络直播活动中,主要是通过直播者来进行相应的信息内容的宣传与普及,要实现海派文化传播范围的拓展与传播效果的提升,需要重点从传播者的角度来丰富直播主体,也就是将海派文化传承人打造成网络红人,从而更好地将传承人身上的海派文化与理念进行传播与普及。

首先,在网络直播活动中,我们需要广泛吸纳优质的海派文化传承人,特别是海派文化传承人、海派文化的艺术设计师、上海商业活动从业人员等,让他们都能够参与到网络直播活动中去,从而在直播活动中丰富直播主体类型,通过多种不同类型的海派文化传承人故事与经验的分享来实现海派文化的传播[①]。其次,在拓展直播主体的过程中,直播活动的策划人员、设计人员需要对整个直播活动的流程与环节进行设计,也就是基于议程设置理论来进行传播内容的编排,不仅要选择社会关注度较高的网络名人参与直播活动,还要对直播活动的产品宣讲

---

① 刘峰. 基于微信公众平台的海派文化传播主题框架研究[J]. 新闻爱好者,2019(2):27—31.

流程与环节进行设计,这样才能够在直播活动主题策划的过程中选取大众关注度较高的问题来进行设计。最后,在直播活动的前期策划过程中,策划者也需要对海派文化传承人的个性特点、说话方式有一个全面的了解,对直播活动中可能出现的问题进行预设,从而规避此类问题,更好地提高海派文化的直播效果。

2. 文化内涵渗透,讲述海派文化的人物故事

在当今社会信息的传播市场中,传播内容是整个传播活动中的核心因素,无论是线性传播活动还是循环形式的传播活动,都需要对传播内容进行总结梳理,对传播的内涵有一个全面的认知与把控,从而更好地将文化内涵通过显性或者隐性的形式进行渗透性传播。对于网络直播活动而言,海派文化需要重点对海派文化的故事、内涵、人物经历等方面的内容进行渗透性传播,用故事性内涵来实现海派精神的社会化传承。

首先,对于网络直播活动的策划者以及参与直播活动的人员而言,需要对海派文化的内涵与表现形式进行全面的认知与了解,例如兼收并蓄、尊重多元、入乡随俗、尊重个人思想、承担责任、理性成熟、求真、利益分配合理、诚信合作、讲究契约精神等,这就能够为后期的网络直播工作奠定基础。其次,在文化传播活动中,我们需要对海派文化传承人身上的历史故事、革命故事、创新发展精神等内容进行挖掘,从而在直播活动中通过故事性内容的情感表达来促进海派文化的传播。在海派作家的直播活动中,便能够将其文学作品的故事作为直播的主体内容,例如对小说活动中的人物与故事进行情境设计,从而在直播活动中通过角色再现的形式反映当时的社会背景,这样就能够通过沉浸式的直播体验来实现海派文化的传播。最后,在直播内容的编创与设计的过程中,我们能够通过以下两种不同形式来实现文化的传播:一是通过理论性、课程性、讲解性的内容进行直播的安排,也就是通过理论性的内容讲解来实现内容的传播。二是通过趣味性的互动、小游戏等形式来创新直播形式,从而拉近直播主体与社会一般大众的心理距离,更好地在这个过程中实现海派文化的隐性传播。

3. 文创产品设计,直播带货促进文化的传承

海派文化是一种意识形态方面的内容,其传承与发展需要借助一定的物质载体。在海派文化传播与渗透的过程中,我国相关直播活动能够依托于一定的物质载体、用多元化的文创产品、以直播带货的形式来促进海派文化的社会性渗透。

一方面,在海派文化的传承与发展过程中,我们能够基于海派文化的内涵来进行海派文化的文创产品设计,以此来实现文化与符号的和谐发展。例如在"上海印象"的主题文创产品的设计过程中,其设计能够应用《老工厂新气象》《老建筑新格调》《老味道新嚼头》《老画卷新风情》《老行当新风尚》《老旗袍新时髦》六大主题,以明信片的形式呈现海派文化的内涵,通过中英文的互动来提高文创产品的国际化价值,而且该类文创产品在直播的过程中用名家绘画增添品鉴功能,用知名主持配音解说丰富视听体验,这就能够以展示文创产品的形式来实现海派文化的广泛传播。另一方面,我们也能够采用网络红人直播带货的形式实现文创产品的推广。例如在直播活动中上架一定数量的文创产品,采用直播秒杀的形式来实现文创产品的营销,以此在网络营销活动中将海派文化产品进行市场化营销,并且在营销活动中更好地将海派文化渗透进网络直播的观看者中。

4. 平台联合直播,拓展海派文化的直播渠道

麦克卢汉指出,一个时代最重要的信息不是这个时代的传播内容,而是这个时代所使用的媒介及其媒介开创的可能性。对此,在社会文化的传播活动中,我们需要依托新技术来拓展新的传播载体,从而通过媒介技术来实现传播手段的创新性发展。对于网络直播而言,我们则需要在传播活动中充分应用合作联合直播的形式,从而在直播活动中拓展传播渠道,形成一种全媒体的发展状态,以此来实现海派文化的广泛传播。

一方面,我们需要综合应用目前社会上多元化的传播平台,从而通过公开化的直播平台来进行海派文化的宣传性普及。例如通过网络直

播课、网络公开课的形式实现海派文化的传播,在传播过程中通过一定的理论来进行海派文化内涵的解读与传播,同时在直播活动中也能够通过讲解海派传承人物故事来实现文化传播,从而更好地实现海派文化的故事性、情感性教育,与直播观众营造共同的情感意义空间,以此来实现海派文化的隐性传播。另一方面,我们能够在直播活动中建设一个专门化的海派文化传播平台,或者开通海派文化传播的官方账号等,这就能够在官方账号的直播活动中对海派文化进行深层次的挖掘与传播。对海派文化在经商活动、艺术创作活动、文化宣传活动等方面的文化体现形式进行分析,并通过一定的载体来进行海派文化的深度直播,更好地满足固定粉丝群体的需求。可以说,在我国海派文化的直播活动中,我们应该充分应用综合性的与专门性的直播平台,在直播活动中提高海派文化的社会价值,用海派文化激励当代社会群体的个体发展。

结　语

综上所述,新媒体技术的发展为当代社会带来了新的传播渠道,而网络直播作为一种线上互动交流的形式能够很好地进行文化理念的传承和传播。对于海派文化而言,求真务实、合作契约是其核心内容,在当代的市场经济活动中仍然具有一定的社会教育价值。这就需要在文化传播过程中解决诸多问题,并不断拓展传播渠道,优化传播形式,丰富海派文化载体,从而在多平台联合直播活动中促进海派文化传播,用海派文化激励当代青年不断向前发展。

(上海出版印刷高等专科学校影视艺术系　石莹)

参考文献

[1] 马宁,阮一婷. 网络直播文化的自律他律与发展探析[J]. 传媒,2021(10):55—56.

[2] 孙信茹,甘庆超. 对视:网络直播中的观看与角色互构[J]. 当代传播,2021(3):79—82,85.

[3] 苏凡博. 网络秀场直播间礼物流动的三重逻辑[J]. 当代传播,2021(3):93—95.

[4] 陈思和. 谈谈上海文化、海派文化和上海文学、海派文学——答《上海文化》问[J]. 上

海文化,2021(2):14—23,87.

[5] 郑宁,江天一.海派传承 价值赋能——从老洋房到上海沪剧艺术传习所的保护更新[J].建筑学报,2020(12):70—75.

[6] 党君,马俊树.网络直播 App 使用行为对线上购买意愿的影响机制研究[J].新闻大学,2021(5):95—105,124—125.

[7] 邢艺.海派文化融入上海高职院校思政教育的路径探究——以上海行健职业学院为例[J].教育观察,2021,10(10):27—29.

[8] 许敏.网络直播中话语权平民化分析[J].青年记者,2021(8):104—105.

[9] 石莹,张波.网络直播视域下的海派文化传播策略研究[J].传媒论坛,2021,4(4):42—43.

[10] 徐艳华,袁新林,郑梅,等.海派文化视域下的纤维壁挂设计实践[J].毛纺科技,2021,49(4):46—49.

[11] 李秀元.以海纳百川的城市文化品质提升海派新形象——以上海青浦区为例[J].江南论坛,2021(3):48—49.

[12] 杨梦欣.浅析"海派服饰"的戏剧性特色——从二战后十年间上海女性服饰谈起[J].戏剧之家,2021(9):181—182,196.

[13] 朱鸿召.红色文化与海派文化[J].检察风云,2021(6):90—91.

[14] 王振江.网络直播现状及5G时代发展趋势[J].青年记者,2021(6):93—94.

[15] 叶珲,邱晨.传统媒体转型视野下"直播"概念话语转型的知识社会学分析[J].新闻与写作,2021(3):38—45.

[16] 乔新生.规范网络直播的重要意义[J].青年记者,2020(36):109.

[17] 翟沛雯,李学欣,单莓灵.微信平台在上海高校非遗传播中的应用研究——以海派旗袍为例[J].大众文艺,2020(24):211—212.

[18] 许成龙.主流媒体与网络媒体语言传播的"融合"——以"小朱配琦"为例[J].青年记者,2020(35):61—62.

[19] 刘峰.基于微信公众平台的海派文化传播主题框架研究[J].新闻爱好者,2019(2):27—31.

上海石库门声生态文化传播研究

摘要:声生态学将声音视为环境当中的景观,强调人与声音以及环境间的关系。长期以来,石库门里弄文化传播研究基本都停留在视觉要素领域,但文化体验是全方位的感知过程,声景观的优化,可以为改善石库门里弄生态环境、提升上海景观质量提供新的思路。声景观具有物理和环境两大类属性,通过以石库门里弄为例的实证研究,能够探寻到声音与体验者感知度的关系,以及声景观环境属性中基调音、标志音、信号音各自的特点。在此基础上可以从声生态学的视角对自然与人文声景的文化传播提出切实可行的建议,促进上海城市生态和旅游经济的发展。

一、绪 论

1. 项目研究意义

近年来人们重视研究生物及其声环境的关系,提出"声生态学"(Acoustic Ecology)这一名称,它综合了声学、美学、哲学、建筑学和社会学等学科的内容,它所处理的问题称为"声景"(Soundscape 或称 Acoustical Landscape)[①]。随着国家连续发布一系列扶持发展文化和旅游及传媒行业的利好消息,文化产业迎来了前所未有的发展良机。石库门作为上海地方文化及旅游特色,在历史建筑保护、旅游开发方面得到了高度重视,但石库门声生态文化及应用却未得到足够的重视,随着石库门的拆迁改造,这一非物质遗产正面临着消失。所以结合石库门业态转型,与时俱进地、以历史发展观的角度对上海石库门声生态文化进行研究,对保护及传承上海石库门声生态文化遗产,挖掘上海城市声音信息有着重要的理论意义、学术价值与社会效益。

---

① 孟子厚,安翔,丁雪.声景生态的史料方法与北京的声音[M].北京:中国传媒大学出版社,2011.

2. 国内外研究现状

传媒理论大师麦克卢汉早已注意到了听觉和视觉的不同,提出了与视觉空间感受不一样的听觉空间概念。而声音及其环境构成则构成声景,是声生态的实践,在20世纪60年代末70年代初,声景概念由谢弗(R. Murray Schafer)等人率先展开研究,指的是环境中的声音,主要指"在自然和城乡环境中,从审美角度和文化角度值得欣赏和记忆的声音"。声生态的提出者谢弗教授倡导和宣传自己的理念,并在联合国教科文组织的支持和领导下,于20世纪70年代中期创建了世界声景计划(WSP),同时还出版了有关声生态学方面的书籍。世界声生态学研究会(WFAE)于1993年正式成立,这是一个国际性的交流组织,也是声景艺术研究者共享信息的平台。声景艺术约在2005年正式来到中国。相较于国内外其他地方,关于上海石库门声生态文化的研究至今还是一片空白。随着石库门的拆迁和改建,对于石库门这一极具地方特色的声生态文化的研究显得尤为紧迫。

声生态文化以声景艺术实践的方式已被成功地运用于自然风景区、人文历史遗址之中,弥补了以往特定场景中相对单调的观赏形式,在增加人们观游兴趣的同时,能够使他们更加深入了解与感受历史中所蕴藏的文化内涵。但声生态文化在文化产业领域,尤其是在影视、戏剧、展览展示、游戏娱乐等文化产品中的应用与研究较少,而作为上海文化象征的石库门声生态文化,承载着上海几代人童年的声音记忆,在文化产业领域极具开发潜力及应用价值。从表现形式来讲,与石库门文化相关的艺术作品从视觉角度创作多于听觉,以油画、影视、展览、戏剧居多,而在创作过程中往往忽视了听者、声音与环境之间的动态关系,VR、AR等虚拟互动技术的崛起为石库门文化的艺术表现提供了更多可能,通过应用声生态学原理,有望提升听觉沉浸式效果。从表现内容来讲,现有的艺术作品及创新研究更多地表现石库门的里弄文化,将其建筑特色和市井风情作为创作元素,而如今不少的石库门里弄已转型成为商业地标,这赋予了石库门新的文化含义和时代特征,同时孕育了新的石库门声生态文化,而这方面的艺术创作研究还较少见。本研究将借助业态的"发力",对石库门的艺术创新及创意转化做深入探索。

二、研究相关概念

1. 声景定义

国际标准化组织(ISO 12913 - 1:2014)于2014年将声景定义为:在特定背景情景下,被一个人或一群人所感知、体验或理解的声音环境。

声景是一个复杂的术语,从城市设计到野生动植物生态再到计算机科学、综合物理、工程、社会、心理、医学、艺术等多学科领域,不同的学科使用声景的历史各不相同,而研究声景的学者分布于声学、建筑学、城乡规划学、风景园林学、生态学、信息学、通信学、人文地理学、法学、语言学、文学、哲学、教育学、心理学、人类学、政治学、社会学、民族学、宗教学、医学、美学、设计学、音乐学、媒体艺术学等各个领域[1]。

声景研究人、听觉、声环境与社会之间的相互关系,与传统的声音环境不同。声景重视感知,而非仅物理声音;考虑积极和谐的声音,而非仅噪声;将声音环境看成是资源,而非仅"废物"[2]。声景是一项听觉生态学的研究,也是营造健康人居环境的重要因素之一。不同于一般的噪声控制措施,声景研究从整体上考虑人们对于声音的感受,研究声环境如何使人放松、愉悦,并通过针对性的规划与设计,使人们心理感受更为舒适,有机会在城市中感受优质的声音生态环境。

2. 声景历史

声景一词的由来有些模糊,它常常被认为是加拿大作曲家和博物

---

[1] Wrightson K. An introduction to acoustic ecology [J]. Soundscape:The Journal of Acoustic Ecology, 2000(1):10—15.
[2] Porteous J D, Mastin J F. Soundscape [J]. Journal of Architectural and Planning Research, 1985(3):169—173.

学家谢弗所创造的,他的确从20世纪60年代开始就领导了许多有关该主题的开创性工作。根据2013年对谢弗的一次采访,他将该术语归因于城市规划师索斯沃思(Michael Southworth)。曾是凯文·林奇(Kevin Lynch)的学生的索斯沃思于20世纪60年代在波士顿领导了一个项目,并在1969年的《城市的声波环境》论文中报告了这一发现并使用了该术语。然而,使事情复杂化的是,在Google Ngram中进行搜索发现,Sound scape此前已在其他出版物中被使用[1]。

索斯沃思在波士顿开展项目的同时,谢弗与巴里·特鲁阿克斯(Barry Truax)和希尔德加德·韦斯特坎普(Hildegard Westerkamp)等同事一起发起了著名的"世界声景项目"。随后,谢弗在世界声景项目中收集了研究结果,并在他关于声音环境"世界的调音"的开创性工作中充实了声景概念,他在音乐教育中也使用了这一概念。

从以人的感知为核心、兼顾正态和负态声景观影响的声生态学视角切入,探讨石库门声生态文化传播,可以为改善现有石库门里弄生态环境、提升上海文化形象提供新的思路。

3. 声景概念

声景是声音环境的感知、体验以及理解过程,强调7个基本概念以及它们之间的关系、背景、声源、声音环境、听觉感受、对听觉感受的解释、响应、效果[2]。

图1说明声景是人对声环境的感知、体验或理解。然而,实际应用中会倾向于强调对声源和声环境的管理或改变。与本标准相一致,它的原理是通过人类对声环境的感知来测量、评估或者评价声景。

---

[1] Wrightson K. An introduction to acoustic ecology [J]. Soundscape: The Journal of Acoustic Ecology, 2000(1): 10—15.
[2] 于锐,张蓉. 历史街区中社会历史声景的初探和浅析[J]. 四川建筑,2013,33(2):63—67,69

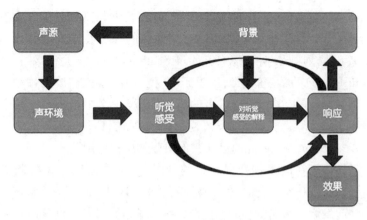

图 1　声景感知概念中的要素①

图片来源:https://mp.weixin.qq.com/s/7ss_OrU9ChM-Lu1lcFnBRg

(1) 背景

背景包括时空中的人、活动以及地点之间的相互关系,它可能通过听觉感受并解释对听觉感受,以及对声环境的响应影响声景。例如:

① 影响听觉感受的因素包括气象条件(随季节改变),听力障碍和助听器的使用。

② 影响对听觉感受解释的因素包括对声源和发声体的态度、经历和期望(包括文化背景,身处某地的意图或理由),以及其他感官因素,如视觉印象和气味。

③ 影响声音环境响应的因素包括时段、光线、天气、情绪、处于此种环境下的心理和生理状态、对声音的控制能力,以及个人和他人的活动等。

(2) 声源

声景形成于声源(如:道路交通、鸟鸣、说话声、脚步声等)及其时空分布。

---

① Location Sound 同期录音网. Sound Space 声音的定义 - 专题[EB/OL]. (2020-10-30). http://mp.weixin.qq.com/s/7ss_OrU9ChM-Lu1lCcFnBRg.

(3) 声环境

声音环境是所有声源产生的经环境改变后到达接收处的声音。环境的改变包括因气象条件、吸收、衍射、混响和反射对声传播的影响。

(4) 听觉感受

听觉感受依赖于人耳听觉心理机制,是人对声环境认识和理解的第一阶段。听觉感受会受到声掩蔽作用、声源频谱特性、时域模式和声源空间分布的影响。

(5) 对听觉感受的解释

对听觉感受的解释(听觉感知)是指无意识和有意识地处理听觉信号来产生有用信息,从而可能获得对声环境的认识和理解。

(6) 响应

响应包括短期反应、情绪和行为,这有可能改变背景。

(7) 效果

效果是由声环境促进或造成的一种整体的、长期的结果。它包括态度、信仰、价值观、行为习惯,访问者/用户的体验(例如活动、行为和心理状态)、健康状况、幸福感、生活品质,以及对社会成本的降低。

三、声景测试的调研方案设计与实施

由于声景具有非物质性特点,因此与视觉景观变迁相比,声景变迁刻画需要更多地从体验者感知的视角切入。基于对国内外相关文献的综合分析,在借鉴 Choi & Sirakaya(2016)、Stylidis(2014)等研究的基础上,本文主要从石库门声生态的类型划分与体验者声景感知特征两方面展开研究。首先,从历史变迁的观点和上海文旅发展对石库门里弄声生态环境的影响视角出发,借助深度访谈资料,梳理时代发展背景下石库门里弄声景变迁的各阶段和现状,并通过文献研究法和体验式观察法对各阶段和不同类型的石库门里弄划分进行补充和验证;其次,通过问卷调查数据,对声景整体及构成要素进行感知评价分析,探究居民及体验者对现存石库门里弄声景的感知需求,并提出声景设计导则;接着,根据所得需求,通过协作共创和社会创新,结合艺术创作,寻找石库门里弄文化传播途径和方法(图2)。

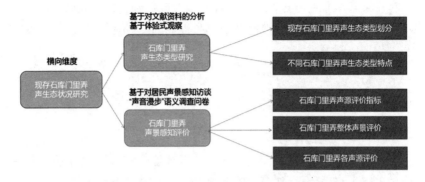

图2　石库门里弄声生态文化传播研究思路

本文从客观和主观两个方面研究石库门里弄声景。客观研究方法为：文献收集、现场勘察；主观研究方法为：问卷调查、数理统计。利用的实验设备为录音机、单反、声级计等。

1. 实地勘察与声景记录

（1）实地勘察

石库门声景实地勘察从视觉环境、声环境和人文环境三方面开展。视觉环境包括石库门的外部环境和内部空间。通过现场勘察，结合Google地图、百度地图等，了解石库门里弄所处地理位置、周边环境特征以及内部的基本空间构成。

声环境包括石库门声景的基本构成要素、声景的空间分布和时间变化。研究人员通过全天候的现场观察，结合对石库门里弄居民的访谈，记录石库门主要声源、声景，以及变化规律，并对声景进行初步分区。人文环境是指石库门中的人文设计，通过现场实地勘察记录。

实地勘察同一地点，一天分四个时间段观察，分别为7:00—9:00，11:00—13:00，16:00—18:00，20:00—21:00；地点有杨浦新华里(图3)、虹口瑞康里(图4)、余庆坊(图5)、丰乐里(图6)。

图3 新华里 GIS 图(图片来源:Google 地图)

图4 瑞康里 GIS 图(图片来源:Google 地图)

图5 余庆坊 GIS（图片来源：Google 地图）

图6 丰乐里 GIS（图片来源：Google 地图）

（2）声景记录

声景漫步是听者积极感受声景的一种方式,即在有组织的散步过程中聆听某一区域内的声景。声景漫步中声音与环境共存,融为一体,不同于戴耳机聆听音乐,这种状态常常以个体与环境相隔离为目的,而声音漫步的根本目的是鼓励参与者有选择地倾听,而且要对听到的声音及其对声环境的平衡与否产生的作用进行严格的评价[①]。漫步是指悠闲地随意走,这种走的状态是让身心完全投入声景中,充分沉浸体验。

研究者记录下四个调研石库门里弄的典型声景类型和可借鉴的声景设计手法。记录采用现场同步摄影摄像和录音的方法。影像采集仪器为单反,音频采集仪器为手持录音笔。采集视频、音频的同时,利用声级计测量声景及其元素的分贝数(表1)。

表1 声景记录时间和地点

序号	勘察时间	勘察地点
1	7:00-10:30	老西门(蓬莱路方浜中路、上海老街、文庙街、梦花街)—文富里—福庆里—吉祥里(河南中路531弄)
2	11:00-14:00	景云里—苏州河
3	14:30-17:00	新天地—张园—东斯文里
4	17:30-20:30	步高里—田子坊

2. 问卷调查设计与实施

声生态学与传统声学研究不同,在于它并非把声音当作简单的可测量的量,而是将其视为环境当中的景观,以景观欣赏者,即听者的角度来描述和评价声景观,以强调人与声音以及环境之间不可分割的关系。

为了研究石库门里弄声景主观评价指标,研究者在室外进行了主观问卷调查。调研采用在四个调研石库门里弄内现场发放问卷的方式进行,被试者皆为随机游客(表2)。为了保证被试者对问卷的准确理解,研究人员在问卷填写前对每位被试者进行讲解,并在问卷填写时提

---

① Szeremeta B, Henrique P, Zannin T. Analysis and evaluation of soundscapes in public parks through interviews and measurement of noise [J]. Science of the Total Environment, 2009(9): 6143—6149.

供一对一答疑。调查问卷分为四部分：第一部分为声源评价指标，第二部分为针对石库门里弄整体声景的主观评价，第三部分为针对各类声源的单独评价，第四部分为被试者对石库门里弄声景的改进意见。

表2 问卷发放情况

城市地区	石库门里弄	发放时间	问卷份数	有效份数/总份数	
上海杨浦	新华里	10：11	29	29	29
上海虹口	瑞康里	10：9	28	28	29
上海虹口	余庆坊	10：10	29	29	29
上海虹口	丰乐里	10：17	29	29	29

（1）问卷调查设计方法

人对声音的主观感受是多方面的，可以分解为多个评价指标进行研究。因为需要同时进行多个评价指标或尺度的分析，出现了多元尺度分析方法，语义细分法即是其中的一种[①]。语义细分法最早由美国心理学家奥斯古德（Charles E. Osgood）和其同事提出，起初用于确定词汇的情绪意义，如今已在声景领域获得广泛应用。

该评价方法可研究不同人对相同概念的理解差异。其基础在于假设不同的人、不同的文化背景对形容词语义的理解有所不同，但是由刺激所引起的对描述对象的语义理解过程是有共同性的，对具体尺度的选择上也服从一定的统计规律。语义细分法通过选择具有两极意义的形容词作为语义尺度来描述对声景的主观感觉的评价，如安静嘈杂、自然人工等，并尽可能减少不同指标。

本研究所采用的主观评价实验方法为语义细分法，即运用形容词的语义区分量表来研究事物意义的一种方法。这里的语义，指的是人听到声音后产生的一系列联想；而语义细分法也正是根据人的感觉和联想建立起来的。在不同民族、文化中，人们常常存在这种相同或相似的感觉或联想，这表明人类许多语言的意义是相通的、普遍的。根据这

---

① 刘福承,刘爱利,刘敏,等.基于居民感知的古村落声景变迁及影响研究——以安徽宏村为例[J].旅游科学,2017,31(4):49—63.

一特点,就可以设计出语义区分量表,用其研究人们对不同事物或概念意义的不同理解,对社会或某一问题的不同态度,或根据被试前后两次在语义区分量表上反应的变化,研究被试态度的改变。

具体到声景的主观评价上,可以采用语义细分法对声景的声音进行两个方面的评价:一是整体听辨,将声景作为整体而无语义过程,也就是说,整体考虑声景中所包含的环境噪声或者是背景噪声,没有特别的声事件被孤立出来单独处理;二是描述听辨,这种方法的目的是认证识别声源或声事件,需要被试者们描述所听到的声音内容和对此声音所有的感受。

被访者对声景主观感受的心理量,采用心理尺度来测量。针对单一评价指标,采用顺序尺度的等级排列法。这种方法只具有序列性,各序位间的差别不一定相等。被试者通常会同时接受多个刺激,再将之按照一定标准排序。等级排列法的统计方法是把同一刺激评定的所有等级数相加取平均,即可得出该刺激的总平均等级;把所有刺激的总平均等级排列,即得到一个顺序尺度。

(2) 问卷调查内容

问卷第一部分是各类声源的评价指标,石库门里弄的整体声环境是由各种各样的声源构成的。调查问卷中给出了八个声源单独评价指标,让被访者从中选择出适宜的最终评价指标和分项评价指标(表3)。最终评价指标针对声源的总体感受进行评价,分项评价指标则针对声源的某项属性进行评价。

表3 各类声源的评价指标

评价指标	舒适度	节奏感	清晰度	社会感	满意度	响度	好感度	协调度
适宜最终指标								
适宜分项指标								

问卷第二部分是整体声景的评价指标,指的是对录制的整体声和给定的整体声做调查问卷。表4共有14对可用于反映石库门整体声环境的语义评价指标。当感受偏向左边形容词,则选择左边较低数值,反之选择右边较高数值,共有7个数字可选被试者。从14组词汇中选

出您认为适宜石库门整体声环境的评价指标,并在右侧"是否适宜石库门里弄环境评价"中打钩。选择词汇数量不限。

表4　整体声景的评价指标

左边形容词	非常 -3	比较 -2	稍微 -1	中立 0	稍微 1	比较 2	非常 3	右边形容词	是否适宜石库门里弄评价
安静								吵闹	
平静								焦虑	
轻								响	
慢								快	
近								远	
简单								变化	
柔和								刺耳	
自然								人造	
有意义								无意义	
满意								不满意	
协调								不协调	
清晰								不清晰	
友好								不友好	
社会感强								社会感弱	

　　第三部分是对于各类声源的单独评价,在设计调查问卷时将声源类型分为三类,自然声、人工声、活动声。自然声包括风声、树叶声、狗吠声、水流声、鸟鸣声、虫鸣声;人工声细分为两类,一类是电乐声,如广播、音乐声,另一类是机械声,如交通声和施工声;活动声包括人声、烧菜声、脚步声、叫卖声、踩树叶声等。受访者对于有印象的声音在方块内打钩,并选择印象最深的7个声音按印象深刻顺序进行排序,对选出的声音做比较。最后对每个选出的声音做评价(表5)。

表5 各类声源单独评价

左边形容词	非常 -3	比较 -2	稍微 -1	中立 0	稍微 1	比较 2	非常 3	右边形容词	是否适宜石库门里弄评价
喜欢								不喜欢	
安静								吵闹	
有趣								厌烦	
愉悦								不愉悦	
快乐								悲哀	
美丽								丑陋	
平静								焦虑	
舒适								不舒适	
尖锐								平滑	
变化								简单	
流畅								粗糙	
快								慢	
远								近	
稳定								不稳定	
回声								沉寂	
方向								全向	
不纯								单纯	
柔和								刺耳	
高								低	
轻								重	
硬								软	
强								弱	
社交								不爱社交	
意义								无意义	
友好								不友好	
安全								不安全	
自然								人造	
光亮								黑暗	
轻								响	
协调								不协调	
满意								不满意	

四、石库门里弄声景要素分析

1. 石库门里弄声景影响要素

秦佑国教授定义了声景学的三项研究要素:声音、环境、人。他提出:对于其中任意两项要素两两关系的研究,早已有传统的景观学、心理声学、建筑与环境声学。传统景观学忽略了听觉感知;心理声学未考虑环境影响;建筑与环境声学则脱离了声音的受体——人。

该理论进一步提出三要素的具体概念。声音要素指的是"在场"声音,包括声源要素,即自然声音、人文声音(具有人文含义的声音)、电声设备配备的背景声音,以及这些声源的听觉感知对人的作用和影响。环境要素主要指"视觉"环境,即人在感知听觉美时,视觉感受对声景评价的影响。人要素是指声景评价中审美、人文因素产生的影响。声景学存在的意义即综合研究三要素关系,完善传统学科[①]。

康健教授根据近年来国际上声景学研究成果,认为声景的分析和评价应主要从声音、使用者、空间和环境四方面进行。声音要素,主要包括五种特性。第一声源类型,通常可分为自然声、人工声、活动声;第二重要程度,按照地位及印象深刻程度由低到高可分为基调声、前景声和标志声;第三物理特性,主要是指声音的频谱和声压级;第四语义特性,即声音中包含的语义文化特性;第五声音效果,即声音的远近、动静、角度、数量、开敞性和持续性。使用者是指感受声景的主体,具有某些相同特质的人群对声景评价显示出一致倾向,主要包括个体生活环境、年龄、性别、文化程度、职业、地域、时代等。

这些特质可对主体的声敏感度、声喜好、响度感知等方面产生影响。空间要素主要针对城市广场、巷道等边界明确的空间。空间首先对听觉产生影响,其长宽高尺寸、开敞与封闭情况,决定了混响时间的长短;同时空间的功能决定了人在其中的行为与情感,并进一步影响评

---

① 康健,杨威. 城市公共开放空间中的声景[J]. 世界建筑,2002(6):76—79.

价结果。环境要素主要是指视觉景观对听觉感受的影响。此外物理环境因素,如温度、湿度、照明等也会影响声景评价。

声音是声景评价与设计的对象,石库门里弄声景的声要素可解析为两方面:基本的物理特性和综合的分类特征。本文研究主要涉及声音的响度、声源分类法和功能分类法。

2. 石库门里弄声音元素物理特性

物体振动产生声音。声音以声波的形式在固体、液体或气体中传播。当声波传入人耳振动内耳的听小骨,这些振动被转化为微小的脑电波,形成人的听觉。发声物体有规律振动而产生的令人愉悦的声音为乐音。乐音有三个主要声学特征为:响度、音调、音色。

响度俗称音量,是人主观感受的声音大小。常用声压级表示,以分贝计量。石库门里弄常见声音元素的响度如表6所示。

响度大小由声源的发声功率和人离声源的距离决定:声功率越大响度越大;声源距离越小响度越大。音调是指声音的高低,常用频率表示,单位为赫兹。频率越高音调越高。音色是声音的感觉特性,由发声物体本身材料、结构及发声方式决定。在声音的响度和音调相同的情况下,可通过音色区分不同的发声体。

表6 石库门里弄常见声音元素响度

序号	声音元素	分贝数(dB)
1	交通声	57—76
2	人声	42—75
3	水流声	51—70
4	施工声	50—77
5	烧菜声	48—61
6	广播声	59—78
7	风声	60—70
8	扫地声	45—68
9	开关门	55—66
10	树叶声	33—35

(续表)

序号	声音元素	分贝数 dB
11	麻将声	48—68
12	脚步声	60—64
13	自行车铃声	44—69
14	鸟鸣声	25—30

3. 石库门里弄声音元素类型

发声物体称为声源,如拨动的琴弦、敲动的鼓、颤动的声带等。每种声源具有各自特定的频率、指向性和发声功率。可发声的物体种类众多,一些来自自然界,如风雨、水流、动物鸣叫等;一些为人工制造,如各种乐器、扬声器、机械等;还有一些源自人类社会的活动,如儿童嬉闹、交谈、运动等。因此根据发声物体的属性可将声源分为自然声、人工声、活动声三类。

石库门中常见的自然声为:水声、虫鸟鸣声、树叶声、风声、狗吠声等;常见的人工声为:广播通知声、背景音乐声、交通声、施工声等;常见的活动声为:婴儿声、交谈声、脚步声、烧饭声、开关门声、拍棉被声、碗筷声等(表7)。

声音不是单纯的物理量,还蕴含历史研究价值和社会文化内涵。按照声音的人文价值不同,可分为历史声、文化声、社会声、自然声四类。历史声是指有文化价值但已不在的声音,如钟声;文化声是指具有地方文化特色的声音,如叫卖声等;社会声是指现存的与社会活动有关的声音,如人的活动声等;自然声是指存在于自然界的声音,例如树叶风声、虫鸣鸟叫等。

声景常依托于一定的地域,不同区域的声景各不相同。根据在表述特定区域声景时声音的不同功能,将声音分为基调声、前景声、标识声三类。基调声是指在区域内可以频繁听到的声音,作为其他声音的背景而存在;前景声是指区域内较为突出,可引起人们注意的声音;标识声是指区域内具有独特场所特色的声音。

表7 石库门里弄声景主观评价声源分类汇总

自然声	人工声		活动声
	电乐声	机械声	
风声	广播－回收旧物	交通声	婴儿声
狗吠声	广播－电瓶车请注意	机器声	烧菜声(傍晚)
水流声	音乐声(早上)	施工声	人交谈声(室外晚上)
雨声声	戏剧声(晚上)		人交谈声(室内)
鸟鸣声	音乐声(室内)		走楼梯声(室内)
虫鸣声	音乐表演声(室外晚上)		脚步声(室内木质地板)
树枝声			叫卖声
			踩树叶声(室外)
			碗筷声
			刷马桶声(清晨)
			开关门声
			开铁门声(室外)
			扫地声(清晨)
			洗漱声(清晨)
			跑步声
			金铃子叫声
			人群声(晚上)
			吃饭(晚上)
			开锁(晚上)
			修理声
			水龙头声
			火声
			洗菜声
			拍棉被声

五、石库门里弄声生态文化类型

1. 市井叙事型

市井类型的石库门里弄仍旧保留着原有石库门里弄生活的状态,烟火气较浓,现存比较典型的里弄有新华里、丰乐里、瑞康里、步高里等,相对集中于上海虹口地区。现今还居住在此类石库门里弄的主要是出生并生活在这里的老上海人及其后代[①]。

虽然随着时代发展,生活物件和习惯以及个体空间装潢有一定变化,但这类石库门里弄原有的建筑布局、社区空间布局、人们生活行为仍保留了下来。

市井类型的石库门里弄因保留了大部分里弄生活状态,所以声音元素较为丰富,整体声景呈现叙事性,是研究叙述性建筑空间声音的理想场景。本研究以文富里为例,通过实地采样,将采集的声音进行整理,其主要的声音类型包括自然声、生活声、交通声、人工声等。其中自然声有鸟鸣声,生活声有开关门声、斗金铃子声、跑步声、扫地声、刷马桶声、水流声、洗漱声等,交通声主要是车辆来往声(汽车和电瓶车),人工声有广播声等。

2. 拆迁效果型

拆迁类型的石库门里弄主要指的是居民已搬迁,但建筑处于待拆或正在拆的状态。此类石库门里弄保留了石库门建筑的形态,但无"生机",里弄生活的烟火气荡然无存,不过也因为人气少了,却也多了与自然环境的融合,此外,遗留在里弄角落的生活废弃物,不仅成了自然生物天然的寄居场所,也可从中窥见里弄生活的曾经点滴,更是从生活物件转化成建筑空间的一部分,成为此类石库门里弄的新声音景观。

当然,这种类型的石库门里弄也因拆迁,相对于市井类型的石库门里

[①] 申立.上海里弄的空间变迁[J].城市问题,2012(8):68—72.

弄少了很多生活声,但也多了施工声等声音类型。从声音效果上来看,石库门里弄建筑本身构成了声音反射体,在原来有居民生活的时候,人以及棉被等生活物充当了吸声材料,所以在有生活场景的石库门里弄我们可以听到干净清晰的声音,但当这些吸声材料"搬迁"之后,原来被生活场景掩盖的建筑空间本身的声音被放大,同时放大的还有声音混响效果。

3. 文旅重构型

文旅类型的石库门里弄是从功能上改变原先的居住功能,并赋予它新的商业经营功能,把百年的石库门旧城区,改造成为一处适于游憩、休闲、购物、餐饮,多重商业功能并存的综合性聚落。也就是在石库门里弄建筑外壳的形态、布局和尺度相对稳定的基础上,重构内部空间,实现商业功能,使得改造后的石库门里弄成为上海的新地标。

文旅类型中的部分石库门里弄因引入了诸多商户,所以多了商业气息,少了生活气息,多了商业所具有的叫卖声、各色餐厅的环境声、音乐声、人流声,并且由于外来商户和外来旅游者的到来,增添了各地方言。此外,受到商业淡旺季的影响,所以声景也随之变化。新天地保护与开发并举的范例,以及田子坊集各方力量促成的"腾笼换鸟"式的商业功能升级,其基于重塑"石库门里弄式"商业业态的"发力",着实为石库门里弄声生态未来发展创造了一种新的可能性。但"装裱式"的改造与保护,"买椟还珠"的短视行为,让石库门里弄虽然拥有了更多声音元素,但缺失了富有上海地域文化的声音。

另外一小部分石库门里弄保留原有的里弄生活状态,融入艺术行为,如原东斯文里,这些艺术行为包括音乐会、戏剧等形式,这些艺术行为所产出的声音融入石库门里弄声景中或利用建筑空间成为声景观。

六、石库门里弄声景感知评价

1. 各类声源的评价指标

通过调查问卷,在设定各类声源的评价指标舒适度、节奏感、清晰度、满意度、响度、好感度、协调度这几个指标中,适宜最终指标是社会感,适宜分项指标依次是清晰度、响度和协调度(表8)。

表8 石库门里弄各类声源评价指标

评价指标	各类声源的评价指标							
	舒适度	节奏感	清晰度	社会感	满意度	响度	好感度	协调度
适宜最终指标	7	2	3	15	2	6	2	4
适宜分项指标	8	7	16	11	8	15	8	12

2. 整体声景评价

本次调研聚焦余庆坊、瑞康里、新华里、丰乐里,做了整体声景评价。评价指标有安静—吵闹、平静—焦虑、轻—响、慢—快、近—远、简单—变化、柔和—刺耳、自然—人造、有意义—无意义、满意—不满意、协调—不协调、清晰—不清晰、友好—不友好、社会感强—社会感弱。

余庆坊的实地调查问卷结果是整体声景人造声多,显得比较吵闹焦虑,但声音构成较为简单,社会感非常强,人造和社会感是余庆坊最重要的两个评价指标(表9)。

表9 余庆坊整体声源评价

左边形容词	非常 -3	比较 -2	稍微 -1	中立 0	稍微 1	比较 2	非常 3	右边形容词	是否适宜石库门里弄评价
安静			1		1	3	1	吵闹	2
平静				1	2	1	1	焦虑	1
轻			1		3	1		响	2
慢			1	3	1			快	2
近	1	1				1		远	2
简单		3				3		变化	2
柔和				1	2		2	刺耳	1
自然					1		4	人造	3
有意义		1	1	3				无意义	2
满意			2	3	1			不满意	
协调				1	4			不协调	1
清晰				5		1		不清晰	2
友好				4	2			不友好	
社会感强	3			1	1	1		社会感弱	3

瑞康里的实地调查问卷结果是整体声景比较轻慢柔和,标识声音稍微不清晰,社会感一般,安静与否和社会感强弱是瑞康里最重要的两个评价指标(表10)。

表10 瑞康里整体声源评价

左边形容词	非常 -3	比较 -2	稍微 -1	中立 0	稍微 1	比较 2	非常 3	右边形容词	是否适宜石库门里弄评价
安静		2	1	3	1			吵闹	6
平静		2	1	4				焦虑	5
轻		4		2		1		响	3
慢		3	2	2				快	4
近			1	6				远	4
简单	1	2	2		2			变化	3
柔和	2	3	1		1			刺耳	5
自然		1	1	1	2	2		人造	5
有意义			1	4	2			无意义	3
满意		1	1	3	1	1		不满意	4
协调			1	2	3		1	不协调	3
清晰		2		1	3		1	不清晰	2
友好			2	3	1	1		不友好	4
社会感强		1	2	2	1	1		社会感弱	6

新华里的实地调查问卷结果是整体声景比较吵闹,声音响、快,社会感强。安静—吵闹、慢—快、自然—人造和社会感强弱是新华里最重要的评价指标(表11)。

表 11 新华里整体声源评价

左边形容词	非常 -3	比较 -2	稍微 -1	中立 0	稍微 1	比较 2	非常 3	右边形容词	是否适宜石库门里弄评价
安静			1		5			吵闹	5
平静			1	4	1			焦虑	2
轻			1	1	4			响	2
慢	1			1	4			快	5
近	1			5				远	4
简单				5		1		变化	4
柔和			1	1	4			刺耳	3
自然				5	1			人造	6
有意义		4		2				无意义	4
满意			4	1	1			不满意	3
协调				5	1			不协调	3
清晰		4			2			不清晰	4
友好				4	1	1		不友好	4
社会感强	4					2		社会感弱	5

丰乐里的实地调查问卷结果是整体声景比较吵闹,稍微有意义,元素构成比较简单自然,社会感稍强。简单—变化、自然—人造、有无意义和社会感强弱是丰乐里的评价指标(表12)。

综合以上分析,对于石库门里弄整体声景评价指标认同度较高的是自然—人造、社会感强弱以及安静—吵闹这三个。

表 12　丰乐里整体声源评价

左边形容词	非常 -3	比较 -2	稍微 -1	中立 0	稍微 1	比较 2	非常 3	右边形容词	是否适宜石库门里弄评价
安静			1	1		2		吵闹	
平静			1		1	2		焦虑	
轻			1	1		1	1	响	
慢	1		1	2				快	
近				1	1	1		远	
简单		2		1		1		变化	1
柔和			1	1	1	1		刺耳	
自然			1	1			1	人造	1
有意义				2	2			无意义	1
满意				2	2			不满意	
协调			2	1		1		不协调	
清晰				2		2		不清晰	
友好	1			1	2			不友好	
社会感强	1		2			1		社会感弱	1

3. 对各类声源单独评价

该研究将石库门里弄声景按自然声、人工声、活动声进行分类,在自然声中体验者感知最强的是水流声、风声和树叶声;在人工声中,音乐声占主导,广播声居次位;在活动声中,根据体验者感知强弱依次为人声、烧菜声、脚步声、开关门声、锅碗瓢盆声、洗漱声。

此外,本研究还总结了体验者印象最深刻的七种声音按由深到浅的顺序分别是交通声、人声、水流声、施工声、烧菜声、广播声、风声(表13)。

表 13　单个声源的各项指标指数

	交通声（车铃）	人声	水流声	施工声	烧菜声	广播声	风声	扫地	开关门	树叶	麻将打牌	虫鸣	狗叫	脚步声	鸟鸣	风声	自行车铃声	弄堂游戏
响度	5.7	4.3	3.6	5.7	3.2	5.1	3.2	3.2	3.7	3.6	4	3	4.5	2.4	3.7	4	2	4
好感度	3.2	5.1	5.8	2.5	5.7	4.3	4.7	5.3	4.5	5.3	5	7	3.7	6.1	5	6	6	7
协调度	3.9	5.7	5.3	3.1	4.5	4.7	4.5	5.5		5	4.7	6	4.2	6.2	5.2	6	6	7
满意度	4.1	4.7	6.1	2.5	5.7	4.4	4.5	5.7	4.8	5	5.2	7	4.5	5.4	6	5	5	7

七、基于社区共创项目的石库门声生态文化传播策略

1. 石库门声生态文化社区共创服务项目

如今的社区正走向可持续生态社区，每个身处社区的居民发挥天赋，合力建设可持续、有趣、改善生命品质的生态社会。

生态村的主要特征之一就是"人类活动可以无害地融入自然世界"。生态村的内涵也远不止于"生态"二字，它还包括了"社群"，从英国转型城镇的兴起开始，我们逐渐看到生态村设计思维正融入城市。

石库门里弄原本就是人、自然、建筑相联系的产物，引入生态村思维，从石库门里弄社区出发，以点到面，连接彼此与自然，不仅有助于保护石库门声生态文化遗产，也能在本身居住在石库门里弄居民的共同努力下，发挥生态元素人的积极主观性，实现共建永续生活，石库门里弄文化成为传承发展的"活化石"，解决目前石库门声生态文化在时代变迁背景下因拆迁而导致消失的问题。

（1）石库门声生态文化社区共创服务项目设计流程

服务指的是人和一个机构的交互。设计其实就是构思、计划和创造这样一个过程。而服务设计就是设计或创造人与机构之间的交互。本研究引入"服务设计"概念进行文化传播研究，有助于将研究项目放在石库门里弄社区这个场景中，维系或改善人与社区的关系、社区中人

与人之间的关系,解决社区文化服务方面的问题。这一观念鼓励我们从全局到触点体验的角度去思考问题、创造价值,在设计中要考虑设计对象所处的完整生态以及不同的利益相关者。同时服务设计也倡导跨学科共创的思维方式,设计师从价值的直接输出者变成工作坊当中引导大家进行价值创造的引导者。

石库门声生态文化社区共创服务项目设计流程主要包含目标石库门里弄社区确定、文献考证、实地考察、问卷等调查研究,实地考察包含目标社区居民采访、声生态元素视音频采集等,通过信息整理发现目标社区石库门声生态文化面临的问题,以及社区居民和声生态环境之间的互动关系和改善需求,接着针对需求进行共创项目方案设计,以众包的方式进行方案实践,将方案实践结果和模式总结成工具包,以便该服务项目的可持续使用和推广,并在一次次实践中进行规模化和升级迭代(图7)。

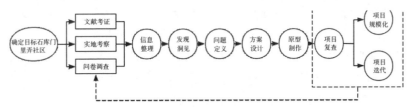

图7　石库门里弄声生态文化社区服务设计流程

（2）石库门声生态文化社区共创服务项目设计原则

本研究用服务设计解决课题与石库门里弄社区声生态文化传播的交互问题,并用这一种服务设计的思维解决石库门声生态非物质文化遗产保护议题。石库门声生态文化社区共创服务项目设计原则可归纳为以人为本的、协作的、迭代的、连续的、真实的。整个流程处在不断反复和循环的过程中,服务设计更加注重全局和系统的思考。

"以人为本"需要洞察社区居民需求,始终以为人服务的中心开展设计,汲取公众的智慧,让人人都成为石库门声生态文化的传播者。在设计项目的过程中,采用研究者和居民共创的方式,将居民纳入设计的过程中,让其有参与感,实时反馈。当探寻到初步解决方案之后,可以用不同的原型制作方式去做测试,快速地获得反馈,失败,迭代,用最小的成本打磨产出。尽可能将服务变得可复制化,产出制作工具包;产出产品,将其规模化,且具有生产性;产出服务,总结服务的SOP(标准化流程),将其复制到更多的社区进行实践推广;如果是一个活动,那可以考虑是否制作一个活动流程工具包,这样大家可以在不同的社区开展同样的活动,丰富社区内容。

(3) 石库门声生态文化社区共创服务项目设计内容

石库门声生态文化社区共创服务项目设计内容包括服务和产品两个部分,项目服务以体验类活动为主,比如为视障人士特设的"蒙眼体验"活动、"旧物乐器"工作坊等,"蒙眼体验"活动是让视障人士在引导者的帮助下在石库门里弄漫步,用听觉感知社区的声生态环境,从视障人士的角度和需求出发对石库门声生态文化保护、改善和传播提出需求和建议,让同是社区居民的特殊人群也能关注、参与石库门声生态文化议题,对提升服务项目的影响力,建立和谐有爱的石库门声生态文化社区起到促进作用。"旧物乐器"工作坊是指引导者邀请社区居民利用拆迁旧物或者家里废弃的老物件重新设计和制造乐器,这既是产出产品,也能让受众在这一过程中关注石库门里弄的再生声音、可创造声音,找寻历史与未来在石库门里弄共生的关系。

而共创服务项目设计产品包含成形的"旧物乐器",可作为石库门里弄社区的声音装置,社区居民可以通过与这些"乐器"互动产生对过往石库门里弄生活的回忆、改造现处的社区声生态环境,并共同创造石库门声生态文化社区的未来愿景。此外,结合社区文献戏剧,将整个服务项目设计内容以舞台戏剧的形式呈现,该剧由社区居民共同参与,以"现实与愿景"为主题,表达新与旧、传统与变迁、小我与大我彼此矛盾的声音之间从冲突走向共生的过程,涵盖了整个服务项目设计的流程,通过石库门里弄变迁、到观念声音的冲突、再到化语言为乐器的声音沟通,全景展现整个服务项目内容。

(4) 石库门声生态文化社区共创服务项目传播优势

一是推进社区文旅融合,创新文化传播方式。

上海素有"万国建筑博览会"的美誉,成为百年来东西文化交融的结晶和见证。优秀历史建筑彰显城市历史底蕴和厚重文化,申城众多的石库门里弄建筑,积淀精彩的历史故事,蕴含丰富的教育容量,传承城市的文化活力。

石库门里弄作为重要的上海文化载体,不仅承载着历史,更体现着一座城市的内涵和特色。现存的上海石库门里弄很多都作为历史建筑被保护下来,文旅融合的工作也理应聚焦到社区,发挥社区居民的主观能动性,挖掘所处社区中的石库门里弄声生态文化元素,共建社区文旅项目,开发石库门里弄社区的文创产品和艺术作品,推动社区石库门里弄声生态文化的传承与发展。

与定海路社区共同开发的"声忆·石库门"系列展览作品(图8)是在调查研究现有的石库门里弄类型的实证基础上,结合了异形投影与声音装置两种艺术形式,带给观众游走于石库门里弄的沉浸式体验。

图8 《声忆·石库门》系列作品

图片来源:摄于"美丽中国"——庆祝中华人民共和国成立70周年视觉艺术作品展

该系列作品通过石库门采风,浏览了《屋里厢博物馆》,在代表不同时期的新老石库门里弄间实地录音,最后凝练成《海派》《市井》《改造》《新尚》四个主题板块声音艺术作品。此外,选取上海代表性石库门建筑,将视觉影像投射到模型上,"活化"建筑模型,展现上海七十年的沧桑巨变,用光、影、声诉说石库门的历史与重建。

二是场景化沉浸传播,带来深层互动体验。

在上海着力打造文化中心四大品牌建设的时代背景下,石库门里弄声生态文化传播扎根石库门里弄社区,服务设计内容围绕所在的目标社区展开,不仅可以通过实地考察和对社区居民采访获得第一手的调查资料,在项目实施中及时获得反馈,也便于社区居民参与其中,同时将目标社区作为服务项目的实验场,源自社区、服务社区,打破媒体元素结合的传播方式,为受众创造生动的体验场景,虽然受到社区地域的约束,但有助于深层次的文化传播,同时使得信息以交互体验的方式得以呈现,赋予受众更多的选择权,进一步提高受众参与感、互动感和真实感,鼓励社区居民共创社区文化,自发承担起石库门里弄声生态文化传播的责任,满足了受众信息获取、参与和跟踪的媒介互动需求,在潜移默化中提升社区居民对于社区文化的认同感,增强他们的社会责任感和使命感。

三是实现文化传播精准落地,实现可持续传播。

这是一种连接用户"此刻"的场景,从而提供符合"此时"场景的文化传播服务。具有实时推送、精准落地的巨大优势。过去,受众获取信息主要依靠传统的自上而下的垂直传播,随着传播形式的不断发展,传播结构发生了显著变化,受众主动获取有效信息资源的诉求更加旺盛,渠道也更加多元化,这极大地增强了文化的互动性。

人与社区的关系从共存向共建共创演变,在新媒体时代,人既是文化传播的受众,也是发起者,这一观念的改变也带动了社区文化创新发展。社区是社会结构的基本单位,石库门里弄声生态文化的发展离不开社区环境与社区居民,将社区作为文化传播的基本单位,呈现出更为精准、细分的受众选择。可以说,场景传播构建了多元化的社会互动关系,文化产品也将被赋予更加丰富的内涵。

社区共创服务项目使得石库门声生态文化传播从一开始扎根社区,通过工作坊等体验活动引起社区居民对这一议题的兴趣和关注,再通过共建共创,将项目转化成果推广出去,在潜移默化中使石库门声生态文化传播实现了从点到面的跨越,并通过生成服务包形成可持续传播的途径。

(上海出版印刷高等专科学校影视艺术系 　胡悦琳)

参考文献

[1] 孟子厚,安翔,丁雪.声景生态的史料方法与北京的声音[M].中国传媒大学出版社,2011.

[2] 师萧霏."声景作曲"的理念方式及文化特质[J].音乐时空,2014(16).

[3] 于锐,张蓉.历史街区中社会历史声景的初探和浅析[J].四川建筑,2013,33(2):63—67,69.

[4] 毛琳箐.传统地域声景文化遗产的价值与保护研究[J].新建筑,2010(2).

[5] 彭超.论音乐视觉化[J].广西师范大学学报(哲学社会科学版),2008(4).

[6] 李琳琳.声景:音响生态学与电子音乐相结合的产物[J].演艺科技,2011(1).

[7] 周旻.声景的艺术与技术探讨[J].三峡大学学报,2011(6).

[8] 刘福承,刘爱利,刘敏,等.基于居民感知的古村落声景变迁及影响研究——以安徽宏村为例[J].旅游科学,2017,31(4):49—63.

[9] 康健,杨威.城市公共开放空间中的声景[J].世界建筑,2002(6):76—79.

[10] 申立.上海里弄的空间变迁[J].城市问题,2012(8):68—72.

[11] Wrightson K. An introduction to acoustic ecology [J]. Soundscape: The Journal of Acoustic Ecology, 2000(1): 10—15.

[12] Porteous J D, Mastin J F. Soundscape [J]. Journal of Architectural and Planning Research, 1985(3): 169—173.

[13] Brown A L, Kang J, Gjestland T. Towards standardization in soundscape preference assessment [J]. Applied Acoustics, 2011, 72(6): 387—392.

[14] Szeremeta B, Henrique P, Zannin T. Analysis and evaluation of soundscapes in public parks through interviews and measurement of noise [J]. Science of the Total Environment, 2009 (9): 6143—6149.

[15] Location Sound 同期录音网. Sound Space 声音的定义-专题[EB/OL]. (2020-10-30). http://mp.weixin.qq.com/s/7ss_OrU9ChM-Lu1lCcFnBRg.

疫情时期上海形象构建与城市传播
——以第 23 届上海国际电影节为例

摘要: 重大突发公共卫生事件是对城市形象构建和城市传播的严峻考验。本文以新冠疫情期间第 23 届上海国际电影节的举办为研究对象,综合运用内容分析法和深度访谈法,考察上海市政府、影院、影迷和公众在电影节期间的应对与表现情况,借此呈现重大突发公共卫生事件背景下上海城市形象构建和城市传播的缩影。

一、研究背景

1. 课题的提出

上海作为国际化的大都市一直都是我国对内经济和文化的先行者,对外形象和开放的窗口。可以说,上海的城市形象不仅代表着 2000 多万上海人建设上海的成就,而且也在很大程度上体现着中国发展的步伐与进程。因此,对于上海的城市形象的研究特别是特殊时期的城市形象研究十分必要而且迫切。

2020 年初,新冠肺炎疫情肆虐。为了应对这突如其来的疫情,我国启动了重大突发公共卫生事件应急响应。随之而来的是全国范围的停课、部分行业的停工、相关活动的推迟等。面对这次前所未有的疫情"大考",上海如何突出重围,应对复杂的国内国际局势,成为我们关注的焦点。2020 年 7 月 25 日至 8 月 2 日,第 23 届上海国际电影节在推迟了一次之后顺利举办,这也是该年我国举办的首个大型国际活动。在疫情这样的特殊时期,作为一次重要的文化盛宴,与以往的文化活动相比,此次上海国际电影节对于上海城市形象的构建作用如何?同时,上海又是如何利用此次契机加强自身的形象建设是本课题研究的关键所在。

2. 文献综述

城市形象是社会公众对一个城市在国家体系和世界体系中的总体认知与态度。它对内表现为城市的向心力和凝聚力,对外表现为城市的辐射力和影响力。它既是城市文化软实力的综合反映,也是城市精神系统、视觉系统和行为系统的有机统一体。纵观国内外学术界对形象的研究,大致都是在"自我与他者""本土与异域""现实与想象"这三个脉络上展开的[1],并在不同领域相继形成了"比较文学形象学""跨文化形象学"和"信念体系和形象政治研究"这三个相对成熟的研究版块。本课题主要关注信念体系和形象政治研究对于形象的研究。

国际关系学、政治学以及传播学领域的形象研究,主要集中在信念体系和形象政治的研究上,其主要目标就是揭示形象的"谎言"以及形象对决策行为、公众行动的影响机制。最先进入这一领地的是一批国际关系专家和政治学家,如哈罗德(Harold)、斯普劳特(Sprout)、博尔丁(Boulding)等人。早在1958年,博尔丁就开始了这方面的探索。他认为,"形象基本上就是一个谎言,或者至少是对事实的某个角度的歪曲,甚至有可能会导致为野蛮和罪恶辩护"[2]。在国际体系中,是形象而不是真相,在影响着人们的行动,这显然是一件极其荒诞的事情。所以他认为,对形象展开深入的研究必然会对人类的福祉产生积极的影响。

国际关系学、政治学以及传播学领域对形象的研究,大致可划分为三个阶段。在第一个阶段,也就是20世纪五六十年代,决策者的信念体系与决策行为之间的关系无疑是这个阶段的研究重心,国际关系学、政治学的一些学者充当了这个时期研究的主力军;然而,随着大众传媒影响力的剧增和媒介化战争的出现,该领域的研究重心在60年代则慢慢转向了大众传媒对决策行为的影响和形象政治的研究,一批传播学

---

[1] 孙宝国,沈悦. 以"污名"为视角探究中国形象的生成与传播机制——兼论"中国威胁论"与"中国梦"的话语博弈[J]. 东岳论丛,2019(40):136—149.

[2] 丁磊. 国家形象及其对国家间行为的影响[M]. 北京:知识产权出版社,2010.

学者也在这个时期加入了这个研究阵地,此为第二阶段;进入90年代之后,随着世界权力格局的重新组合,小约瑟夫·奈(Joseph S. Nye, Jr.)的软实力理论在全世界得到了全面推广,从而促使这些领域的研究重心又逐渐转向了形象战略研究,国际关系和传播学领域的一批专家学者则主动充当了这方面研究的主力军,此为第三阶段。

(1) 第一阶段:信念体系对决策行为的影响

阿尔伯·拉什(Alpo Rusi)发现,早在20世纪50年代初,由于冷战氛围凸显了国际政治中的象征维度,在美国就已出现国家形象研究。在这个阶段,研究的重心主要聚焦在个人,尤其是决策者身上。他指出,国家形象就是决策者对其他国家的"信念体系",而所谓"信念体系"不应被称为意识形态,因为片面提及意识形态会被误导。"信念体系"是决策者的偏好,通过它决策者对诸如国家事件进行感知[①]。这时的研究方法则以心理学方法为主,信念体系、形象、认知和欺骗等核心概念成为了其理论建构的主要线索。对此,博尔丁曾解释道,在国际体系中有两种人,一种是具有决策权力的人,他们不仅在国际体系中发挥着重要的主导作用,对社会大众的认知也产生着广泛影响;还有一种是没有决策权力的普通人,他们所感知的形象只能影响自己和周边的人,很难对决策形成发挥实质性影响。在认识此前提之下,该领域的研究在五六十年代几乎变成了决策者研究,而决策者的信念体系则成为了研究中心。

就信念体系与国家形象的区别与联系,奥利·霍尔斯蒂(Holsti)曾作出了明确区分。他认为,尽管信念体系(belief system)、形象(image)、认知结构(frame of reference)经常被作为同一个意思使用,但严格说来,信念体系通常指一个人对自己和周围世界的整体认知,而形象只是信念体系的一个重要组成部分[②]。较早发现决策过程中形象影响

---

① Alpo Rusi. Image research and image politics in international relations——transformation of power politics in the television age cooperation and conflict [J]. Cooperation and Conflict, 1988,23(1):29—42.
② 李晓灵.国家形象构成体系及其建模之研究[J].北京理工大学学报(社会科学版),2015,17(2):136—141.

作用的却是哈罗德和斯普劳特等人。在研究中,他们发现,影响决策者决策行为的不仅有行动环境(operational environment),还有他们的心理环境(psychological environmennt),并且后者对决策行为的影响作用更大。斯普劳特指出,决策者往往通过"形象"与现实环境建立起联系,他们的决策行为也因此建立在形象之上,然而这些形象通常与世界的真正面目相距甚远。

在发现个人的信念体系对决策行为的影响之后,两个问题无形之中就被凸显了出来:一个是信念体系如何影响着决策行为,另一个是信念体系会在什么情况下作出调整。

就第一个问题,博尔丁认为,我们对形象的认识一直潜伏着两个风险。一个是化约化的危险,即以简单的好与坏来描述形象(比如说敌国总是坏的,自己的国家总是无可挑剔的)。他认为,即使是一些精英分子、政治家的形象观有时也是很幼稚的,因此形象就变成了化约主义的最后一个大本营。在他看来,化约化改变的希望在于认识的不断深化,但是深化也会带来另外一个风险,因为深化和故弄玄虚之间往往只有毫厘之差。罗伯特·杰维斯(Robert Jervis)在后来的著作《国际政治中的知觉与错误知觉》中则进一步阐释了"错误知觉"如何影响着决策行为:首先是国家决策者往往将对方想象为内部团结一致、令行禁止的行为体。这样一来,任何无意、巧合和偶然的事件都会被视为精心策划的战略行动。其次是决策者往往过高估计自己的影响力和人们被影响的程度。再次是人们在接收信息的时候,总是趋于避开自己不愿听到和看到的事情,总是希望接收自己愿意听到和看到的消息。最后在出现认知失调的时候,人们为了保持自己的认知相符,便寻找理由,以自圆其说。

就第二个问题,霍尔斯蒂认为,信念体系(包括形象)与其说是静态的,还不如说是动态的,因为它会不断地和新的信息发生作用。影响的效果则取决于信念体系的开放与否。在开放的状态下,新的信息就会对这个体系作出修正。一个人对国家形象的认知也是如此,开放的形象观意味着相互矛盾的信息可以在其中共存,个人为了适应现实则会对国家形象作出相应的调整;封闭的形象观则拒绝改变,并且只会选择性地接受那些能够支持原有形象的零碎的、片面的信息。

综上,这个阶段的研究对象和研究问题基本都集中在决策者的信念体系上,形象则通常被视作信念体系的一个有机组成部分。

(2) 第二个阶段:大众传媒对公共舆论和决策行为的影响

在冷战时期,大众传播以一种全新的方式捕获了公众:权力政治通过全球性的新闻报道以心理战的方式得以实现。正如斯坦利·霍夫曼(Stanley Hoffman)所说,当权力实体层面的影响(the physics of power)下降时,权力心理层面的影响(the psychology of power)就会相应地上升。越战期间,大众传媒的角色越发凸显出来,由于越战既是美国历史上引起分歧的最大的一场失败的对外战争,又是第一次被电视直播的媒介化的战争,因此,大众传媒如何形塑异国形象,从而影响大众的判断和决策者的决策行为转而成为形象研究的重心,形象政治的问题也因此全面凸显出来。

一个不争的事实是,传播革命强化了国际政治中的象征维度,在国际关系中,大众传媒已经变成一个强有力的独立因素,个人的决策作用正在逐渐消退。尤其是在国际危机事件中,形象政治的重要性已经逐渐超越传统权力政治的位置。在此背景下,形象与大众传媒的关系开始得到研究者的普遍关注,并集中体现在以下两个问题:

其一,大众传媒对形象的影响机制。在很多学者看来,形象通常是通过间接接触形成的,大众传媒是最重要的中间媒介,但是它们往往热衷于强化刻板印象、凸显冲突和挑选负面形象。但同时我们也会发现,大众传媒也在改变形象。也就是说,从低信度源来的负面信息如果没有预期的那么负面,那么就会产生积极的作用;反之,如果和预期的一样,通常会引起负面反应;但如果比预期的还要严重,就会产生严重的负面效应。因此,在促进国际和谐方面我们需要对大众传媒的作用做出新的判断,那些指责大众传媒在改善国际关系方面不起丝毫作用的断言为时尚早。同时,在形象的形成过程中,电视媒体比印刷媒体更热衷于负面信息,相对后者,前者更容易作用于国际事件中的形象,而印刷媒体对人们世界观和信念体系则发挥着更大影响。

其二,如何通过大众传媒塑造形象。20世纪70年代,通过大众传媒塑造形象的游戏开始在很多国家出现,相关的探讨在传播学、公共关系学、国际关系学等领域也纷纷出现,至今依然层出不穷。在很多学者看来,这种形象的欺骗手段最早可追溯至一战时期的宣传研究,欺骗是它的真相。可以说,欺骗是虚张声势与操纵标志的统一,是建构形象的惯用手段,它符合"高马基雅维利主义"的行为特征。①

（3）第三个阶段:形象战略研究

1990年,哈佛大学教授小约瑟夫·奈率先提出了软实力（soft power）概念,此后他对软实力的论述逐渐变成了后冷战时期形象研究的一个重要理论框架。他提出,软实力是通过吸引而非强迫或收买的手段来达己所愿。它源于一个国家的文化、政治观念和政策的吸引力。② 小约瑟夫·奈所说的软实力,主要包括文化吸引力、政治价值观吸引力及塑造国际规则和决定政治议题的能力,其核心思想是:软实力发挥作用,靠的是自身的吸引力,而不是强迫别人做不想做的事情。③ 受小约瑟夫·奈学说的影响,国际关系、传播学界对形象的认识也悄悄发生了改变,很多学者开始把形象作为软实力的一个部分予以讨论。

比如说北京共识的提出者雷默,在软实力的理论基础上又提出了"声誉资本"的概念,在他看来,形象直接关系到国际社会的声誉资本,声誉资本的缺乏则会增大改革的风险,并将带来系列危害。④ 由于这些学者多倾向于将形象视作软实力的一个重要组成部分,因此他们的研究都或多或少地转向了利益立场上的形象战略研究,部分研究在政经势力的影响下则直接变成了对策研究。从历史的角度来看,这类研究和20世纪70年代出现的形象对策研究基本是一脉相承的。从最初对冷战的反思到对策研究,国际关系学、政治学、传播学领域的形象研

---

① 谈东晨.外交实践中的形象博奕[J].公共外交季刊,2019（1）:109—117.
② （美）约瑟夫·奈.软力量:世界政坛成功之道[M].吴晓辉,钱程,译.北京:东方出版社,2005:2.
③ （美）约瑟夫·奈.软力量:世界政坛成功之道[M].吴晓辉,钱程,译.北京:东方出版社,2005:11—14.
④ 雷默.北京共识[M]//黄平,崔之元.中国与全球化:华盛顿共识还是北京共识.北京:社会科学文献出版社,2005:12.

究与政经势力一直保持着这种若即若离的微妙联系。

纵观国内外学术界有关城市形象的研究,我们可以发现以下两个明显问题:

其一,重视城市形象的营销策略和传播策略,忽略城市形象的生成机制和影响机制,这就使得研究结果往往脱离城市实际和公众的认知心理,缺乏实际推广的理论基础和认知基础。

其二,重视城市软实力对城市形象的影响作用,忽视城市硬实力与城市形象之间的互动关系,从而在很大程度上遮蔽了城市硬实力对城市形象的影响作用。

3. 研究问题

本课题的研究问题主要围绕以下几个方面展开:

第一,作为城市形象传播与构建最主要途径的大众媒体在此次疫情期间对于第23届上海国际电影节的报道情况如何?大众媒体在报道议题、报道倾向等方面的情况如何?

第二,上海的各大电影院在停摆了100多天以后开始逐渐恢复营业,这次国际电影节为电影院的复苏带来了哪些契机?上海市政府对于停工期间的电影院给予了哪些扶持政策,这些政策对于刚刚开门营业的电影院有哪些影响?电影院在应对疫情防控、观众观影以及电影节排片等方面都做了哪些工作?

第三,在特殊的时期,影迷对于电影节当天的活动安排是否满意,是否能够配合现场工作人员?影迷对于影院和电影节的排片、疫情防控要求等反应如何?

二、研究目的

通过上述文献综述的分析,本课题在前人研究基础之上,将力求在以下几个方面有所突破:

突破媒介报道的单一视角,结合问卷和访谈的形式力求全方位了解市民对此次国际电影节的感受。作为一个正在走向世界中央的后发大国的中心城市,上海如何站在自己的角度、用自己的方式向世界展示自己的形象,完成一个国际大都市的形象构建?

突如其来的新冠肺炎疫情给世界各地带来了巨大的冲击,如何应对疫情、安抚民众情绪、在保证安全的情况下开展社会活动成为各国面临的最大挑战。同时,这也是检验国家危机应对策略的关键时刻。第23届上海国际电影节是疫情尚未结束时国内举办的首个国际性的活动,它的影响力超出了以往各个活动的意义。它可以全方位地显示出上海应对危机的能力、活动举办的能力,更能体现出上海市民在疫情中所展现出的种种风貌。因此,与以往对国际活动的关注点不同,本研究更多关注此次国际电影节的社会背景,从而探讨上海在这样的背景下是如何建构城市形象的。

三、研究方法

根据研究的问题,本研究主要采用了内容分析、问卷调查和深度访谈的研究方法。

首先,内容分析主要是基于样本数据统计与编码的研究方法,倾向工具理性。内容分析法可以被定义为是对传播内容,即文本信息特征所做的系统、客观且定量描述的分析方法,是推断准确意义,层层推理的过程。根据伯纳德·贝雷尔森(Bernard Berelson)对内容分析的定义:"内容分析是一种对传播的显性内容(Manifest Content)进行客观、系统和定量地描述的研究技巧与研究方法,该方法的研究对象不受打扰,研究过程可重复,非结构化程度高,用来描述媒介内容,属于定量研究方法。"[①]内容分析的目标需要"对关键类目计数,并测量其他变量的数量。"这种数字表达我们常称之为编码。编码在内容分析方法情境下把文本单元特征转化为数字形态,把非量化东西以量化形态呈现。本研究中内容分析部分是基于媒体的相关报道。以"第23届上海国际电影节"为关键词,在百度搜索引擎中抓取 2020 年 6 月 13 日至

---

① 刘泽照,张厚鼎.地方政府网络舆情回应研究[J].情报杂志,2013,32(10):13—17.

2020年11月12日的报道,经过严格的人工检查和筛选,选出与第23届上海国际电影节强相关的报道文本152篇,作为本研究的研究样本。其中强相关是指在标题、正文内容涉及第23届上海国际电影节的相关报道内容。从报道规模和来源、词频、报道议题三个方面对报道文本进行分析。

其次,本研究还采用了问卷调查和深度访谈的研究方法。深度访谈(In-Depth Interview)是社会科学质性研究的一种主要方法,它通过"与被调查者深入交谈来了解某一社会群体的生活经历和生活方式,探讨特定社会现象的形成过程,并提出解决社会问题的思路和方法"[1]。传统的访谈通常将访谈对象视为提供资料的机器、将访谈者视为搜集资料的机器,而深度访谈通过半结构式的访谈,在与访谈对象的深度互动中探寻事件的意义。透过标准化的访谈过程,研究者可以逼近真实[2]。这里的"深度"有两层含义:"深度"了解某事就是要更多地获知这件事情的细节。"深度"是指了解那些表面看起来简单然而实际上非常复杂的事情,以及事情的表象是如何误导人们对"深度事实"的认识的。

结合研究问题,我们主要对电影节上的普通民众、影院的影迷以及影院的工作人员发放了问卷,并进行了深度访谈。本次问卷发放和访谈主要选取五角场万达影城、隆昌路中影UL城市影院、紫荆广场卢米埃影城和四平电影院四家影城进行,共发放问卷300份,最后回收有效问卷243份。其中,针对电影节上的普通民众发放问卷125份,回收有效问卷108份;针对影院影迷发放问卷125份,回收有效问卷99份;针对影院的工作人员发放问卷50份,回收有效问卷36份。深度访谈人数共24人,其中,电影节上的普通民众8人,影院影迷11人,影院的工作人员5人。

---

[1] 孙晓娥.深度访谈研究方法的实证论析[J].西安交通大学学报(社会科学版)2012,32(3):101—106.

[2] 胡幼慧.质性研究:理论、方法及本土女性研究实例[M].台北:巨流图书股份有限公司,2009:29.

四、研究结果与讨论

1. 报道规模与来源

在对152篇样本逐一分析之后,我们发现其中央广网58篇(占比约38.2%),人民网35篇(占比约23.0%),北京商报网18篇(占比约11.8%),新浪网10篇(占比约6.6%),中国新闻网15篇(占比约9.9%),信息时报11篇(占比约7.2%),腾讯网5篇(占比约3.3%)。

从样本所占的比重我们可以看出,主流媒体在此次国际电影节中扮演着比较重要的作用。其中,央广网、人民网在此次报道中占据了半壁江山。娱乐活动能够吸引主流媒体的关注,一方面说明活动的重要性,另一方面也能给活动带来更高的人气和知名度。此次国际电影节虽然在疫情期间,但由于有众多主流媒体的报道,所以从参与人数和关注度来讲,和以往历届电影节不相上下。

2. 词频分析

以最终获得的152篇为样本,运用汉语分析系统进行文本的关键词提取与词频统计,将权重与词频结合在一起分析得出位列前8的关键词:电影、上海、电影节、金爵奖、影院、演员、疫情、复工。

这与相关研究有很大的不同。吉林大学学者汲懋顿在对第14届长春电影节的相关报道进行分析时发现,报道中出现的高频词多是演员,在他列举的14个高频词中,演员的名字有5个[①]。由于疫情原因,此次上海国际电影节取消了走红毯、评奖等环节,媒体的关注点从传统的相关影片与奖项的报道、导演和明星的娱乐通稿转移到上海这座城市如何在疫情期间举办国内首个重大的影视类国际文化活动。因此,上海、疫情和复工这样的关键词成为了这次国际电影节报道中的重点。

以往的电影节报道多以电影、影人或者导演为报道的关注点,从传

---

① 汲懋顿,王硕.互联网媒体中的节事活动报道及其对城市形象的建构探析[J].新闻与传播,2020(9):215—216.

播内容上来讲,难免令人感觉单一乏味。且多数情况下是关于活动本身的客观性报道,缺乏人文色彩和趣味性,这也就不可避免地容易使观众把电影节举办地的城市形象也向单调乏味的消极层面联想。而此次电影节因为正值疫情期间,所以对于疫情的关注度得以上升。同时,电影节举办地在疫情期间如何举办好电影节的相关议题自然受到重视,这也就在很大程度上凸显出城市的应对之策,以及城市居民的表现。因此,从词频的分析中我们不难看出,此次电影节与以往历届电影节有着本质的区别,这也就打破了电影节与举办地固有的一些关系,从而使得人们对电影节举办地有了新的认识和理解,也将人们的注意力从传统的活动、电影等转移到举办地一些内在的举措上来。因此,本次电影节对于城市形象构建和形象传播是一次全新的尝试和飞跃。

3. 报道议题分析

词频的分析已经为我们揭开了报道议题的大概轮廓。在对文本的逐一阅读中我们发现,报道议题侧重于上海文化的有 98 篇,占比 64.5%。此类报道主要集中在以下四个方面:

第一,关于上海市政府的报道。此类报道主要集中在上海市如何从政府层面发布相关规定。其中,对上海市政府形象的报道,主要阐述上海如何在疫情这样的特殊时期,克服重重困难,在做好疫情防控的情况下,采取线上线下并举、增加露天展映和线上展映的方式,举办这次重大的国际影视活动。

第二,关于上海影视集团(简称上影集团)的报道。此类报道主要从上影集团积极采取举措应对疫情带来的危机入手。相关报道强调为重振颓靡的影视产业,振兴影院,上影集团推出全国首支"影院抗疫纾困基金",总额达 10 亿元,重点聚焦整个长三角地区有纾困需求的影院[①]。同时,出台了上影集团的新战略,在上影集团原创精品内容、上影集团赋能 IP 开发、上影集团运营文化空间上发力。例如,《中国电影报》报道

---

① 人民网. 上海电影集团推出"影院抗疫纾困基金"总额达 10 亿[EB/OL]. (2020 – 03 – 10). http://media.people.com.cn/n1/2020/0310/c40606 – 31624454.html.

了在抗击新冠疫情期间,上影集团积极配合国家提出的全面复工复产的要求,并指出上海电影行业化危为机、转型升级的改革方向和路径。文章指出上海电影行业要从终端入手,开通院线经营方式,探索院线重组、做大做强的市场化路径、提升院线能级,主打科技牌、国际牌等积极的应对策略以实现上海电影行业的转型升级。

  第三,关于电影节期间防控疫情举措的报道。报道主要集中在电影节开幕当天以及影院观影的防疫举措,目的是为观众营造严格的社交安全距离。有报道称,为了配合防疫的要求,电影节对观影的观众做了特殊要求。除了电影票和口罩外,今年上影节影迷想要正常入场观影,必须在测量体温后另外出示绿色的随申码,以示身体健康。而且为了确保出示的随申码不是之前的截图,并可以进行信息登记,工作人员会要求观众现场扫码。除此之外,现场工作人员在取票机的摆放位置、安全出口、检票口等方位都进行了精心的安排,以保证在同一时间内通过的人流量最小。在影院内,严格保证安全距离,并对每个座椅都进行严格的消毒工作,每个场次结束以后,都会有专门的工作人员对座椅以及影院内的其他设施进行消毒。并且,相邻的两个座椅其中有一个是用封纸贴上的。也就是说,观众在观影时都是间隔着坐的,这就在很大程度上保证了观众之间的安全距离。

  第四,关于上海市民的报道。此类报道大致可以分为两类。一类主要强调上海市民如何配合防控需要,主动出示健康码、佩戴口罩、与其他人保持安全距离、在影院里安静就坐等。例如,关于开幕式当天的报道就指出,虽然没有星光,没有红毯,开幕式只是在上海大宁音乐广场的露天场地举办,但仍有很多观众到达现场为电影节助威喝彩。央广网在对开幕式的报道中称,疫情防控下,本届电影节采取线上线下并举的形式,全部采取网上售票。按规定,每场电影上座率不超过30%。观众入场时需要测量体温、出示健康码、登记个人信息,并全程佩戴口罩,这些举措得到了广大观众的理解支持[①]。观众说从拿票到验健康

---

① 央广网.久别"重逢"! 第23届上海国际电影节开幕[EB/OL].(2020-07-26).https://baijiahao.baidu.com/s? id =1673254330320630358&wfr = spider&for = pc.

码到量体温,大概两三分钟,挺快的。可以看出,观众们都十分配合现场的防疫要求,并且观众们观影的热情并没有受到疫情的影响。另一类报道主要反映观众对此次电影节的期待。有报道指出,在这个特别的年景,特别的日子里,那些或是陌生或是熟悉的影迷,念着诗和远方,看着别人的日子和别样的风景,开心、流泪、欢笑、叹息、跺脚、嘟哝,为了"欣赏电影"这个共同的目的,从城市的四面八方走到一起来了。终于坐进了这个安全而幽静的密闭空间,没有爆米花的浓郁香味,没有捏可乐瓶的声响,亦没有常见的交头接耳——严格的社交安全距离让电影院空间真正肃穆起来。然而这一切挡不住观众们的观影热情,让他们终于又插上想象的翅膀无限翱翔[①]。

从各类议题样本的占比我们可以清晰地看出,今年媒体对电影节的报道与历年历届都有很大不同。一方面,是受疫情影响,有关疫情的话题增多,另一方面也凸显出上海市政府、上海人民在特殊时期所展现出的良好风貌。电影节高雅的艺术内容与上海这座国际时尚大都市在全球的影响力使得上海国际电影节对上海城市形象的构建起到了聚媒传播的效果,是展示上海城市形象的重要窗口。此次上海国际电影节的相关报道紧密结合上海的城市环境、市民素养等,与城市形象的关联度很高,这是以往电影节所无法比拟的。

4. 观影者的评价

在对观影者和影迷的问卷调查与访谈中我们发现,从基本情况来看,观影者的男女比例相差不大,几乎持平。观影者的年龄大多集中在25—40岁之间,这个比例占到了56%。25岁以下的影迷数量也较为可观,占比31%。由于问卷和访谈是在上海地区的影院进行的,所以多数观影者的居住地都在上海,他们的学历水平普遍比较高,本科以及研究生学历的观影者占比62%。总体来看,观影者的整体素质比较高,对影院、疫情防控、首映当天的现场安排等呈现比较满意的态度。

[①] 电影节按下电影院的重启键[EB/OL].(2020-08-05). https://new.qq.com/omn/20200805/20200805A0CQTA00.html.

第一，具体说来，由于疫情原因，首映当天影院采取了比较严格的防疫措施。这其中包括测量体温、出示健康码、佩戴口罩等。对这些措施给观影者带来的观影不便，他们普遍表示接受。受访者 M2 是一位在上海上大学的学生，他特地来参加首映式，他说："这是我第三次来参加上海国际电影节的首映式了，今年确实有些不同，比以前麻烦些。戴口罩还好，今年这种情况，平时为了个人健康我也都戴着的。进入现场的时候工作人员都设置了指示标志，为了分散人流，通道都挺长的，虽然耽误了两分钟左右的时间，但为了安全起见，这不算什么。"和 M2 持相同观点的人不在少数，F7 是一位上海阿姨，她家就住在四平电影院附近，所以经常在这里看电影。她认为，今年的检查环节确实比坐公交车、去商场要严格得多。电影院在显眼的地方都会设置"保持安全距离""请全程佩戴口罩"之类的提醒标语，影院里面每隔两个小时左右就能看到保洁人员在消毒。影院里面的座位也做了特殊处理，人和人的距离被拉大了。取票、买小吃、进影院候场都要间隔着排队，不能出现拥挤情况。影院的工作人员也比平时要多，不时会有工作人员走过来帮着维持秩序。防疫措施做得都很到位，虽然取票比平时多花了一会时间，但可以理解。访谈中发现，80% 以上的观影者对于首映现场和影院的防疫设施的配备以及防疫措施的执行等都比较满意。那些存在抱怨和不满意的情况主要集中在本来就已经迟到或十分赶时间的人群当中。影迷 M6 在电影开演半小时以后才匆匆赶到影院，匆忙排队取票、测温、出示健康码、验票，然后才进入到影院中。所以对于被耽搁的时间还是存在一些抱怨的。

第二，观众对于此次电影节与众不同的首映仪式，在感到新鲜之余也难免担忧。本届电影节由于疫情原因采用的是露天首映，同时取消了走红毯单元和竞赛单元，很多大牌导演和演员不能到达现场，而是通过直播形式与大家见面，原定 400 多部影片也被删减到 300 多部。可以说，从规模上略有缩减，这也就在一定程度上弱化了这届电影节的艺术性和国际影响力。从问卷和访谈情况看，观众普遍觉得这届电影节能够举办既是不幸中的万幸，也是很险的一步棋。一方面，上海国际电影节在国内外享有很高的知名度，它是中国第一个获得国际电影制片人协会认可的国际 A 类电影节,是中国目前唯一的国际 A 类电影节,也是全球 15 个国际 A 类电影节之一。这么重要的国际活动历年都会吸引国内外众多媒体、影人以及观众的关注,作为国际电影节举办地的上海也受到世人的关注。另一方面,今年由于疫情原因,电影节做了很多删减,从影人到观众也肯定都有所顾虑。观众 M1 就表示,自己历年都是关注电影节的,但是今年展映的电影和出席活动的影人都少了很多,到场的媒体也比以前少了很多,现场的热烈程度更是无法跟往年相提并论。但多数观众还是肯定上海的举措和防疫力度的。观众 M3、F2 都表示,上海近几年国际知名度越来越高,不论从城市形象、市民素质、防疫举措等各个方面都做得非常好,在国内肯定是领先的。这次的上海国际电影节是疫情以来国内举办的首个重大活动。这种勇气特别值得称赞。

第三,尽管此次由于疫情原因,电影节观影受到一些影响,但影迷和观众普遍对电影节的票价、防疫措施、服务人员的服务质量、购票的便利情况、城市配套服务设施、电影节的宣传推广工作等表示满意。M4 在谈到票价时说:"今年虽然还是有一票难求的状况,但有关方面加大了对黄牛的打击力度,很少看到像以前那样的天价票了。我记得有一年电影节的票价炒到了 4000 多块钱一张,太吓人了。今年暂时还没看到这样的情况。"F1 对电影节首映式上的服务设施表示很满意,她说:"今年主办方想得很周到,现场除了放置观影时的椅子,还给老人和小孩准备了特别的椅子。今年的服务人员也比以前多了很多,量体温、检查健康码都尽职尽责。现场有手套、口罩、洗手液、消毒湿巾、一次性纸巾供观众取用,真的很贴心。"

第四,本次电影节受疫情影响,参影、观影的人数都有所减少,对上海城市形象的构建确实存在一些负面影响。然而,在访谈和问卷调查中我们发现,观众和影迷对此次电影节的社会影响力、艺术价值、国际影响等都给予了充分肯定。观众 M4 认为,在全球集中力量对抗疫情的紧要关头,大家有种各扫门前雪、唯恐引火上身的担忧。而在这种时刻,上海能够顶着各方面的压力举办规模这么大的国际活动,实在是有胆魄的行为。这其中必然承担了很大的风险,但确实也能看出上海的实力。

5. 影院反馈

这次为了落实防疫要求,上海的各个电影院都提前做了大量动员和准备工作。例如对电影院的各种设备、摆设和人员路线做了重新规划,既要保证防疫措施的到位,也得避免给影迷造成过多的不便或者拥挤。因此,取票机的摆放、散场路线的设计、工作人员的分工安排都经过不少精心的考量。例如曾享有"远东第一影院"美誉的大光明电影院,入场时必须先扫描健康码,显示为绿码后方可进入正门,然后再接受体温检测合格后进入大厅。倘若此时观影者手中有饮料等食物,工作人员会引导观影者寄存物品,避免将食物带进影厅中。寄存后即可检票入场,对号入座,整体呈梅花桩式分布。观影结束后,会有专门的散场通道,与之前的入场通道彻底隔开,不再进入大厅。

FC 上海影城,甚至要扫两次健康码方可进入影厅,工作人员会在电影放映开始逐排检查观众是否正确佩戴口罩,也是尽心尽职。显然这是疫情下进行电影放映的必要措施,观众基本都能理解,也愿意主动配合。

影迷 M11 和 F23 都认为今年能够在疫情期间到电影院看电影实在是不幸中的万幸。为了疫情防控需要,进场前的检测多了几道程序,影院内也没有以前热闹的景象,但已经很幸运了。对于观影观众在影院所表现出来的个人素质、观众数量等,无论是影院方面还是观众方面都对之很满意。疫情原因,影院的上座率不能超过 30%,影院内的座椅只能隔开坐,影片时长不能超过 120 分钟等要求可谓史无前例。但是来观影的观众对以上诸多规定都表示十分理解,都表示这是为了大家的安全和健康考虑。影迷 M33 说:"我今天看了展映,现场的观众挺多的,大家都很配合影院的工作人员,都自觉地全程佩戴好口罩,坐的时候也都是隔开坐的。现场秩序也很好,没有人大吵大嚷的。现在这种情况还能坐在电影院里看电影简直就是不可思议的事,大家都很珍惜这个机会。说实话,现在疫情这么严重,国外都乱成什么样子了,我们还能在电影院里看电影,实在是太享受的一件事了。"影迷 M27 也说:"现在上海人的整体素质比以前高了很多,大家都知道现在是特殊时期,保护自己就是保护其他人。所以,观影的人都很配合的,没见到有人难为影院的工作人员。"

据媒体报道,在疫情发生、全国影院停摆后,多家影院负责人表示,疫情期间,影院在票房、卖品"零收入"的情况下,还需支出包括房屋租金、人力成本等固定成本,并增加了防疫防控带来的临时性成本开支,月亏损额在 80 万元至 120 万元左右(综合广州、深圳、佛山、珠海多家不同规模和地段影院反映的核算数据)[1]。2020 年 3 月 9 日,上海电影集团宣布推出全国首支"影院抗疫纾困基金",总额达 10 亿元,由上海电影集团、上海电影股份有限公司、上海精文投资有限公司共同成立,分别出资 6000 万元、8000 万元、6000 万元设立上影资产管理(上海)有限公司(暂定名)。

该基金目前首批 2 亿元资金已经到位,将重点聚焦整个长三角地区有纾困需求的影院,通过增资、参股、并购等形式为长三角区域内的影投、影管公司注入运营及发展资金。据了解,长三角地区约有 2500 家影院,占全国影院数的 23% 左右,占全国票房的 26% 左右[2]。

"疫情结束后,如何打消观众的疑虑、重拾观影信心,也将是复工后影院必须面对的难点。"影院从业人员表示,希望政府能出台更多的专项扶持政策,在税费减免以及租金、管理费等方面有更多补助支持。

在疫情期间,上海的影院同样处境艰难。为此,上海市政府多方位扶持文化产业,对受疫情影响的影院、宣发方予以补贴等政策来扶持影院。

2020 年 2 月 14 日,上海市委宣传部发布《全力支持服务本市文化企业疫情防控平稳健康发展的若干政策措施》。2 月 26 日,上海市政府举行的疫情防控新闻发布会上,上海市委宣传部副部长王亚元针对这段时间企业重点关心的问题以及支持政策落实情况进行了解读说明。上海将进一步优化政务服务,目前市新闻出版局、版权局、电影局、

---

[1] 传媒内参. 最新! 各地影院扶持政策一览 [EB/OL]. (2020 - 03 - 09). https://www. sohu. com/a/378836678_351788.

[2] 传媒内参. 最新! 各地影院扶持政策一览 [EB/OL]. (2020 - 03 - 09). https://www. sohu. com/a/378836678_351788.

市文旅局、广电局、文物局的政务服务事项已经全部接入上海市"一网通办"门户网站,对电影、出版、文化演出、广播电视、网络视听等行政审批事项,将压缩审批时限,提升审批效率。针对审批权限在国家层面目前受新冠肺炎疫情影响而暂停审批的事项,市级相关部门将与相关部委积极做好沟通,一旦恢复受理后及时上报。

对于停业至今的电影院,上海市将多方位帮助影院解决困难,包括拨付疫情停业支持资金、增加影片供给等。对此次因疫情影响停业的电影院,在复业后,将依托中央和上海两级电影事业发展专项资金,综合考虑影院规模、银幕数、票房情况予以适当的支持,确保在2020年上半年将疫情支持资金拨付到位,并帮助电影院用好现有的组合政策,切实享受到税收、社保、专项补贴等各项优惠政策。

对于政府的诸多扶持政策,影院方面表示十分感激。影院工作人员M44就不无感慨地说:"疫情期间,大家过得很难啊。又要支付影院的固定开销,还要承受不知道什么时候能复工的心理压力。幸好有政府的扶持政策,给我们一些专项补贴,帮助我们度过最艰难的那段时间。现在慢慢开始复工了,相信以后会更好的。"借助这次电影节的契机,上海的院线可以逐渐恢复元气,影院的工作人员都摩拳擦掌,准备大干一场。万达影城的工作人员F46说:"之前担心会一直放假,很多同事都辞职转行了,没办法,人还是要生活啊。现在好了,电影节展映的影片都是观众们喜欢看的,电影票卖得也特别好,上座率挺高的。虽然没办法和疫情之前比,但已经很不错了。接下来还有一系列的新片上映,相信影院会挺过难关的。"看得出,无论是观影者还是影院的工作人员都对影院的未来发展充满了希望。

6. 讨论

综上所述,我们不难发现,正是由于大众传播的积极参与,促使当代上海形象的想象场域发生了重大改变,并在很大程度上改变了形象话语的生产机制。

20世纪90年代以后,随着中国改革开放进程的不断加剧和媒介技术的迅速发展,一个全新的媒介化社会自在西方率先出现之后也随之到来。它的出现不仅深深影响了权力的运作机制,也促使上海城市形象的生产场域发生了重大转移。

由于城市国际形象直接关系一个城市在国际上的"声誉资本",当地政府由此加大了对自我与他者形象的建构力度和传播力度,当地政府的主流媒体也因此成为了自我与他者对话发生的主要场域,以及城市形象生产和传播的主要平台。有所不同的是,有些城市选择了通过有形之手来干预媒体——如直接领导主流媒体,有些城市则选择了通过无形之手来影响媒体——如加强合作等。虽然两者的选择不同,但是引发的结果却是相同的,那就是地方的主流媒体成为了当下城市形象最为重要的生产平台和传播平台。

正是源于上述两重转变,新闻媒体成了20世纪90年代以来上海形象的最为重要的生产平台,"四个中心"的话语生产与传播,也基本都没能摆脱新闻媒体的创造或推动。

由于新闻媒体成了当代城市形象的最为重要的生产和传播平台,它的选择机制也在很大程度上左右并改变了形象话语的生产机制。正如我们所知,在媒介化社会里,新闻媒体成了社会意义的主要定义者和建构者。这在无形之中加剧了知识界、政经界与新闻媒体彼此之间的合作。一方面,在信息的海洋中,新闻媒体为了维护自己的合法性地位,不得不借助学术界、政经界的专业性和权威性来维护自己的专业地位;另一方面,那些学术团体和政经组织,在被各种信息所包围的媒介化社会中,也需要借助世界的主流媒体向社会发出自己的声音。源于双方的共同选择,媒体的选择原则由此成为了20世纪90年代以来上海形象话语生产的主导性力量。

从城市发展来看,媒介化社会的出现,给城市形象带来的最大改变就是凸显了形象政治(雷默则将其称之为"声誉资本")在国际舞台上的巨大影响力。在媒介化社会里,由于信息的生产和传播权不再牢牢掌控在少数传媒集团或权力机构的手里,大众获取信息、传播信息以及生产信息的渠道变得更为开放和便捷。从而使得大众舆论在国际权力格局中的作用被全面凸显了出来,城市形象的声誉资本也因此越发被当地政府所重视。

在信息时代,一个城市不仅要有故事,还要会讲故事。上海无疑是有故事可讲的,不论是华丽的都市风光、悠久的海派文化,还是别具一格的上海经济模式,都是值得浓墨重彩、大书特书的,但是讲出的故事如何让别人爱听,这是上海在信息社会时代面临的一个崭新任务。这就需要强化城市公关意识,不仅要讲"好故事",还要"讲好"故事。所以在城市形象的传播过程中,一方面要以人为中心,以文化为根基,以城市为舞台;另一方面要主动出击,打造好属于自己的城市名片。如此次上海国际电影节就是在疫情的关键期,上海主动出击,在成功举办电影节的同时,既向世人传递了上海的优秀传统和文化,也展现了上海城市包容、自信、果断、富有责任与担当的国际形象。

(上海出版印刷高等专科学校出版与传播系　姜波)

附录一

第23届上海国际电影节观众满意度调查表

你好,我是上海出版印刷高等专科学校的专任教师。我们在做一项关于上海文化的调查。我们需要通过问卷调查了解你对第23届上海国际电影节的宝贵意见。衷心感谢你对本次调查的支持与合作!

上海出版印刷高等专科学校

1. 你的基本情况(请您填写空格或在选项字母上打"√")

(1) 性别:A. 男　B. 女

(2) 年龄:A. 25岁以下　B. 25-40岁　C. 40-60岁　D. 60岁以上

(3) 学历:A. 专科以下　B. 专科　C. 本科　D. 研究生

(4) 职业:A. 学生　B. 事业人员　C. 企业职员　D. 企业领导　E. 与艺术相关职业 F. 其他

5. 居住地:A. 上海　B. 江浙地区　C. 其他省市　D. 港澳台　E. 国外

2. 基本问题(请你在选项字母上或选项栏中打"√")

(1) 你通过什么渠道获知上海国际电影节?(单选)

A. 报纸、广播、电视　B. 网络　C. 户外广告、海报　D. 朋友同事推荐

(2) 你来参加此次电影节乘坐的主要交通工具是?(单选)

A. 步行　B. 公共交通　C. 自驾　D. 骑车

（3）你采取的防疫措施是？（可多选）

A. 戴口罩　B. 洗手　C. 戴手套

（4）你觉得电影节现场要求出示绿码、检测体温、保持安全距离等措施是否有必要？（单选）

A. 非常有必要　B. 有必要　C. 没必要　D. 非常没必要

3. 满意度调查（请你在选项字母上打"√"）

（1）你对本届电影节的防疫措施	A. 非常满意　B. 满意　C. 一般　D. 不满意
（2）你对本届电影节的活动形式	A. 非常满意　B. 满意　C. 一般　D. 不满意
（3）你对本届电影节工作人员的服务质量	A. 非常满意　B. 满意　C. 一般　D. 不满意
（4）你对本届电影节的购票便利程度	A. 非常满意　B. 满意　C. 一般　D. 不满意
（5）你对本届电影节的票价定位	A. 非常满意　B. 满意　C. 一般　D. 不满意
（6）你对本届电影节的配套城市公共服务	A. 非常满意　B. 满意　C. 一般　D. 不满意
（7）你对本届电影节的宣传推广	A. 非常满意　B. 满意　C. 一般　D. 不满意
（8）你对本届电影节的艺术价值	A. 非常满意　B. 满意　C. 一般　D. 不满意
（9）你对本届电影节的社会价值	A. 非常满意　B. 满意　C. 一般　D. 不满意
（10）你对本届电影节的国际影响	A. 非常满意　B. 满意　C. 一般　D. 不满意

4. 访谈问题

（1）请问这是你第几次参加上海国际电影节？（如果答案不是第一次）这次的感受和以往有什么不同吗？主办方在电影节上有什么新奇的创意吗？

（2）一般情况下，红毯走秀是电影节上最吸引人眼球的环节，但是今年取消了这个环节，你怎么看？

（3）今年的电影节是在户外举办，你觉得和以往在室内举办有什么差异吗？（请从空间感、服务设施等方面作答）

（4）此次电影节虽然取消了评审环节，但是参赛电影仍创历届电影节新高，对此你怎么看？

附录二

第23届中国上海国际电影节影迷满意度调查表

你好,我是上海出版印刷高等专科学校的专任教师。我们在做一项关于上海文化的调查。我们需要通过问卷调查了解你对第23届上海国际电影节的宝贵意见。衷心感谢你对本次调查的支持与合作!

上海出版印刷高等专科学校

1. 你的基本情况(请你填写空格或在选项字母上打"√")
 (1) 性别:A. 男　B. 女
 (2) 年龄:A. 25岁以下　B. 25—40岁　C. 40—60岁　D. 60岁以上
 (3) 学历:A. 专科以下　B. 专科　C. 本科　D. 研究生
 (4) 职业:A. 学生　B. 事业人员　C. 企业员工　D. 其他
 (5) 居住地:A. 上海　B. 江浙地区　C. 其他省市　D. 港澳台　E. 国外
2. 满意度调查(请您在选项字母上打"√")

(1) 你对这家电影院的场地实施	A. 非常满意　B. 满意　C. 一般　D. 不满意
(2) 你对这家电影院的活动安排	A. 非常满意　B. 满意　C. 一般　D. 不满意
(3) 你对这家电影院的人员服务	A. 非常满意　B. 满意　C. 一般　D. 不满意
(4) 你对这家电影院的信息服务	A. 非常满意　B. 满意　C. 一般　D. 不满意
(5) 你对这家电影院的观众素质	A. 非常满意　B. 满意　C. 一般　D. 不满意
(6) 你对这家电影院的座位设置	A. 非常满意　B. 满意　C. 一般　D. 不满意
(7) 你对这家电影院的宣传推广	A. 非常满意　B. 满意　C. 一般　D. 不满意
(8) 你对这家电影院的音效环境	A. 非常满意　B. 满意　C. 一般　D. 不满意
(9) 你对这家电影院的防疫措施	A. 非常满意　B. 满意　C. 一般　D. 不满意
(10) 你对这家电影院的票价定位	A. 非常满意　B. 满意　C. 一般　D. 不满意

3. 访谈问题
 (1) 请问这是你第几次来这家电影院?(如果答案不是第一次)这次的感受

和以往有什么不同吗?请从观影体验、影院工作人员服务、疫情防控等方面作答。

(2)请问今天你看的电影上座率高吗?大家的观影情绪是否受到座位间隔等疫情防控因素的影响?

(3)请问如果近期(一个月之内)还有你喜欢的电影上映,你还会来这家电影院观看吗?为什么?

上海书展网络传播力研究

摘要：上海书展是上海文化的重要品牌之一，提升上海书展网络传播力是构建上海城市文化软实力的重要举措。文本通过政策分析，梳理上海书展的历史沿革、战略演变、发展趋势；借助清博大数据平台，从覆盖受众、传播渠道、传播效果等方面，对比分析第17届上海书展和第27届北京国际图书博览会的网络传播力及存在的问题；分析上海书展网络口碑反馈意见，探寻上海书展服务提升策略。智媒时代的上海书展，需要结合融媒体技术、传播渠道建设、传播效果评估，将图书、阅读、知识、文创、服务等书展核心内容与更多的用户场景关联，营造数字文化背景下的城市文化空间，为全民阅读提供更好的平台，为上海建设社会主义国际文化大都市深度赋能。

提升上海书展的品牌建设与影响力，是打响"上海文化"品牌、助推上海国际文化大都市建设的重要举措。2021年6月28日发布的《中共上海市委关于厚植城市精神彰显城市品格全面提升上海城市软实力的意见》提出，要持续打响上海书展等节展品牌，构筑更具国际影响力的文化高地。因此，着力提升上海书展能级水平，持续提升上海书展国内领先地位和影响力以及国际能见度和知名度，可以为全民阅读提供更好的平台，为上海建设社会主义国际文化大都市深度赋能。

从2004年至今连续举办了17届的上海书展，已然完成了从区域性到全国性并且具有一定国际性的跨越。如何更好地提升上海书展的影响力，还必须创新各种有效的传播机制，促进上海书展传播能力的提高。因此，本文旨在通过对上海书展的战略定位、网络传播力和网络口碑分析，找出上海书展在品牌传播方面的短板和不足，探寻上海书展网络传播力提升策略，进一步发挥上海书展"服务读者、服务行业、服务全国"的功能，为上海文化品牌建设与传播提供参考。

一、上海书展战略演变与发展趋势

通过浏览、分析上海市人民政府网站、上海市新闻出版局官网上关于上海书展的政策文本,并进行文本分析和追踪研究,系统化梳理17年来上海书展的发展脉络,在一定意义上可以反映上海书展的进展状况,并从中发现一般性规律,以及重要的时间节点和战略调整情况。在上海市人民政府网站可以搜索到2013年到2020年的《市政府新闻发布会介绍本届上海书展暨"书香中国"上海周总体筹备情况》文本。在对文本进行精读的基础上,探析17年来上海书展的战略演变与发展趋势。此外,通过对已有的上海书展相关研究文章和新闻报道进行搜集和分析,以丰富此次研究的文本样本数量,确保所得分析文本的信息内容量以及可信度。通过文本梳理和分析,可以将上海书展的历史沿革及发展概括为以下三个阶段:

1. 第一个阶段:1987—2003年

上海书展的前身是沪版图书订货会。沪版图书订货会创立于1987年5月,由上海出版社经营管理协会主办,每年举办一次。1990年,第四届沪版图书订货会更改为订货专场,成为面对图书销售商的专业图书展。2002年6月,沪版图书订货会易名为上海图书交易会,向长三角和其他省市出版社开放,订货码洋2亿元。2003年8月,第二届上海图书交易会举办,交易额出现"井喷",订货码洋达7.5亿元。这一时期上海图书交易会的主要功能是订货、销售,体现为封闭式的业内展会,不向读者开放。

2. 第二个阶段:2004—2013年

上海书展的这一个十年完成了区域性书展向全国性书展的转变,并逐步实现全国性书展转变为国际性书展的目标。

2004年,上海图书交易会更名为上海书展,对标香港书展,旨在进一步推进上海出版业持续、快速发展,完善上海出版业的功能,提升上海出版业的地位,更好地为全国出版业服务,引领市民开展更广泛的读书活动,在这种指导思路下,上海市民开始成为书展的主体。从2004年起,每届书展相比往届在制度建设、品牌运营、服务读者、传播渠道等方面都有新的突破,出现很多"首次":2005年,上海书展将版权贸易洽谈、民营书业调剂会纳入,专设版权贸易洽谈馆、民营书业馆,扩大了书展的功能。2006年,上海书展确立了"政府搭台、企业唱戏、公司运作、以会养会"的办会机制,采取政府推动与市场运作相结合的方式,相继成立了以日常管理为主要形态的上海书展办公室、以会展经营为主要形态的上海联合书业会展有限公司,并引进志愿者,使书展运作更具专业化、规范化和市场化。2007年,此届书展重要活动——上海图书交易会、全国文艺图书订货会与上海书展同时不同地点举办,来自各地的100多家出版社参加了本次图书交易会。2008年,上海书展首次打出"上海首发、全国畅销"的概念,意在通过上海书展的品牌优势和上海自身的市场优势,吸引全国新书到上海首发,再从上海推向全国市场,逐步把上海书展打造成新书首发的大平台,将上海构筑成全国出版业的高地。同时,本届书展首设主宾省,体现"上海搭台、全国唱戏"的办展理念。从2008年开始,上海书展逐渐从区域性书展向全国性书展转变。2009年,上海书展首设分会场,由上海书城等大型连锁书店和品牌书店开设区县和地铁分会场,并设立网上分会场,点面结合,城郊结合,形成场内场外、线上线下的规模,扩大了书展的服务效应。同时,2009年首次设立主题日活动、首次实现参展图书全品种网络化信息查询,上海热线、新浪、东方网首次在现场设立直播室。2010年,上海书展功能定位从以订货为主向团购转变,成功打造国内图书团购平台;新闻出版人首次集体在"微博"发声,互联网在上海书展传播方面发挥的作用越来越明显。2011年是上海书展发展的重要转折点,这一届上海书展由区域性书展升格为国家级书展,由新闻出版总署和上海市人民政府共同主办,中共上海市委宣传部和上海市新闻出版局承办。本届书展与以"书香中国"为口号的全民阅读活动结合,书展全称为"上海书展暨'书香中国'上海周",进一步凸显倡导阅读、引导阅读、推动阅读的功能。在活动的策划和组织上更加注重文化引领功能,首次举办国家级阅读论坛——"书香中国"阅读论坛,首创"上海国际文学周",首次推出"书香·上海之夏"活动,首次设立"上海国际童书嘉年华"。本届上海书展的官方微博正式上线。2012年,上海书展在服务读者的工作上更加细致,如首次推出营销服务"双十佳"评选,首次实现场内WiFi免费上网全覆盖,首次引入优惠的邮政快递服务,首次实行面向读者的寄书服务等。2013年,上海书展的国际化元素更为彰显。正如时任上海市新闻出版局局长方世忠在上海市政府新闻发布会介绍2013年上海书展暨"书香中国"上海周总体筹备情况中所言:"到2013年,上海书展将成功实现三步跨越,即'区域性地方书展、全国性书业会展、国际性书业会展'的三级跨越式发展。"

这次的新闻发布会上同时提出了"三个梦想"。第一个梦想:迎接数字化挑战,倡导品质阅读,力争成为城市阅读指南针;第二个梦想:应对转型期挑战,引领书业发展,力争成为中国书业风向标;第三个梦想:顺应国际性挑战,打造版权贸易平台,力争成为国际版权大码头。在将上海书展办成国际性书展的目标上提到了与法兰克福、伦敦等国际书展的差距。可以说,2013年是上海书展发展史上走向国际性书展的一个重要转折点,首届中国上海国际童书展(CCBF)于2013年11月份举办,对标博洛尼亚童书展。

在《书的世界与世界的书——世界著名书展:国际对标和中国案例》一书中,时任上海市新闻出版局局长方世忠在受访中谈到上海书展的发展目标是"中国最美的书展",办展理念为"全国、首发、大家",展会平台功能定位于"立足上海,服务全国"。

3. 第三个阶段:2014—2020年

这一阶段的上海书展对新媒体传播、互联网、新技术的应用更为积极,体现了其高质量发展、促进全民阅读、大力提升影响力和品牌传播的诉求。

市政府新闻发布会介绍"2014上海书展筹备工作情况"指出此届书展的亮点特色"一是坚持开门办展,与社会各界开展更为广泛的合作,努力放大书展的平台效应。二是加强市区联动,有效拓展书展活动空间,努力扩大全民阅读活动的覆盖面。三是强化海派特色,培育打造国际文学交流品牌,进一步扩大上海书展的国际影响力。四是注重价值引领,聚焦内容质量与文化品位,在提升阅读文化活动的品质上下功夫"。2015年,上海书展在内容展示上数字化发展明显,在宣传推广上大力推进新媒体传播。例如,与"上海发布"等多个新媒体平台合作,建立了以"书香上海"微信公众号为主,本地多个微信公众号组成的微信传播矩阵。根据上海书展官方网站数据统计,从2015年第12届上海书展开始,上海书展的主办方不再公布书展的销售额,用意在于弱化上海书展的经济效益诉求,更多地体现其社会效益诉求,如表1所示。2016至2017年,上海书展大力推进主题出版、推广青少年阅读和亲子阅读,在全民阅读推广中发挥重要作用。2018年,在上海市委提出"全力打响上海文化品牌的三年行动计划"的背景下,本届上海书展暨"书香中国"上海周新闻发布会上提出:"对标国内外先进,寻找不足与短板""明确目标要着力提升上海书展能级水平,持续提升国内领先地位和影响力,持续提升国际能见度和知名度。"采取的举措如力推"红色文化、海派文化、江南文化"主题出版展、力推"上海首发"汇集全国好书、推动更高质量的长三角出版合作等。2019年,上海书展凸显对新技术的运用和向新业态、新模式的数字化转型,体现了线下实体书展与线上书展的融合。正如"市政府新闻发布会介绍2019上海书展筹备工作情况"文本中指出:"继续运用书展官网、微博、微信和各类新媒体,随时提供各类服务信息,同时强化全媒体融合宣传""借力'文化上海云'推出网络售票渠道""继续推出'上海书展云会场'""设置'上海书展'微信小程序""喜马拉雅首次设立上海书展听书分会场"等。2020年受新冠疫情影响,上海书展加快了转型升级,首次搭建书展网上平台,实现线上线下同步的融合书展,在新经济背景下产生了"书店+""书展+商圈""书展+社区"等多种新模式。第17届上海书展的国际影响力诉求从主办方的成员变化中也有所窥见。从这一届书展开始,上海市国际贸易促进委员会成为主办单位之一,其下属的上海贸促展览展示有限公司成为承办公司之一。

表 1　历届上海书展举办规模情况

年份	主会场参展人数(万)	文化活动(场次)	书展零售额(万元)
2004	30	170	1300
2005	30	170	2500
2006	20	200	2800
2007	19	250	2500
2008	22	260	2600
2009	24	370	3800
2010	25	420	4180
2011	28.2	440	5470
2012	32	460	6000
2013	32	600	6000
2014	35	700	6000
2015	35	700	/
2016	40	860	/
2017	40	950	/
2018	38.6	1150	/
2019	39.1	1270	/

资料来源:根据上海书展官网资料整理。

二、上海书展网络传播力分析

本部分利用清博智能平台分析第 17 届上海书展的网络传播影响力,从覆盖受众、传播渠道、传播效果等方面进行研究,与第 27 届北京国际图书博览会的网络传播情况进行比较,以期为优化上海书展办展模式、提升传播影响力提供可参考的解决方案。

1. 第 17 届上海书展网络传播力调查

(1) 网络搜索范围及结果

本调查采用全媒体全文检索,时间范围定义为:2020 年 7 月 1 日至8月31日,其中上海书展周从2020年8月12日至8月18日。从媒体类型维度划分的基本情况如表2—表5所示。

表2 上海书展全网搜索信息(全部174024篇)

媒体类型	数据量(篇)	媒体类型	数据量(篇)
网页	13869	视频	1610
微信	9371	头条号	4768
微博	108291	搜狐网	1353
其他应用软件	23250	问答	338
论坛	1333	评论	82
报刊	795	其他类型	8964

表3 上海书展全网搜索信息(政务773篇)

媒体类型	数据量(篇)	媒体类型	数据量(篇)
网页	261	视频	0
微信	302	头条号	66
微博	136	搜狐网	0
其他应用软件	3	问答	0
论坛	0	评论	0
报刊	5	其他类型	0

表4 上海书展全网搜索信息(媒体14164篇)

媒体类型	数据量(篇)	媒体类型	数据量(篇)
网页	5354	视频	129
微信	420	头条号	1495
微博	136	搜狐网	0
其他应用软件	5475	问答	8
论坛	654	评论	0
报刊	493	其他类型	0

表5 上海书展全网搜索信息(个人2368篇)

媒体类型	数据量(篇)	媒体类型	数据量(篇)
网页	523	视频	8
微信	337	头条号	994
微博	331	搜狐网	0
其他应用软件	154	问答	0
论坛	0	评论	0
报刊	21	其他类型	0

从情感属性维度划分的基本情况如表6所示。

表6 上海书展全网搜索信息的情感属性分布(全部174024篇)

正面情感 (11103篇,占比6.38%)		中性情感 (160726篇,占比92.36%)		负面情感 (2195篇,占比1.26%)	
媒体类型	数据量(篇)	媒体类型	数据量(篇)	媒体类型	数据量(篇)
网页	1995	网页	11770	网页	104
微信	682	微信	8609	微信	80
微博	3452	微博	103218	微博	1621
其他应用软件	2852	其他应用软件	20269	其他应用软件	129
论坛	63	论坛	1258	论坛	12
报刊	132	报刊	661	报刊	2
视频	52	视频	1552	视频	6
头条号	531	头条号	4132	头条号	105
搜狐网	146	搜狐网	1201	搜狐网	6
问答	7	问答	280	问答	51
评论	4	评论	77	评论	1
其他类型	1187	其他类型	7699	其他类型	78

从发布地区维度划分的基本情况如下:

全媒体搜索关于"上海书展"的174024篇网文信息中,定向信源为"全部"且发布地区为"上海"的共22212篇,媒体类型主要为网页(3275篇)、微信(3559篇)、微博(10795篇)、其他应用软件(1432

篇)、头条号(794篇)、报刊(216篇)、视频(113篇)、论坛(10篇)、其他类型(2018篇)。本报告重点关注"上海书展"和"书香上海"帐号,"上海书展"微信公众号是上海书展官方微信公共平台——书展综合资讯互动平台,全面推广上海书展的参展图书、名人大家、文化活动,服务读者、服务行业、服务全国,账号主体是上海联合书业会展有限公司;"书香上海"微信公众号是上海市新闻出版局官方微信,账号主体是上海市新闻出版局(上海版权局)。"上海书展"微博认证信息为上海书展组委会办公室官方微博;"书香上海"微博认证信息为上海市新闻出版局官方微博。这两个账号一共发布677篇,相关报道媒体类型主要为微信(330篇)和微博(347篇),发布人分别为"上海书展"和"书香上海"微博号和微信公众号。

(2)上海书展网络传播分析

本调查采用全媒体全文检索,时间范围定义为:2020年7月1日至8月31日,其中上海书展周从2020年8月12日至2020年8月18日。上海书展提及信息传播的基本情况如图1所示。

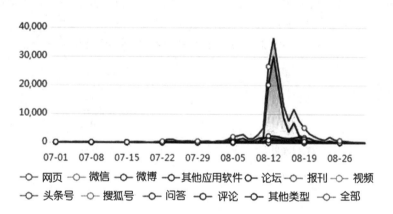

图1 上海书展提及信息传播走势图

表7 2020年上海书展期间媒体传播情况

单位：篇

媒体类型 日期	网页	微信	微博	其他应用软件	论坛	报刊	视频	头条号	搜狐号	问答	评论	其他类型	合计
2020/8/12	1501	715	20079	2366	36	29	274	503	145	10	7	875	26540
2020/8/13	1457	680	30055	2321	64	80	239	507	111	12	10	891	36427
2020/8/14	1224	646	19128	2096	87	77	184	422	111	6	4	801	24786
2020/8/15	905	375	8744	1542	140	20	142	281	64	4	3	596	12816
2020/8/16	934	331	3745	1434	83	32	91	265	60	4	5	596	7580
2020/8/17	1178	402	6944	1637	122	56	116	398	78	29	5	695	11660
2020/8/18	1164	381	2548	2000	162	46	106	380	77	14	4	763	7645

由表7可以看出，"上海书展"网络传播信息量在8月13日达到顶峰，以微博传播为主，其次是手机应用软件和网页传播。活跃渠道全部为上海本地主流媒体，具体数据如表8—表10所示。

表8 全网提及"上海书展"的发表文章数最多的渠道排名

渠道	发表文章数量（篇）
澎湃新闻	3162
上观新闻	3052
新民晚报	2147
文汇报	1426
文汇网	1317
看看新闻Knews	884
文汇（手机版）	842

表9 全网提及"上海书展"的文章发布人的地区分布

地区	发表文章数量（篇）	地区	发表文章数量（篇）
上海	22212	广西	1139
北京	13693	重庆	1094
广东	4988	云南	996
江苏	4701	内蒙古	978
浙江	3798	天津	970
山东	3785	新疆	697
辽宁	3596	吉林	647
四川	2569	贵州	631
河南	2559	甘肃	623
河北	2005	海南	398
安徽	1915	宁夏	374
福建	1863	香港	314
湖南	1498	西藏	261
湖北	1457	青海	225
江西	1277	台湾	217
陕西	1205	澳门	98
黑龙江	1174		

表10 "上海书展"相关文章提及地区分布

地区	发表文章数量（篇）	地区	发表文章数量（篇）
上海	172182	福建	2608
浙江	12963	湖南	2603
北京	11982	山西	2536
江苏	9210	黑龙江	2491
广东	8570	河南	2376
陕西	6134	云南	2076
四川	5739	河北	1947
湖北	5141	辽宁	1786

(续表)

地区	发表文章数量(篇)	地区	发表文章数量(篇)
贵州	4429	吉林	1774
山东	3705	内蒙古	1757
重庆	3524	台湾	1456
江西	3083	青海	1077
广西	3042	澳门	986
香港	2974	西藏	838
新疆	2958	天津	691
甘肃	2813	海南	568
安徽	2650	宁夏	227

(3) 上海书展热门主题词分析

本报告界定热门主题词为全网提及"上海书展"的文章中出现频率最高的词语。考虑到媒体传播生命周期,将数据采集时间段设定为2020年7月1日至8月31日,期间热词走势如图2所示,上海书展热词云图如图3所示。

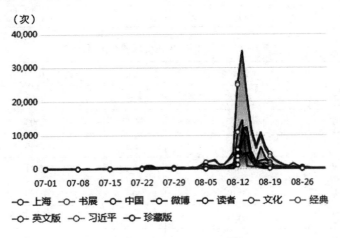

图2 上海书展提及信息中的热词走势图

图 3 上海书展热词云图

对 2020 年上海书展周期间(2020 年 8 月 12 日至 8 月 18 日)的热门主题词进行统计,如表 11 所示。

表 11　2020 年上海书展周期间热门主题词 TOP10 提及次数　　单位:次

热词 日期	上海	书展	中国	微博	读者	文化	经典	英文版	习近平	珍藏版
2020/8/12	25384	24915	6005	3708	5580	2530	2474	10980	10782	1103
2020/8/13	35050	34060	4530	11765	4027	8150	12077	14450	14311	10986
2020/8/14	22138	21005	4214	12255	4577	10098	11187	767	734	9577
2020/8/15	11689	10589	2094	3854	4920	3307	2713	558	536	2027
2020/8/16	6803	5850	1812	1528	1953	1427	1102	586	582	528
2020/8/17	10792	9801	6399	1532	2355	1469	782	409	365	202
2020/8/18	6656	5590	3211	750	2649	1572	524	444	171	11
合计	118512	111810	28265	35392	26061	28553	30859	28194	27481	24434

2020 年上海书展周的热门主题词 TOP10 排序依次为:"上海""书展""微博""经典""文化""中国""英文版""习近平""读者""珍藏版"。

(4) 上海书展热门文章分析

本调查以"上海书展"为关键词在清博大数据平台进行搜索,按照

"清博热点"功能进行热门文章的排序。"清博热点"采用大数据实时流技术获取多个新闻站点和微信、微博、头条等账号数据并实时计算文章的相似度,更新热点数据,通过热度算法智能识别文章提及地域信息等。在 2020 年 7 月 1 日至 8 月 31 日的监测时间段内,全网共发布以"上海书展"为关键词的热门文章 170 篇,其中头条号 113 篇、网页 27 篇、微博 6 篇、微信 24 篇。热门文章数在书展周开幕日 8 月 12 日达到峰值,共发布 23 篇。监测时段内热门文章 top20 如表 12 所示。

表 12 以"上海书展"为关键词的热门文章 top20 基本情况

热度排序	文章标题	信息来源	来源媒体类型	发布时间
1	上海书展今开幕:满城书香,献给每一个热爱生活的你	看看新闻	头条号	2020/8/12
2	人民日报聚焦上海书展:线上线下同步,圈内圈外共享	上观新闻	头条号	2020/8/19
3	上海书展 8 月将如期举办	人民网	头条号	2020/7/28
4	攻略‖今天 10 点开始预约门票,上海书展下周三启幕	乐游上海	微信	2020/8/6
5	"重做",才能"重生"2020 上海书展聚焦实体书店疫后发展之道	新华网客户端	头条号	2020/8/14
6	《40 人看 40 年:中美外交风云对话》新书分享会在 2020 上海书展举行	中国报道	头条号	2020/8/13
7	2020 上海书展开幕与读者"如期相约"	中国新闻网	头条号	2020/8/12
8	趣头条亮相 2020 上海书展,持续倡导"未来阅读"理念	中国新闻网	头条号	2020/8/13
9	2020 上海书展开幕:联动线上线下展体验"未来阅读"新模式	中国财富网	头条号	2020/8/13
10	上海书展开启"作家餐厅",邀请读者品尝文学的"味道"/作家餐桌	二三里资讯成都	头条号	2020/8/12
11	在上海书展,"读懂"人民城市	上观新闻	头条号	2020/8/14
12	上海书展探索"未来书展模式":线上线下同步,圈内圈外共享	央广网	头条号	2020/7/24

(续表)

热度排序	文章标题	信息来源	来源媒体类型	发布时间
13	2020上海书展8月如期举办	新华社	头条号	2020/7/23
14	上海书展:主题出版成"主角"	光明日报	头条号	2020/8/18
15	上海书展明天开幕!交通指引出炉	"上海徐汇"微信公号	微信	2020/8/11
16	让书香直抵人心——写在2020上海书展闭幕之际	"上海宝山"微信公号、"上海杨浦"微博	微信微博	2020/8/19
17	直击上海书展｜一加一减,云上云下扩大阅读的"朋友圈"	文汇网	头条号	2020/8/13
18	2020上海书展开幕	人民网	头条号	2020/8/13
19	2020上海书展大幕拉开,2019"最美的书"颁奖典礼现场举行	扬眼	头条号	2020/8/12
20	让书香直抵人心——写在2020上海书展闭幕之际	上观新闻	网页	2020/8/18

2. 第27届北京国际图书博览会网络传播力调查

第27届北京国际图书博览会(简称BIBF)于2020年9月26日开幕,持续至9月30日,这是创办34年的BIBF首度举办线上数字书展,并首次设立上海分会场。

(1) 网络搜索范围及结果

本调查采用全媒体全文检索,时间范围定义为2020年9月26日至9月30日。从媒体类型维度划分的基本情况如表13—表16所示。

表13 北京国际图书博览会全网搜索信息(全部5545篇)

媒体类型	数据量(篇)	媒体类型	数据量(篇)
网页	1386	视频	74
微信	510	头条号	166
微博	631	搜狐网	99
其他应用软件	1993	问答	3
论坛	65	评论	1
报刊	83	其他类型	534

表14 北京国际图书博览会全网搜索信息(政府75篇)

媒体类型	数据量(篇)	媒体类型	数据量(篇)
网页	31	视频	0
微信	19	头条号	3
微博	22	搜狐网	0
其他应用软件	0	问答	0
论坛	0	评论	0
报刊	0	其他类型	0

表15 北京国际图书博览会全网搜索信息(媒体1912篇)

媒体类型	数据量(篇)	媒体类型	数据量(篇)
网页	945	视频	12
微信	49	头条号	56
微博	22	搜狐网	0
其他应用软件	717	问答	0
论坛	65	评论	0
报刊	46	其他类型	0

表16 北京国际图书博览会全网搜索信息(个人110篇)

媒体类型	数据量(篇)	媒体类型	数据量(篇)
网页	73	视频	0
微信	12	头条号	7
微博	2	搜狐网	0
其他应用软件	3	问答	0
论坛	0	评论	0
报刊	13	其他类型	0

从情感属性维度划分的基本情况如表17所示。

表17 北京国际图书博览会全网搜索信息的情感属性分布(全部5545篇)

正面情感 (561篇,占比10.12%)		中性情感 (4967篇,占比89.58%)		负面情感 (17篇,占比0.30%)	
媒体类型	数据量(篇)	媒体类型	数据量(篇)	媒体类型	数据量(篇)
网页	167	网页	1215	网页	4
微信	50	微信	454	微信	6
微博	8	微博	623	微博	0
其他应用软件	220	其他应用软件	1767	其他应用软件	6
论坛	5	论坛	60	论坛	0
报刊	13	报刊	70	报刊	0
视频	2	视频	72	视频	0
头条号	23	头条号	143	头条号	0
搜狐网	14	搜狐网	85	搜狐网	0
问答	0	问答	3	问答	0
评论	0	评论	1	评论	0
其他类型	59	其他类型	474	其他类型	1

从发布地区维度划分的基本情况如下:

全媒体搜索关于"北京国际图书博览会"的5545篇网文信息中,定向信源为"全部"且发布地区为"北京"的共1260篇,媒体类型主要为网页(461篇)、微信(85篇)、微博(96篇)、其他应用软件(400篇)、头条号(31篇)、报刊(25篇)、视频(7篇)、论坛(57篇)、其他类型(98篇)。本报告重点关注"北京国际图书博览会"微信公众号,"北京国际图书博览会"微信公众号是北京国际图书博览会官方微信公共平台——发布北京国际图书博览会的最新资讯和活动。帐号主体是中国图书进出口(集团)总公司。"北京国际图书博览会"微博认证信息为北京国际图书博览会官方微博。

(2)北京国际图书博览会网络传播分析

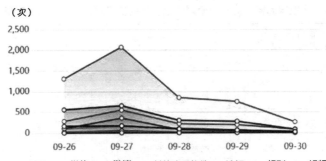

图 4 北京国际图书博览会提及信息传播走势图

表 18 2020 年北京国际图书博览会期间媒体传播情况　　单位:篇

媒体类型 日期	网页	微信	微博	其他应用软件	论坛	报刊	视频	头条号	搜狐号	问答	评论	其他类型	合计
2020/9/26	282	106	106	559	15	3	22	22	22	1	1	165	1304
2020/9/27	551	163	359	657	28	25	21	57	36	1	0	175	2073
2020/9/28	220	106	77	302	5	11	10	13	16	1	0	90	851
2020/9/29	191	65	54	276	15	30	20	32	12	0	0	59	754
2020/9/30	82	13	29	75	2	14	1	22	3	0	0	17	258

如图 4 及表 18 所示,2020 年北京国际图书博览会网络传播信息量在 9 月 27 日达到顶峰,传播的媒体类型以手机应用软件传播为主,其次是网页和微博传播。表 19—表 21 显示,媒体传播的活跃渠道以中央新闻媒体为主,集中在北京地区。

表 19 全网提及"BIBF"的发表文章数最多的渠道排名

渠道	发表文章数量(篇)
中国新闻网	192
人民网	131
金台资讯	115
新华社	79
光明网	68
新华网	64
中工网	54

表20 全网提及"北京国际图书博览会"的文章发布人地区分布

地区	发表文章数量(篇)	地区	发表文章数量(篇)
北京	1197	陕西	28
广东	552	安徽	22
江苏	116	江西	19
山东	103	山西	19
上海	101	黑龙江	18
湖北	71	天津	17
浙江	57	甘肃	17
福建	53	重庆	16
湖南	51	吉林	16
辽宁	47	内蒙古	11
贵州	41	新疆	9
广西	40	西藏	7
河南	36	宁夏	5
四川	36	海南	5
云南	35	台湾	1
河北	31		

表21 "BIBF"相关文章提及地区分布

地区	发表文章数量(篇)	地区	发表文章数量(篇)
北京	5198	甘肃	115
上海	843	西藏	106
山东	746	云南	97
湖北	674	江西	95
广东	651	河南	93
江苏	636	陕西	89
福建	491	广西	84
湖南	473	贵州	82
四川	232	澳门	64
浙江	222	内蒙古	62
辽宁	208	吉林	58
新疆	164	安徽	57
河北	161	重庆	45
天津	159	宁夏	42
台湾	147	山西	34
香港	130	海南	34
黑龙江	115	青海	20

（3）北京国际图书博览会热门主题词分析

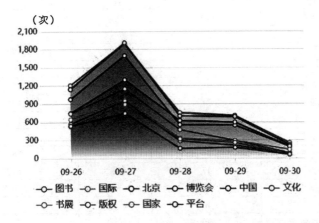

图5　北京国际图书博览会提及信息中的热词走势图（2020/9/26—2020/9/30）

图6　北京国际图书博览会热词云图（2020/9/26—2020/9/30）

2020年北京国际图书博览会的热门主题词TOP10排序依次为："图书""国际""北京""博览会""中国""文化""书展""版权""国家""平台"，具体数据如表22所示。

表22　2020年北京国际图书博览会期间热门主题词TOP10提及次数　　单位:次

热词 日期	图书	国际	北京	博览会	中国	文化	书展	版权	国家	平台
2020/9/26	1207	1149	1142	978	745	738	641	569	528	536
2020/9/27	1899	1889	1910	1699	1300	1151	978	954	891	744
2020/9/28	754	752	699	555	623	471	330	287	319	165
2020/9/29	765	684	686	544	594	293	292	214	259	178
2020/9/30	249	254	219	193	194	86	142	75	65	61
合计	4874	4728	4656	3969	3456	2739	2383	2099	2062	1684

(4) 北京国际图书博览会热门文章分析

以"北京国际图书博览会"为关键词在清博大数据平台进行搜索,按照"清博热点"功能进行热门文章的排序如表23所示。在2020年9月26日至9月30日的监测时间段内,全网共发布以"北京国际图书博览会"为关键词的热门文章12篇,其中头条号7篇、网页4篇、微信1篇。热门文章数在北京书展周第二日(9月27日)达到峰值,共发布6篇。

表23　以"北京国际图书博览会"为关键词的热门文章基本情况

热度排序	文章标题	信息来源	来源媒体类型	发布时间
1	第27届北京国际图书博览会"云上"启幕	金台资讯	头条号	2020/9/27
2	来这里,与全球图书相遇第二十七届北京国际图书博览会云书展开幕	温州新闻网	网页	2020/9/27
3	600多种湘版图书精品"云参展"	360首页	网页	2020/9/27
4	聚焦时代主题彰显文化魅力	人民网湖北频道	头条号	2020/9/29
5	《新时代中国交响作品原创精粹》面向全球发布	新华社	头条号	2020/9/29
6	黄坤明在参观第二十七届北京国际图书博览会时强调以高水平出版交流促进文明互鉴民心相通	贵州广播电视台	网页	2020/9/27
7	第27届图博会举办精品出版物展近2000种优秀图书亮相	新华社	头条号	2020/9/28

（续表）

热度排序	文章标题	信息来源	来源媒体类型	发布时间
8	《抗疫英雄谱》70个故事勾画英雄群像	人民网湖北频道	头条号	2020/9/27
9	"小十月文学奖"线上颁发倡导"直"	贵州网	网页	2020/9/30
10	"云书展"演绎别样精彩第27届北京国际图书博览会创新办展见实效	新华社	头条号	2020/9/30
11	荔湾南海牵广佛新城	佛山电台	微信	2020/9/27
12	线上线下联动南国书香节暨佛山分会场点燃全民阅读热情	中国新闻出版广电报	头条号	2020/9/30

3. 上海书展与北京国际图书博览会（BIBF）微信公众号比较分析

考虑到媒体传播生命周期，设定2020年微信公众号分析时间段如下："北京国际图书博览会"（9月19日至10月7日）、"上海书展"（8月5日至8月25日）、"书香上海"（8月5日至8月25日）。

（1）三大微信公众号基本信息分析

"上海书展"公众号设有书展资讯、书展购书、云会场等功能；"书香上海"公众号设有推荐书单、四史学习、阅读联盟等；"北京国际图书博览会"公众号具有书展指南、书展亮点、书展购票、世界行等模块；具体信息如表24所示。这三个微信公众号均保持每日图文消息推送。在发文时间上，"上海书展"和"书香上海"这两个公众号的推送时间较为规律，"北京国际图书博览会"推送时间不固定，可能造成受众对信息的忽略。在推送主题上，"上海书展"推送话题主要有图书推荐、热点新闻、文化推广；"书香上海"推送话题主要有推荐书单、行业发展、历史学习等；"北京国际图书博览会"则主要围绕书展话题展开。这三个公众号的内容和功能与两大书展的门户网站相近。分析发现，这三个公众号对于读者互动类的内容发布均较少，推文内容的呈现形式以图文结合为主。

表24　三大公众号基本信息

名称	微信号	地区	功能介绍	账号主体
上海书展	shbookfair	上海	书展资讯、书展购书、云会场	上海联合书业会展有限公司
书香上海	ReadingShanghai	上海	推荐书单、四史学习、阅读联盟	上海市新闻出版局（上海市版权局）
北京国际图书博览会	CNPIEC – BIBF	北京	书展指南、书展亮点、世界行	中国图书进出口（集团）总公司

（2）三大微信公众号传播情况比较

① 文章发布数如图7所示。

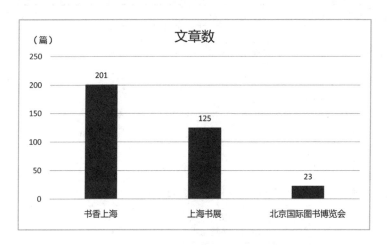

图7　三个公众号的书展期间文章发布数比较

由图7可以看出，书展活动期间"书香上海"推送文章数量最多，为201篇；其次是"上海书展"125篇；"北京国际图书博览会"发布篇数最少。

② 阅读情况分析。如表25所示，"上海书展"的发布次数不多，但它的阅读总数、头条文章阅读量和点赞总数在三个微信公众号中遥遥领先。数据显示，"北京国际图书博览会"的微信公众号运营效果逊色于"上海书展"。

表 25　三大公众号阅读数据　　　　　　　　　　　　　单位：次

微信名称	阅读总数	头条文章阅读数	发布次数	点赞总数
书香上海	85617	54832	61	650
上海书展	238861	114968	19	968
北京国际图书博览会	8472	5081	9	89

③ 阅读量 TOP10 的文章分析。如表 26 所示,阅读量 TOP10 的文章中,"上海书展"共发布 9 篇,"书香上海"发布 1 篇。从文章内容来看,TOP10 文章以参展流程、推荐书单、交通出行、防疫要求等为主题。

表 26　公众号阅读量 TOP10 文章基本情况

微信公众号	发布时间	标题	阅读数(个)	在看数(个)
上海书展	2020/8/6	上海书展下周三启幕,预约、进场、安检攻略来啦！现场不再出售门票	22884	76
上海书展	2020/8/12	2020 上海书展官方荐书单,请查收！	18670	95
书香上海	2020/8/17	【投票】2020 上海书展"双十佳"评选活动开始投票啦	16012	112
上海书展	2020/8/9	2020 上海书展门票使用指引	12772	32
上海书展	2020/8/9	2020 上海书展购票渠道声明	11247	17
上海书展	2020/8/17	【投票】2020 上海书展"双十佳"评选活动开始投票啦	7964	24
上海书展	2020/8/8	1000 多项！上海书展活动菜单新鲜出炉	7525	25
上海书展	2020/8/12	上海书展今天开幕！交通指引新鲜出炉	6526	13
上海书展	2020/8/21	书展新书｜书店可阅读！上海 68 家书店的故事	6231	56
上海书展	2020/8/8	【图解】2020 上海书展观展防疫攻略来了	6179	13
上海书展	2020/8/18	2020 上海书展｜"双十佳"评选·最有号召力的"十佳"出版社揭晓	5329	33

④ 基于 WCI 指数的三大微信公众号影响力分析。在清博大数据平台上，微信传播指数 WCI 可以通过微信公众号推送文章的传播度、覆盖度、账号的成熟度和影响力来反映微信整体热度和公众号的发展走势。WCI 是清博指数平台设计的计算公式，通过微信公众号的阅读量、点赞数等各项数据根据权重计算得出。一般而言，公众号的阅读量越高，点赞数越高，该公众号的 WCI 值就越高，从而在榜单排名时更靠前。三大公众号 WCI 数值如表 27 所示。其中，"上海书展"的传播力最强，其次是"书香上海"。

表 27　三大公众号传播力指数 WCI 比较

微信公众号	WCI（传播力）
上海书展	865.51
书香上海	687.35
北京国际图书博览会	391.61

就微信公众号而言，通过对"上海书展""书香上海"和"北京国际图书博览会"这三个公众号的发文数量、阅读数、点赞数、WCI 等指标进行比较分析发现，北京国际图书博览会在微信公众号运营上逊色于上海书展。结合前文分析，北京国际图书博览会的传播媒体以自运营应用软件传播为主，其次是网页和微博传播；而上海书展的传播媒体以微博传播为主，其次是自运营应用软件和网页传播。

4. 上海书展品牌传播存在的问题及不足

利用清博智能平台（全域覆盖的新媒体大数据平台），对第 17 届上海书展在 2020 年 7 月至 8 月的网络传播情况进行全面的数据分析，发现以下问题：

一是上海书展的网络传播力存在较大提升空间。数据分析显示，2020 年 7 月至 8 月，全网提及"上海书展"的文章发布所属地区 TOP10 依次为上海（22212 篇）、北京（13693 篇）、广东（4988 篇）、江苏（4701 篇）、浙江（3798 篇）、山东（3785 篇）、辽宁（3596 篇）、四川（2569 篇）、河南（2559 篇）、河北（2005 篇）。比较而言，较偏远地区的"上海书展"

提及数量明显较少,如新疆(697篇)、贵州(631篇)、甘肃(623篇)、海南(398篇)、宁夏(374篇)、青海(225篇)。由此可见,目前上海书展的网络传播影响力聚集在一线城市和长三角地区,对欠发达地区的读者群体辐射带动不足。

二是上海书展的新媒体传播渠道建设有待提高。在对外传播渠道建设上,目前我国"四大书展"中的北京国际图书博览会、香港书展和台北国际书展官网均拥有中英文双语版本,而上海书展官网仅有中文版本。在新媒体平台建设上,以2020年上海书展的网络信息发布为例,主要开通的新媒体平台为上海书展门户网站、"上海书展"和"书香上海"微博、微信公众号。"上海书展"和"书香上海"共发布文章677篇,其中微信公众号330篇,微博347篇。在推文内容特征上,微信公众号推送话题主要有图书推荐、热点新闻、文化推广三类,推文内容呈现以图文结合形式为主。官方微博发布的主题、内容与微信公众号类似。网络舆情分析数据显示,2020年8月12日开始的"上海书展周"网络传播信息量在8月13日达到顶峰,媒体类型以微博传播为主(8月13日发布30055条),其次是应用软件(8月13日发布2321条)和网页传播(8月13日发布1457条)。全网提及"上海书展"的活跃渠道全部为上海本地主流媒体,覆盖受众以本地市民为主。根据全网媒体文章发布数量统计,提及"上海书展"的活跃渠道依次为澎湃新闻(3162篇)、上观新闻(3052篇)、新民晚报(2147篇)、文汇报(1426篇)、文汇网(1317篇)、看看新闻(884篇)和文汇APP(842篇)。与此同时,在抖音、快手等全国受众覆盖率较高的头部社交化新媒体平台上,发布的相关文章数量较少。

三是上海书展的传播效果评估重视不够。全民阅读背景下,上海书展的影响力将更加凸显,传播范围更大、传播空间更广、覆盖受众更多。疫情防控常态化下的上海书展,正在迈向线上线下结合的融合型书展,这增加了书展传播效果度量的不确定性和复杂性,增加了书展效果评估的难度。历届上海书展均为线下实体展,书展数据主要体现为展会现场的图书销售数据。由于缺乏线上线下大数据分析,对于书展活动传播效果的评估主要来源于官方统计数据,难以对参加线上书展的庞大读者群体行为进行微观洞察和社会影响力评估。

三、上海书展网络口碑传播与服务提升策略

根据清博大数据的情感分析,全网关于上海书展的信息以中性情感为主(全网共160726篇,占比92.36%),其次分别是正面情感(全网共11103篇,占比6.38%)和负面情感(全网共2195篇,占比1.26%)。通过重点关注典型社交平台上的负面用户评论,深度分析其反馈的意见和建议并运用到书展工作中,对更好地服务读者、提升上海书展品牌影响力方面具有积极作用。本部分以豆瓣和哔哩哔哩(简称"B"站)为分析平台,通过社交媒体上的用户评论了解上海书展的公众感受度。

豆瓣上聚集着一批关注上海书展发展、分享上海书展有关信息和建议的读者。豆瓣"上海书展"小组中的话题讨论主要集中在书展信息的分享,但也不乏对上海书展分析深入的、对主办方极有参考价值的负面评论。诸如豆瓣上发表的"人多、拥挤""图书与阅读难以并重"等负面评论,反映了上海书展在发展过程中亟须解决的阅读空间不足的问题。2014年开始,上海书展在主会场之外增设多个分会场,实现"动静分离",以满足读者购书、阅读、交流等多重需求。书展主办方通过网络在线评论收集读者需求,可以发现读者舆论热点,进行舆情监控,提供更贴近读者的服务。

2020年上海书展联合十多家以上海本地为主的网络媒体和B站、抖音等头部社交媒体平台,共同组成线上"朋友圈",线下活动线上直播,扩大网络传播力。书展主办方首次搭建了"上海书展·阅读的力量"线上平台,实现了云游书展、云首发、书展攻略、活动日历、直播荐书等功能,形成线下书展的线上镜像。如何洞察不同平台的用户读者需求,选择与不同的新媒体平台合作,发挥各自优势,实现上海书展的新业态,经济效益与社会效益协同发展,B站出品的纪录片《但是还有书籍》可以提供一些启示。《但是还有书籍》是由B站和北京小河文化传媒有限公司联合出品的人文类纪录片,在业内获得中国电视金鹰奖最佳电视纪录片、上海电视节白玉兰奖最佳系列纪录片提名等奖项。

截至2020年1月13日,《但是还有书籍》播放量为558.3万次,微博话题阅读量为4583.5万次,讨论量为4.1万次,豆瓣评分高达9.3、B站评分高达9.8。这部纪录片以独特的视角讨论了与图书有关的话题,拉近了聚集在B站、豆瓣等社交平台上的青年人与书籍的距离,引起了许多青年人的共鸣,为2020年上海书展更好地走近读者尤其是年轻读者群体,起到了较好的阅读推广作用。上海书展需要在解决年龄"破圈"问题上进行创新,通过与年轻人聚集的社交媒体深度合作等方式,以年轻人喜闻乐见的形式提供优质内容产品。

结　语

上海市委办公厅、市政府办公厅印发的《上海市社会主义国际文化大都市建设"十四五"规划》提出,到2025年,城市文化创造力、传播力、影响力持续提升,市民文化参与感、获得感、幸福感不断增强,加快建设社会主义国际文化大都市。上海书展要体现其独到的品牌特征和品牌影响,结合融媒体技术、传播渠道建设、传播效果评估,将图书、阅读、知识、文创、服务等书展核心内容与更多的用户场景关联,营造数字文化背景下的城市文化空间。一是利用多样化的先进网络技术,拓展上海书展的传播效果和影响力。充分利用虚拟现实技术、5G技术、新媒体平台优化线上活动的呈现效果和传播效果,提升上海书展"出圈"能力。二是加强覆盖全国受众的新媒体传播渠道建设,实现上海书展与新媒体深度融合。利用新技术和数字平台赋能上海书展,推进新阅读,提升新媒体传播的精准度。三是开展上海书展网络传播舆情分析,利用大数据技术采集上海书展传播效果评估指标对应的多源异构数据,对书展各平台访问量、线上活动观看量、线上销售数据、用户口碑等相关数据进行关联、处理、分析和可视化呈现。结合线上线下数据分析的传播效果评估反馈,辅助上海书展管理部门进行决策优化,更好地实现书展推动国民文化素养提升,建设"书香中国"目标。

(上海出版印刷高等专科学校上海出版传媒研究院　任娟)

参考文献

[1] 中共上海市委关于厚植城市精神彰显城市品格全面提升上海城市软实力的意见[EB/OL].(2021-06-28).https：//www.shanghai.gov.cn/nw12344/20210628/11c22a0c594145c9981b56107e89a733.html.

[2] 方世忠.书的世界与世界的书——世界著名书展：国际对标和中国案例[M].上海：上海译文出版社,2013.

[3] 市政府新闻发布会介绍2020上海书展暨"书香中国"上海周筹备情况[EB/OL].(2020-07-23).https：//www.shanghai.gov.cn/nw12344/20200813/0001-12344_65366.html.

[4] 上海市社会主义国际文化大都市建设"十四五"规划[EB/OL].(2021-09-02).https：//www.shanghai.gov.cn/nw12344/20210902/167294c60727444f8ac1d84b65fbbb70.html.

[5] 上海书展官方网站[EB/OL].http：//www.shbookfair.cn.